VOYAGE

DANS

L'ILE DE RHODES

ET

DESCRIPTION DE CETTE ILE

PAR

V. GUÉRIN

Ancien élève de l'Ecole Normale,
Ancien membre de l'Ecole française d'Athènes, membre de la Société géographique de Paris,
Agrégé et docteur ès Lettres

PARIS

AUGUSTE DURAND, LIBRAIRE

7, RUE DES GRÈS

1856

VOYAGE

DANS

L'ILE DE RHODES

Paris. — Typographie de Gaittet et Cie, rue Git-le-Cœur, 7.

PRÉFACE.

Parmi les îles de l'Archipel qui, soit à cause de l'importance du rôle politique qu'elles ont joué dans l'histoire, soit aussi en raison de la richesse naturelle de leur sol et de la beauté de leur climat, méritent d'attirer d'une manière toute particulière l'attention du voyageur, il faut nommer en premier lieu l'île de Rhodes. Cependant, malgré le vif intérêt qu'elle présente, on peut dire que, sauf sa capitale où font maintenant escale pendant quelques heures les paquebots à vapeur français et autrichiens chargés de desservir la ligne de Constantinople à Alexandrie, et qui, par conséquent, a dû être visitée, chemin faisant, par un assez grand nombre de touristes, cette île est à peine connue dans son intérieur, et je ne sache point qu'il en existe une seule description fidèle qui l'embrasse tout entière; car les deux plus complètes que je connaisse comprennent à peine la moitié de l'île : ce sont d'abord quelques pages du célèbre voyageur anglais Hamilton[1], qui, en 1836, fit une excursion de six jours dans l'intérieur de Rhodes et ensuite deux lettres du savant professeur allemand Louis Ross[2] qui, en 1843, consacra une huitaine à parcourir cette même île, huitaine qui, assurément, fut parfaitement employée et pour l'archéologie et pour l'histoire par un érudit si habile dans ces sortes de recherches, mais qui ne put lui permettre de tout voir et de tout explorer.

Quant aux autres voyageurs qui auparavant avaient abordé à Rhodes, ils s'étaient presque tous bornés à parler de la capitale d'où ils n'étaient guère sortis. Parmi eux je citerai Thévenot[3] qui la visita en 1655, Choiseul-Gouffier[4] en 1776, Savary[5] en 1779, Joseph de Hammer[6] en 1803 et Chateaubriand[7] en 1806.

Cette ville a vu aussi depuis débarquer tour à tour dans son port M. le comte de Marcellus[8], MM. Michaud et Poujoulat[9], M. de Lamartine[10], M. le comte d'Estourmel[11], etc.

Ces différents voyageurs ont tous vanté à l'envi la beauté de Rhodes, la pureté de son ciel et les agréments de son site, et son souvenir paraît être resté

1. *Asia minor*, t. II, p. 48-67.
2. *Reisen auf den griechischen Inseln des ägäischen Meeres*, t. III, p. 70-113.
3. *Voyage au Levant*, t. I, p. 363 et suiv.
4. *Voyage pittoresque dans l'Empire ottoman*, t. I, p. 180 et suiv.
5. *Lettres sur la Grèce*, p. 49 et suiv.
6. *Topographische Ansichten gesammelt auf einer Reise in die Levante*, p. 61 et suiv.
7. *Itinéraire de Paris à Jérusalem*, t. I, p. 363 et suiv.
8. *Souvenirs de l'Orient*, t. II, p. 268 et suiv.
9. *Correspondance d'Orient*, t. IV, p. 7 et suiv.
10. *Voyage en Orient*, œuvres complètes, t. VI, p. 152 et suiv.
11. *Journal d'un voyage en Orient*, t. II, p. 153 et suiv.

gravé dans leur mémoire comme l'une de ces apparitions enchanteresses qui saisissent l'imagination et qu'on n'oublie jamais.

En 1844, M. Charles Cottut, lieutenant de vaisseau, a également publié sur Rhodes un intéressant article qui a paru alors dans la *Revue des Deux Mondes*.

Mais l'ouvrage le plus considérable et le plus digne d'être consulté qui ait été composé sur cette ville est celui du colonel Rottiers, qui y séjourna six mois en 1826 et put ainsi l'examiner avec soin et à loisir. Dans cet ouvrage, intitulé : *Description des monuments de Rhodes*, et qui fut publié à Bruxelles en 1830, ce voyageur belge nous a laissé beaucoup de détails curieux, mais quelquefois, je l'avoue, un peu confus et mêlés avec d'autres qui sont purement artificiels et souvent déclamatoires, l'auteur ayant cherché, avec un talent beaucoup moins grand de diction, à imiter l'abbé Barthélemy dans sa manière dramatique de décrire et de raconter. Quoi qu'il en soit, ceux qui désirent avoir une idée des monuments et des fortifications de Rhodes ne peuvent mieux faire que de lire ce livre et de consulter l'atlas qui l'accompagne et l'explique.

A l'époque où le colonel Rottiers visitait Rhodes, il était, à ce qu'il paraît, dangereux de s'aventurer dans l'intérieur de l'île; car il écrit lui-même ceci : « Je ne voulais pas quitter Rhodes sans faire une excursion dans l'île; mais on m'en détourna, en m'assurant qu'il y allait peut-être de ma vie[1]. »

1. *Monuments de Rhodes*, p. 380.

Quelques années après, ainsi que je l'ai dit plus haut, Hamilton et ensuite M. Ross ont pu exécuter une exploration dans l'intérieur; mais comme elle a été assez courte et incomplète, la pensée m'est venue, au retour d'un voyage en Palestine, de parcourir ce qu'ils n'avaient point visité et de revoir avec plus d'attention ce qu'ils n'avaient pu considérer qu'à la hâte. Je débarquai donc à Rhodes le 5 juin 1854, et je fis le tour de l'île entière dont j'explorai pendant quarante jours les moindres villages aussi bien que la capitale.

Ma première visite fut naturellement pour M. Prus, vice-consul de France, qui m'accueillit avec beaucoup de bienveillance et qui me fit aussitôt faire la connaissance d'un savant médecin suédois, fixé à Rhodes depuis plus de seize ans. M. Hedenborg, c'est le nom de ce médecin, après de longs voyages en Europe, en Asie et en Afrique, a choisi l'île de Rhodes pour l'asile de ses vieux jours. Il a acheté à Néomaras, l'un des faubourgs de la ville, une délicieuse maison de campagne où il vit paisible avec sa femme et sa fille. Pour occuper utilement ses loisirs, il amasse sans cesse, depuis plusieurs années, avec une persévérance continue et infatigable, les matériaux d'un ouvrage qui sera en quelque sorte monumental, et qui embrassera, dans quatre à cinq tomes enrichis de planches nombreuses, la description et l'histoire de l'île de Rhodes, depuis les temps les plus reculés jusqu'à l'époque actuelle. Connu de tout le monde, il doit en outre à son âge, car il a soixante-dix ans, et à sa qualité de médecin la facilité d'avoir un libre accès partout et jusque dans l'intérieur des maisons turques. Helléniste profond non moins que naturaliste distingué, il a su tourner au profit de la science l'inspection attentive qu'il a pu faire de tous les débris du passé, et, grâce à son long séjour dans l'île, il a réuni un nombre considérable d'inscriptions grecques inédites qui, à elles seules, formeront presque un volume.

Ma première entrevue avec M. Hedenborg, qui m'apprit lui-même que son ouvrage était sur le point d'être terminé et qu'il avait l'intention de se rendre dans dix mois en Allemagne pour le publier, déconcerta d'abord mes projets, et j'hésitai un instant si je ne dirigerais pas d'un autre côté mes explorations. « A quoi bon, en effet, me disais-je, entreprendre à mon tour, avec des ressources et un temps si limités, des recherches et une étude qui avaient coûté tant d'années à un homme vieilli dans la science et à qui rien n'avait manqué pour atteindre son but? L'île de Rhodes ne semblait-elle pas d'ailleurs comme la conquête et, si je puis dire, la propriété légitime et exclusive de M. Hedenborg, et n'était-ce pas, de ma part, à la fois une témérité et une sorte d'usurpation que de reprendre, après lui, un sujet auquel il travaillait depuis si longtemps et dont il achevait la dernière partie? » Ces considérations étaient puissantes et peut-être aurais-je dû y céder. Toutefois j'ai cru devoir secouer cette première hésitation, et comme je ne voulais point être venu inutilement de si loin dans l'île de Rhodes, comme aussi l'ouvrage de M. Hedenborg sera publié en allemand et sera en outre très-volumineux (il n'a point encore, que je sache, commencé à paraître), j'ai pensé qu'on m'excuserait volontiers, si, avant l'apparition de ce grand travail, j'osais, à simple titre d'essai préliminaire, tracer une esquisse géographique de l'île de Rhodes, qui serait comme l'humble préambule des vastes et savantes recherches de M. Hedenborg. Jusqu'à présent, en effet, cette esquisse manque ou du moins est très-imparfaite.

Je me mis donc en route pour l'intérieur de l'île. J'aurais pu, sans doute, obtenir préalablement sur le pays que j'allais parcourir des renseignements très-précis par le moyen de M. Hedenborg qui l'avait exploré en tout sens et à plusieurs reprises; mais comme mes questions sur ce point pouvaient lui paraître indiscrètes et qu'il est naturel qu'il garde pour lui-même l'honneur de ses découvertes, je commençai mes excursions, muni seulement de quelques notes[1] que j'avais recueillies auparavant et de la carte anglaise de Spratt.

Je visitai successivement chacun des quarante-sept villages de l'île, et partout je m'efforçai de tirer des habitants les documents qu'ils pouvaient me fournir. Malheureusement, cela se bornait d'ordinaire à fort peu de chose; car ceux qui me les donnaient étaient de pauvres laboureurs ne sachant pour la plupart ni

1. Comme auteurs à consulter sur la géographie de Rhodes, je citerai surtout, parmi les anciens, Strabon, l. XIV, c. II; et parmi les modernes : Coronelli, *Isola di Rodi, Geographica, storica...*; — Dapper, *Description de l'Archipel*, p. 88 et suiv.; — Meursius, *Rhodus*, t. III, p. 686 et suiv.; Forbiger, *Handbuch der alten Geographie*, t. II, p. 241 et suiv., etc.

lire ni écrire, et je ne pouvais arracher de leur ignorance que des renseignements inexacts ou confus. Cependant, à force de les questionner et de contrôler leurs témoignages les uns par les autres et surtout par mes explorations personnelles, j'ai fini par réunir un assez grand nombre de faits qui pourront, je l'espère, éclairer de quelques lumières nouvelles la géographie de l'île, dont l'ouvrage de M. Hedenborg doit nous donner le dernier mot.

J'avais d'abord eu l'intention, pour répandre plus d'intérêt sur cette étude et animer cette description géographique, d'y joindre un résumé historique de tous les principaux événements dont l'île de Rhodes a été le théâtre; mais l'analyse qui s'en trouve dans l'ouvrage de M. L. Lacroix[1] sur les îles de la Grèce, m'a paru si nette, si élégante et si précise, que je ne puis mieux faire que de renvoyer le lecteur à cet article.

Avant de terminer cette préface, qu'il me soit permis de remercier publiquement M. Prus, vice-consul de France à Rhodes, de l'obligeant accueil qu'il m'a fait et en même temps de l'énergique assistance qu'il m'a prêtée pour vaincre les difficultés par lesquelles l'autorité locale avait d'abord voulu entraver mes explorations. Je dois ajouter ici que le pacha Ismaïl fit complétement droit aux réclamations de M. Prus et aux miennes, et qu'il m'autorisa par un second bouiourdi plus explicite que le premier qu'il m'avait accordé à tout voir et à tout examiner.

Je dois aussi des remerciements à M. le vice-con-

1. *Univers. Iles de la Grèce*, p. 91 et suiv.

sul de France, ainsi qu'à M. Campbell, consul d'Angleterre, à M. Giulianich, vice-consul d'Autriche, et au savant M. Hedenborg, pour plusieurs renseignements qu'ils ont eu la bonté de me fournir. Enfin, je serais ingrat envers le R. P. franciscain Giuseppe de Lucques, si je ne lui témoignais ici toute ma reconnaissance, en souvenir de la bonne et amicale hospitalité qu'il m'a offerte au couvent latin de Néomaras pendant le temps que j'ai habité ce faubourg.

ÉTUDE

SUR

L'ILE DE RHODES.

CHAPITRE PREMIER.

ASPECT GÉNÉRAL DE L'ÎLE DE RHODES. — SA POSITION, SON ÉTENDUE. — SES CAPS. — SES PRINCIPALES CHAÎNES DE MONTAGNES. — SES FORÊTS. — SES COURS D'EAU.

Si quelques-unes des nombreuses îles qui parsèment l'Archipel ont perdu presque entièrement les vestiges de leur primitive beauté et si dépouillées de la riche végétation qui les ornait jadis, elles affligent et étonnent maintenant le regard par la triste nudité de leur aspect et l'âpreté de leurs côtes stériles et incultes, le voyageur est loin d'éprouver un pareil désenchantement en présence de l'île de Rhodes. Sans doute, il ne faut pas s'attendre, là non plus, à ce que la réalité égale les descriptions idéales de la poésie et les rêves de l'imagination. La Rhodes d'aujourd'hui n'a jamais été l'île des bienheureux, *Macaria insula*, nom qu'elle a cependant porté autrefois, aux époques les plus reculées et encore mythiques de son histoire; car cette île-là ne se rencontre ni dans l'ancien ni dans le nouveau monde, et l'Éden seul des premiers jours de la création a pu être habité par le bonheur et s'ap peler quelque temps la terre fortunée. Qu'on ne s'imagine pas davantage que l'on puisse retrouver dans la Rhodes actuelle quelque chose de la Rhodes antique, telle que les historiens nous la représentent, lorsque ses navires sillonnaient toutes les mers et que sa capitale était regardée comme l'une des plus belles villes du monde, ni même qu'elle ait conservé l'éclat de la Rhodes du moyen âge, quand elle devint, sous les chevaliers de Saint-Jean, le boulevard de la chrétienté et le théâtre d'une des plus brillantes épopées chevaleresques dont l'histoire du monde fasse mention. Non; cette double gloire s'est éclipsée depuis longtemps, et l'île que nous allons examiner et décrire n'est plus que l'ombre d'elle-même. Toutefois, jusqu'au milieu de la décadence déplorable dans laquelle elle est tombée, et malgré les nombreux ravages du temps et des hommes qu'elle a subis, malgré l'administration funeste qui, depuis plus de trois siècles, pèse sur elle et qui l'a réduite, à force d'abus et d'exactions, à l'état de délabrement et de dépopulation où nous la voyons maintenant, sa position géographique est si heureuse, son climat si doux et la richesse de son sol si vivace et si variée, qu'elle a pu résister avec avantage à tant de causes de ruine et d'épuisement, et qu'elle offre encore partout à celui qui la parcourt, indépendamment des grands souvenirs qu'elle rappelle, mille choses qui attirent et qui enchantent; tant la nature a fait pour elle et semble avoir pris plaisir à y prodiguer d'une main libérale et féconde ses dons les plus précieux! Quelle devait donc être la beauté de cette île, lorsque, cultivée avec soin par une population nombreuse et active, elle voyait jadis jaillir de son sein avec profusion tous les trésors qu'il renferme, et qu'elle était en outre ornée de tous les chefs-d'œuvre de l'art et de l'industrie!

La forme de l'île est celle d'une ellipse allongée. Elle s'étend du N. E. au S. O., au midi de l'ancienne côte de Carie, dont elle n'est séparée que par un canal assez étroit, d'environ 12 kilomètres de large. Sa longueur, à vol d'oiseau, est d'environ 78 kilomètres, et sa plus grande largeur, c'est-à-dire du cap Monolithos au cap Lindos, de 39. Sa circonférence, en ne tenant pas compte de toutes les sinuosités de la côte, est approximativement de 186 kilomètres. Ce chiffre est identique à celui de Pline[1], qui lui donne CXXV mille pas de tour, ou environ 186 kilomètres, et dépasse un peu celui de Strabon[2], qui réduit cette circonférence à 900 stades ou 171 kilomètres.

Elle est située dans l'ancienne mer Carpathienne, dont elle était en quelque sorte la reine, bien qu'elle ne lui ait pas imposé son nom, car la plupart des îles que baignent les eaux de cette mer lui étaient soumises et s'appelaient îles Rhodiennes, sans en excepter celle de Carpathos, aujourd'hui Scarpanto, placée entre les îles de Crète et de Rhodes, à 40 milles de la première, à 50 de la seconde, et à laquelle est échu l'honneur de donner son nom à cette partie de la mer Egée.

Les promontoires principaux de l'île sont : au N. le

1. *Hist. nat.*, l. V, c. XXXVI.
2. *Géogr.*, l. XIV, c. II.

cap Koumbournou ou cap des Sables; il est couvert de moulins à vent, ce qui fait qu'il porte aussi le nom de pointe des Moulins; à l'E. le cap Lindos; au S. le cap Prasonisi, appelé également cap Tranquille dans quelques cartes, et probablement, comme le pense M. Ross[1], le Πανὸς ἄκρον de Ptolémée[2]; et à l'O. le cap Monolithos, nommé encore cap Kandoura.

D'autres promontoires moins importants se dessinent sur la côte de distance en distance, et portent chacun une désignation particulière; je les indiquerai plus tard, quand je ferai avec mon lecteur le tour de l'île : pour le moment, je me contente de signaler ceux dont la saillie est la plus prononcée.

Une grande chaîne de montagnes règne du N. au S. et embrasse presque toute la longueur de l'île. Toutefois, cette chaîne n'est pas continue, et elle ne forme pas une suite de hauts plateaux non interrompus et s'élevant progressivement jusqu'au centre, comme cela se remarque dans plusieurs autres îles, pour s'abaisser et redescendre ensuite à partir de ce point. La montagne la plus haute de l'île en occupe, à la vérité, à peu près la partie centrale; mais elle y constitue une sorte de massif solitaire et gigantesque qui surpasse de 700 mètres les autres montagnes environnantes; c'est l'*Atabyron* des anciens, aujourd'hui le *Taÿros*, que je décrirai en son lieu.

Cette montagne s'interpose, pour ainsi dire, entre deux autres qui forment également des massifs distincts

1. *Reisen auf den griechischen Inseln*, t. III, p. 70.
2. *Géogr.*, l. V, c. II.

et dont l'un, le *mont Saint-Élie* au N. s'étend de l'E. à l'O., et l'autre au S., appelé *Gramytis*, se dirige du N. E. au S. O.

Indépendamment de ces trois montagnes, dont la première domine l'île entière et toutes les îles voisines, Rhodes en renferme plusieurs autres, à l'E. et au S., moins considérables, il est vrai, mais qui cependant sont encore comme les principales pièces de la charpente montagneuse qui la constitue.

Pour achever de se former une idée plus nette de la configuration générale de l'île et de la structure qu'elle présente, qu'on se figure un ovale s'allongeant obliquement du N. E. au S. O., renflé à son centre et dont l'extrémité septentrionale est plus effilée que celle du S., laquelle est plus large et plus arrondie.

Dans la partie supérieure de l'île jusqu'au mont *Saint-Élie*, c'est-à-dire dans une longueur d'environ 27 kilomètres, une même chaîne, d'un hauteur moyenne de 350 mètres, la traverse par le milieu et projette à droite et à gauche quelques contre-forts moins élevés, dont les uns s'avancent jusque dans la mer en forme de promontoires rocheux et escarpés, et les autres s'abaissent insensiblement vers la plage, laissant entre leurs dernières pentes et le rivage des plaines ondulées et très-fertiles, d'une largeur qui varie entre 1 et 5 kilomètres. Puis, la chaîne du mont *Saint-Élie* coupe transversalement l'île dont elle occupe une zone d'à peu près 12 kilomètres : ses deux sommets les plus élevés ont, celui de l'O., 850 mètres, et celui de l'E., 700. Cette chaîne envoie des ramifications autour d'elle qui se relient les unes aux autres.

9 kilomètres plus au S., se dresse la masse imposante du *Taÿros* dont le point culminant atteint une hauteur de 1500 mètres. Cette montagne est beaucoup plus rapprochée de la côte occidentale de l'île que de la côte orientale, elle est isolée presque entièrement, principalement vers le N., l'E. et l'O.; car vers le S., quelques rameaux la rattachent au mont *Gramytis*.

En face du *Taÿros* s'élève, près de la côte orientale, une montagne beaucoup moins haute, mais qui dépasse toutes celles qui la séparent de ce vaste massif; c'est le mont *Archangélos* dont la cime peut avoir 570 mètres : les montagnes intermédiaires, tout en affectant des formes différentes, constituent cependant en général des bassins circulaires, dans un espace de 20 kilomètres.

Plus bas et à la partie la plus large de l'île, deux montagnes se répondent également, la première sur la côte orientale, nommée *Kalathos*, haute seulement de 400 mètres et dont une ramification forme le cap *Lindos*, la seconde qui touche presque à la côte occidentale et qui est le *Gramytis* déjà mentionné précédemment : son élévation est de 900 mètres. De son massif sortent comme d'un tronc unique plusieurs rameaux dont le principal court à l'O. et s'avance dans la mer sous le nom de cap Monolithos. Un intervalle de 23 kilomètres, compris entre les monts *Gramytis* et *Kalathos*, est rempli par d'autres montagnes entre lesquelles il faut distinguer une chaîne centrale qui descend vers le S. en ligne presque directe. Sa plus grande élévation est près du village de *Mesanagros*; puis elle s'abaisse, et au-delà du village de *Katavia* une autre montagne occupe presque toute la largeur de l'extrémité méridionale de l'île et se termine au S. par le cap Prasonisi.

La plupart de ces montagnes, surtout dans la partie septentrionale de l'île, sont composées d'un grès plus ou moins tendre dont il existe de belles carrières antiques sur le mont Dracon.

Le massif du *Taÿros* consiste en un calcaire schisteux donnant un marbre bleuâtre d'une qualité commune. Il en est de même du mont *Saint-Élie* et du mont *Kalathos*. Telle est aussi la formation géologique du mont *Gramytis*, qui renferme en même temps du marbre blanc.

Sur plusieurs points, j'ai remarqué des marbres rouges et imitant le porphyre; ailleurs, notamment près de la pointe d'*Anconi*, j'ai rencontré des roches ferrugineuses, et en d'autres endroits de la craie et du tuf.

Je n'oublierai pas non plus d'ajouter que dans un grand nombre de localités, même à des hauteurs considérables, on observe une quantité énorme de petites coquilles marines mêlées et comme conglutinées avec du sable, ce qui indique qu'à une époque dont la date positive est inconnue, mais dont de fort anciennes traditions semblent avoir conservé le souvenir, l'île était ensevelie au fond de la mer, et qu'ensuite elle surgit au-dessus des ondes.

Tout le monde connaît les beaux vers de Pindare[1], qui a chanté cette antique légende dans l'une de ses odes les plus remarquables :

> Φαντὶ δ' ἀνθρώπων παλαιαὶ
> Ῥήσιες, οὔπω, ὅτε
> Χθόνα δατέοντο Ζεύς τε καὶ Ἀθάνατοι,
> Φανερὰν ἐν πελάγει
> Ῥόδον ἔμμεν ποντίῳ·
> Ἁλμυροῖς δ' ἐν βένθεσι νᾶσον κεκρύφθαι.

Et bientôt après le poëte ajoute :

> Βλάστε μὲν ἐξ ἁλὸς ὑγρᾶς
> Νᾶσος.......

« D'anciens récits répandus parmi les hommes rapportent que, lorsque Jupiter et les Immortels se partageaient le monde, Rhodes n'avait point encore apparu au milieu de la mer, qui la tenait engloutie et cachée dans ses abîmes. »

Et plus loin : « L'île naquit du sein des flots humides. »

Un passage d'Héraclides de Pont[2] confirme la même tradition.

« On raconte, dit cet écrivain, que l'île de Rhodes était d'abord cachée sous la mer et qu'elle ne se montra que plus tard. »

Nous lisons également dans Pline[3] :

« Claræ jampridem insulæ, Delos et Rhodos, memoriæ produntur enatæ. »

1. *Olymp.*, od. VII, v. 62 et suiv.
2. *In excerpt. de Politiis*, 32.
3. *Hist. nat.*, l. II, c. LXXXIX.

Sans citer ici le rhéteur Aristide, qui mentionne le même fait dans son XLIIIe discours adressé aux rhodiens, l'historien Ammien Marcellin [1], qui en parle à son tour, l'attribue à une éruption volcanique : « Fiunt autem terrarum motus modis quatuor; aut enim brasmatiæ sunt, qui humum molestius suscitantes, sursum propellunt immanissimas moles, ut in Asia Delos emersit et Hiera et Anaphe et Rhodus. »

Cette opinion, qui regarde l'apparition de Délos, d'Hiera, d'Anaphe et de Rhodes comme le résultat d'un soulèvement dû à une puissante fermentation interne (brasmatiæ), c'est-à-dire à une action volcanique, est beaucoup plus vraisemblable que celle qu'avait émise auparavant Philon le juif [2], qui voyait là l'effet d'un abaissement et d'une diminution de la mer, contraires à toutes les données de la science.

« La mer, écrit cet auteur, commence à diminuer; témoin deux îles très-célèbres, Rhodes et Délos; car d'abord elles ne paraissaient point, ensevelies qu'elles étaient sous la mer; et ensuite, celle-ci venant à s'abaisser peu à peu, elles se montrèrent et se dégagèrent elles-mêmes insensiblement, comme le témoignent les histoires composées sur ces îles. »

Savary [3] a remarqué avec raison que, si l'assertion de Philon avait quelque fondement, la plupart des îles de l'Archipel, étant plus basses que Rhodes, auraient une pareille origine. Or l'histoire ne dit rien de semblable.

1. L. XVII, c. 7.
2. *De Mundi incorruptibil.*, p. 658, édit. 1552.
3. *Lettres sur la Grèce*, p. 50.

« Il est plus probable, ajoute-t-il, que les feux volcaniques qui, la quatrième année de la trente-cinquième olympiade, firent sortir des abîmes de la mer Thérasia et Théra[1], donnèrent autrefois naissance à Délos et à Rhodes. »

Les différentes chaînes de montagnes que j'ai énumérées étaient jadis couvertes de magnifiques forêts qui malheureusement disparaissent de jour en jour. Bien aménagées, ces forêts formeraient l'une des plus grandes richesses de l'île, tandis que, si les dégâts continuels et les coupes mal réglées qu'elles subissent n'ont pas un terme prochain, les montagnes se dénuderont de plus en plus, et la terre végétale qui les revêtait, emportée par les pluies d'hiver et glissant le long de leurs flancs, laissera à découvert et en quelque sorte décharnées des pentes jusque-là fertiles et où le roc seul se montrera alors aux regards. L'île verra aussi par contre-coup diminuer ses sources déjà peu abondantes et la fécondité de son sol tarir en même temps.

Telle qu'elle est cependant, et bien que le déboisement d'une grande partie de ses montagnes soit presque achevé, c'est encore l'une des îles qui renferment les plus belles et les plus vastes forêts de l'Archipel. Le pin à pignons en constitue l'essence principale. Il s'y élève, en général, à une médiocre hauteur, et sa

1. L'apparition de Théra, aujourd'hui Santorin, au-dessus de la mer, est d'une époque bien antérieure à celle qu'indique ici Savary. — Lisez sur cette île l'excellent article de M. Ch. Benoit, inséré dans les *Archives des Missions scientifiques*, novembre 1850.

tige est également d'une hauteur moyenne. Il ne faut pas s'imaginer, en effet, qu'on puisse trouver là des arbres comparables pour la majesté ni la taille altière à ceux que possèdent, par exemple, les forêts de la Corse, où croissent ces pins superbes dont la tête atteint parfois une hauteur de 35 mètres et même davantage, et dont la grosseur est proportionnée à une pareille élévation. A Rhodes, rien de semblable ; les plus beaux ont tout au plus 20 mètres de haut, et la circonférence de leurs tiges ne dépasse guère un mètre. Mais, s'ils n'offrent point à l'œil l'aspect imposant et sublime que présentent en Corse ces géants du règne végétal, ils ont, d'un autre côté, une grâce et un charme qu'on ne saurait décrire. Dans la partie centrale de l'île principalement, on rencontre çà et là au milieu des montagnes de vastes espaces occupés par de vieilles forêts qui ombragent soit des flancs raides et presque verticaux, soit des pentes doucement inclinées, soit d'agréables et fraîches vallées. Qui ne connaît les harmonieux gémissements que fait entendre le pin, lorsqu'il est agité par le vent ? Les poëtes anciens et modernes ne les ont point oubliés dans leurs vers, témoin entre autres Théocrite et Lamartine.

Ἁδύ τι τὸ ψιθύρισμα καὶ ἁ πίτυς, αἰπόλε, τήνα,
Ἁ ποτὶ ταῖς παγαῖσι μελίσδεται[1]......

« Il est doux, ô chevrier, le murmure que module ce pin près des fontaines. »

Et dans une de ses plus belles Harmonies, celle qui

1. Théoc., *Idyll.* I, v. 1 et 2.

a pour titre, *Pensée des Morts*, le second poëte a dit :

« Quand le pin rend ses accords., »

Effectivement, rien n'est mélodieux comme le frémissement mélancolique qui s'échappe de cet arbre, quand la brise passe à travers ses rameaux; rien n'est suave aussi comme le parfum qui s'en exhale alors. Qu'on se figure donc l'espèce de ravissement qui s'empare du voyageur, lorsque, dans une île située sous un des plus heureux climats de la terre et éclairée d'une lumière si pure, il chemine au milieu de ces antiques forêts tout embaumées de senteurs sauvages et qui, mollement bercées par le vent, produisent par leur balancement musical ces longs soupirs et ces vagues murmures dont l'air frémit doucement.

Çà et là aussi s'élèvent quelques sapins et ces hauts cyprès de l'Orient qui rivalisent avec nos peupliers de France pour la hardiesse de leur taille élancée.

Dans d'autres endroits, des fourrés de chênes-verts forment des espèces de maquis presque impénétrables. Ils sont mêlés d'arbousiers, de lentisques et de myrtes qui s'entrelacent et confondent leur verdure, leurs fleurs et leurs baies odorantes. Ces arbustes abondent dans tous les lieux que la culture n'a point encore envahis ou qu'elle a abandonnés.

Des différentes chaînes de montagnes de l'île descendent à la mer, à droite et à gauche, c'est-à-dire à l'E. et à l'O., des cours d'eau assez nombreux qui sont presque tous à sec en été ou du moins qui ne sont plus alors que de simples ruisseaux. Bien que les habitants les désignent tous par la dénomination de ποταμοὶ ou de fleuves, cependant aucun d'eux ne pourrait porter la moindre nacelle : ce ne sont, à proprement parler, que des torrents qui naissent avec les pluies d'hiver et meurent avec elles. Les uns se sont creusé des lits très-profonds et coulent entre des murs de rochers presque verticaux et qu'on croirait taillés par la main de l'homme; d'autres se répandent en de vastes lits sablonneux, larges et peu profonds; ceux-ci se précipitent en cascades multipliées, bondissent de roc en roc, roulent et entraînent tout sur leur passage; ceux-là semblent glisser sur des pentes plus douces et descendent moins impétueusement vers la mer.

Quelques-uns de ces torrents sont bordés d'arbres qui marient ensemble leurs rameaux et qui s'élèvent comme par étages sur leurs berges inclinées. Souvent des vignes sauvages et des lianes grimpantes courent en guirlandes d'un arbre à l'autre ou les enserrent étroitement jusqu'au faîte de leurs tiges, du haut desquelles elles retombent en festons verdoyants.

Mais la bordure la plus habituelle de tous les torrents de l'île consiste en touffes gigantesques de lauriers-roses qui croissent le long de leurs rives et même au milieu de leur lit, comme de petites îles ou comme de fraîches corbeilles de verdure et de fleurs surnageant au-dessus des eaux. Ces magnifiques lauriers offrent un coup d'œil ravissant, lorsque s'épanouissent leurs belles roses qui, sans exhaler aucun parfum, charment du moins longtemps les yeux par le vif éclat de leurs brillantes couleurs.

A cet arbuste s'en mêlent d'ordinaire deux autres, le myrte aux baies parfumées et l'agnus-castus qui laisse pendre en molle chevelure ses fleurs blanches et bleues. Cet ornement est du reste celui qu'on retrouve sur les bords de presque tous les torrents de la Grèce et de la plupart des îles de l'Archipel; mais il n'en est aucune où il soit aussi commun que dans celle de Rhodes.

CHAPITRE II.

CLIMAT DE L'ÎLE DE RHODES. — ELLE EST SUJETTE AUX TREMBLEMENTS DE TERRE, CE QUI CONFIRME LES TRADITIONS ANTIQUES AU SUJET DE LA NAISSANCE DE CETTE ÎLE.

Le climat de l'île de Rhodes passe, à juste titre, pour l'un des plus agréables et des plus délicieux de l'Archipel. Située sous une heureuse latitude et à quelque distance des côtes asiatiques de l'ancienne Carie et de la Lycie, cette île n'a point son égale dans toute la Méditerranée pour la pureté de son ciel et la douceur de l'air qu'on y respire. Jadis elle était renommée parmi les anciens à cause de ce précieux avantage. Suétone nous raconte dans la *Vie de Tibère*[1] que ce prince, avant de devenir empereur, avait choisi Rhodes pour le lieu de sa retraite, séduit par les agréments et par la salubrité de ce séjour.

1. *Vita Tiber.*, XI.

« Rhodum enavigavit, amœnitate et salubritate insulæ captus. »

Pline remarque que son ciel ne se couvre jamais de nuages assez épais pour dérober la vue du ciel pendant un jour entier[1].

« Rhodi nunquam tanta nubila obduci, ut non aliqua hora sol cernatur. »

Meursius[2] cite plusieurs passages tirés des poëtes anciens où elle a l'épithète de *clara*.

« Laudabunt alii claram Rhodon » dit Horace (l. I, ode 7).

« Aut claram Rhodon » a dit également Martial (l. IV, épigr. 55).

Lucain[3] ne laisse plus d'équivoque sur la manière dont il faut entendre cette épithète dans le vers suivant, où elle est reproduite et en même temps complétée par l'adjonction du mot *sole*.

« .... Claramque relinquit
Sole Rhodon. »

Cette sérénité du ciel de Rhodes et, durant le jour, cette présence presque non interrompue du soleil pendant les trois quarts de l'année, présence qui, même pendant l'hiver, n'est jamais complétement interceptée par les nuages, avait fait consacrer par les anciens cette belle île au dieu de la lumière.

« Tuque domus vere solis, cui tota sacrata es[4]. »

1. *Hist. nat.*, II, 62.
2. *Rhodus*, t. III, p. 687.
3. l. VIII, v. 248.
4. Manilius, IV, v. 763.

Un magnifique colosse dont je dirai plus tard quelques mots et qui fut regardé comme l'une des sept merveilles du monde, représentait ce dieu dont l'image se retrouvait également sur les monnaies des Rhodiens.

Qu'on ne croie pas cependant que cette île soit dévorée par les rayons de l'astre qu'elle a longtemps adoré et qui continue toujours à épancher sur elle avec profusion les trésors de sa chaleur et de sa lumière. Non; les feux de l'été y sont tempérés par des brises qui soufflent régulièrement chaque jour. Et puis, les différentes chaînes de montagnes qui en occupent l'intérieur laissent circuler entre elles et dans les vallées qu'elles forment des courants d'air qui rafraîchissent l'atmosphère, à moins, par hasard, que ces vallées ne soient complétement entourées de hauteurs qui les enferment de toutes parts : dans ce cas, la chaleur s'y concentre avec force, surtout si les flancs des montagnes qui les environnent sont nus et reflètent sur leurs parois de roches calcaires les rayons du soleil.

J'ai parcouru moi-même cette île à l'époque des grandes chaleurs et je n'ai point trouvé qu'elles fussent intolérables. Cela tient à la pureté de l'air qui n'est point surchargé de lourdes vapeurs et qui n'est alors presque jamais troublé par des orages. Si le soleil est éblouissant et lance sur l'île, à son midi, des rayons enflammés, ils brûlent sans accabler, et la subtilité de l'atmosphère transparente dont on est enveloppé entretient chez l'homme je ne sais quelle élasticité et quelle souplesse qui l'empêchent d'être affaissé sous le poids des feux ardents qui pleuvent sur lui. Sur les hauts plateaux de l'île règne un vent presque éternel qui tantôt les effleure doucement, tantôt les balaie avec violence et en rend alors l'ascension très-pénible. Quant aux basses terres, principalement vers la pointe nord où est située la capitale, elles sont caressées journellement par des brises délicieuses. Le soir surtout, lorsque le soleil incline à l'horizon et que, suivant l'admirable expression des Grecs modernes[1], il étale en se couchant dans les flots toutes les magnificences de sa royauté, c'est un charme inexprimable que de se promener le long du rivage près des vagues clapotantes et là d'aspirer, en quelque sorte, à longs traits les souffles agréables qui traversent les airs. Quelles ravissantes soirées d'été! quelles nuits douces, étoilées et comme diaphanes! On se croirait presque sous le ciel de la Syrie. C'est l'Orient avec ce qu'il a de plus enchanteur et sans les chaleurs excessives qui s'y font sentir. Les maisons étant la plupart couronnées par des terrasses, les habitants ont l'habitude de monter le soir pendant la belle saison sur ces plate-formes, souvent même d'y passer la nuit et de s'y livrer au sommeil, étendus sur une simple natte ou sur un tapis.

La chaleur n'est accablante que lorsque le vent du midi s'abat sur l'île. Heureusement que son haleine lourde et desséchante a traversé pour parvenir jusqu'à

1. Pour dire que le soleil se couche, les Grecs disent communément : « ὁ ἥλιος βασιλεύει », *le soleil règne, se montre en roi.* C'est effectivement le moment où son disque est le plus beau et le plus véritablement royal.

Rhodes des espaces de mer assez considérables et qu'elle a perdu dans ce parcours une grande partie de sa force première. Néanmoins, les jours où il souffle, on éprouve un malaise général et une fatigue de tête extraordinaire. C'est un affaissement des facultés physiques et jusqu'à un certain point, par contre-coup, des facultés morales, affaissement qui disparaît et s'évanouit avec cette influence funeste.

Si les étés dans l'île de Rhodes sont rafraîchis par des brises salutaires qui purifient l'air et en chassent les vapeurs et les miasmes qui pourraient s'y condenser, les hivers y sont tièdes et d'une douceur telle que souvent on se croirait au sein d'un véritable printemps. Les pluies commencent, il est vrai, avec le mois de novembre; en décembre, elles deviennent plus abondantes; mais, même alors, il est rare que le soleil ne brille pas dans la journée pendant plusieurs heures. La neige ne se montre guère que sur le mont Taÿros dont elle blanchit quelquefois la tête. Elle apparaît plus rarement sur les autres montagnes et, pour ainsi dire, jamais dans la plaine. Le mois de janvier est ordinairement assez beau. Les pluies recommencent en février et en mars; dès le milieu d'avril, elles cessent, et tout s'émaille de fleurs.

Les orages, qui dans nos contrées plus nuageuses et plus humides n'éclatent habituellement qu'à l'époque des fortes chaleurs, sont à Rhodes presque inconnus pendant l'été, et ce n'est que pendant l'hiver ou au commencement du printemps qu'ils surviennent par intervalle. Ils fondent alors quelquefois sur l'île avec une violence extraordinaire, et des pluies torrentielles les accompagnent. L'histoire nous parle d'une inondation que subit l'île et principalement la capitale, l'an 316 avant l'ère chrétienne, à la suite d'un orage effroyable qui s'abattit sur Rhodes vers la fin de l'hiver. Diodore[1] raconte qu'il tomba une pluie diluvienne et une grêle d'une prodigieuse grosseur : les grêlons étaient si lourds qu'ils tuèrent dans leur chute beaucoup d'hommes et d'animaux; plus de 500 personnes périrent dans ce désastre.

Heureusement que des orages semblables sont exceptionnels, et ceux auxquels l'île est sujette de temps à autre sont loin d'être aussi terribles. Néanmoins, elle présente alors parfois un aspect réellement saisissant; car du milieu des éclairs qui étincellent de toutes parts retentissent les roulements répétés du tonnerre qui semblent rebondir de montagne en montagne et dont les coups répercutés par mille échos se multiplient, pour ainsi dire, à l'infini.

A cet ébranlement du ciel et de la terre en correspond d'ordinaire un autre, celui de la mer elle-même, et tous les rivages de l'île sont battus par un choc incessant de vagues soulevées et blanchissantes d'écume dont les unes viennent mourir en grondant sur les plages basses et sablonneuses qu'elles semblent vouloir envahir, et les autres se brisent avec fracas contre les pointes avancées et les rochers des promontoires.

Comme les pluies sont extrêmement rares pendant l'été, les habitants arrosent leurs champs et leurs jardins

1. *Hist.*, l. XIX, c. 45.

au moyen d'irrigations. L'eau est tirée des sources et de ceux des torrents qui ne tarissent point alors et dont on dérive du lit principal plusieurs ruisseaux qui eux-mêmes se subdivisent, chemin faisant. De grands puits à norias, munis comme des moulins d'un appareil d'ailes que le vent met en mouvement ou d'une manivelle que des mulets font tourner, concourent aussi au même but.

L'île a été exposée plus d'une fois à de violents tremblements de terre, et il en est plusieurs dont l'histoire nous a conservé le souvenir. Le plus célèbre eut lieu l'an 222 avant l'ère chrétienne. Nous lisons dans Polybe[1] que les murs de la ville s'écroulèrent, que le fameux colosse tomba et fut brisé, et que plusieurs vaisseaux périrent dans le port en s'entrechoquant mutuellement. Trois autres tremblements de terre considérables qui ébranlèrent cette île nous sont signalés par l'antiquité : ils éclatèrent successivement sous les règnes d'Antonin le Pieux[2], de Constans et d'Anastase Ier[3]. D'autres, également désastreux, l'agitèrent au moyen âge et dans les temps modernes, notamment en 1481[4]. Je mentionnerai aussi celui de 1851. Plusieurs secousses successives, dans le mois de février de cette année-là, jetèrent la consternation parmi les habitants ; la plus forte se fit sentir le 28 de ce même mois ; elle lézarda un grand nombre de maisons, en renversa quelques-unes et causa même d'im-

1. *Hist.*, l. V, p. 88.
2. Pausanias, *Arcad.*, t. VIII, p. 42.
3. Evagr., *Hist. ecclesiast.*, t. III, p. 43.
4. Coronelli, *Isola di Rodi*, p. 157.

portants dommages à des édifices très-solidement construits.

Ces divers tremblements de terre que l'île a éprouvés confirment l'antique tradition, chantée par les poëtes et rapportée par les historiens, qui nous apprend que Rhodes était sortie primitivement du sein de la mer.

Une autre tradition qui nous est transmise par Diodore de Sicile[1] parle d'un grand cataclysme que l'île aurait essuyé, au temps des Telchines. Envahie et couverte par les eaux, elle aurait été ensuite desséchée par les rayons du soleil qui l'aurait rendue ainsi fertile et habitable.

CHAPITRE III.

PRODUCTIONS PRINCIPALES DE L'ÎLE DE RHODES. — VÉGÉTAUX. ANIMAUX. — MINÉRAUX.

Bien que l'île de Rhodes soit, entre toutes celles de l'Archipel, l'une des plus privilégiées de la nature, et que son sol et son climat la rendent propre à toute espèce de culture, une très-faible partie cependant en est cultivée. En l'estimant approximativement au vingtième de l'étendue totale de l'île, je suis probablement beaucoup plutôt au-delà qu'en deçà de la vérité. Cela tient à plusieurs causes. La principale

1. V, 56.

est le petit nombre de bras appliqués à l'agriculture. En effet, la population totale de l'île peut être évaluée à 27 000 habitants au plus, qui se décomposent ainsi : 6000 Turcs, 1000 Juifs et 20 000 Grecs.

Si nous retranchons de ce nombre les 11 000 âmes qui peuplent la ville et les faubourgs et qui ne s'occupent point des travaux de la campagne, il ne reste plus pour les besoins de celle-ci que 16 000 individus, hommes, femmes et enfants, dispersés dans quarante-sept bourgs et villages, et dont un quart à peine, en raison de l'âge, de la faiblesse ou d'autres occupations, peut vaquer utilement à la culture. On voit que c'est fort peu et tout à fait insuffisant pour une île dont la superficie est au moins de 1600 kilomètres carrés.

En second lieu, la crainte de nouveaux et plus lourds impôts retient souvent les paysans qui voudraient défricher des terrains incultes ou planter des arbres.

J'ajouterai aussi qu'ils ignorent pour la plupart les procédés d'agriculture les meilleurs à suivre, et que les instruments dont ils se servent sont peu nombreux et assez grossiers. Leur charrue, par exemple, est tout à fait primitive ; c'est à peu près la charrue arabe dans sa simplicité originelle.

Les deux sortes de céréales les plus cultivées sont le blé et l'orge : le seigle et l'avoine le sont beaucoup moins. La moisson de ces différentes céréales est terminée au mois de juin, un peu plus tôt dans les plaines et un peu plus tard sur les pentes des montagnes. Elle se fait à la faucille. Les épis sont coupés par brassées et amassés en gerbes pour être ensuite transportés à dos d'ânes et de mulets. L'aire à battre est un espace circulaire près des villages de 30 à 40 pieds de diamètre, situé en plein air et revêtu de pierres plates ou d'argile bien manipulée. On y égraine les épis en les faisant fouler aux pieds des bœufs ou des mulets qui marchent circulairement traînant derrière eux une planche épaisse, appelée *volossiri*, dont la partie inférieure est hérissée de dents en fer ou de silex tranchants, et qui sert à couper la paille et à faciliter la séparation du grain. Pour la rendre plus lourde, on y place des pierres; mais le plus souvent elle est surchargée d'enfants qui se font un jeu d'être ainsi promenés en rond. Ce jour-là, de même que celui de la moisson, est un jour de fête pour toutes les familles, et des chants joyeux retentissent de toutes parts. Le laboureur oublie alors ses fatigues, surtout si une récolte abondante a répondu à ses espérances, et il exprime son contentement d'une manière simple et naïve qui rappelle à la pensée quelques-unes des scènes champêtres décrites par Virgile ou par Théocrite. Mais si çà et là, sous ce ciel fortuné que des nuages pluvieux ne viennent en cette saison jamais assombrir, des tableaux de ce genre animent la campagne et semblent reproduire les antiques idylles des poëtes, dans la plus grande partie de l'île on ne voit que solitude et abandon, des terrains en friche et couverts de broussailles, et, à la place de riches cultures, des chardons ou des arbustes sauvages et de stériles touffes de thym.

Je ne crois pas, en effet, d'après les renseignements

que j'ai pris, qu'on doive récolter par an dans l'île entière plus de 200 000 kilogrammes de blé et 70 000 d'orge; ce qui prouve que l'île de Rhodes est bien loin de fournir assez de grains pour la consommation du petit nombre d'habitants qu'elle renferme, et qu'elle est obligée d'en importer une grande quantité soit d'Asie Mineure, soit de Chypre. Du reste, l'île étant montagneuse, il ne faut pas s'attendre à lui voir produire beaucoup de céréales.

Les oliviers, au contraire, pourraient être pour elle d'un rendement très-avantageux, s'ils étaient plus répandus, greffés avec soin et si ensuite on recourait à de meilleurs procédés pour la fabrication de l'huile qu'on en retire. Les magnifiques arbres de cette espèce qu'on observe dans l'île indiquent qu'elle est excellemment propre à cette culture, car ils y atteignent de très-belles proportions; leurs troncs énormes, leur branchage touffu et leur élévation indique la puissance de la sève qui les vivifie ; mais à peu près abandonnés à eux-mêmes, ils ne sont ni taillés, ni greffés quand ils dégénèrent, ni fumés régulièrement : on se borne à labourer le terrain où ils sont plantés deux ou trois fois par an, de février en avril.

Les olives sont en général recueillies quand elles sont très-mûres; comme elles tombent souvent d'elles-mêmes et qu'elles restent quelquefois longtemps à terre avant d'être ramassées, elles se pourrissent ou se dessèchent. L'huile qu'on en extrait est grasse, rance et verdâtre, et si les habitants la préfèrent avec cette saveur forte et amère aux huiles douces et raffinées de la Provence et de l'Italie, elle a, d'un autre côté, bien moins de valeur pour l'exportation que si, faite avec des fruits moins mûrs et moins détériorés, elle était en outre soumise à des procédés de fabrication moins grossiers.

Les Rhodiens, comme tous les Grecs d'ailleurs, aiment singulièrement les olives confites ; il les conservent dans du sel marin, et c'est pendant leurs quatre et longs carêmes la principale nourriture de la plupart d'entre eux. Ces olives confites, d'ordinaire mal préparées, sont souvent malsaines à cause de leur âcreté excessive, et l'abus qu'en font les Grecs ainsi que des poissons salés et déjà à moitié corrompus occasionne chez eux un grand nombre de maladies qui altèrent peu à peu la pureté du sang et quelquefois même dégénèrent en ce mal affreux qu'on appelle la lèpre.

La richesse productive de Rhodes, sous le rapport de ses oliviers, ne doit pas dépasser, par an, 80 000 okes. On sait qu'une oke, mesure à la fois grecque et turque, n'équivaut pas tout à fait à un kilogramme.

Une production aussi faible pour une île de cette étendue, où l'olivier réussit parfaitement, indique qu'il y est beaucoup moins abondant et cultivé qu'il ne pourrait l'être; en outre, faute de mains pour les récolter, un grand nombre de fruits doivent se perdre sur des arbres abandonnés.

La seule plante oléifère cultivée dans l'île, mais en quantité extrêmement réduite, est le sésame. On en emploie les graines à saupoudrer la pâte de certains petits pains, ou on les broie pour en extraire l'huile qu'elles renferment. Ce produit se borne à 3 ou 4000 okes.

La vigne prospère admirablement; mais le revenu qu'on en retire est loin d'égaler celui qu'on devrait naturellement attendre. Les chiffres suivants m'ont été donnés comme les plus approchants de la vérité et ils parlent suffisamment d'eux-mêmes. L'île donc ne produit que 200 000 okes de raisin sec ou frais, 80 000 de vin et 30 000 d'eau-de-vie ou plutôt de rakis, espèce d'anisette fort goûtée dans la Grèce et dans le Levant.

Les ceps de vigne sont tenus très-bas; les sarments rampent sur le sol et aucun échalas ne les soutient. Cette méthode est presque générale dans toute la Grèce; elle coûte bien moins cher et en outre elle n'est point sujette aux inconvénients qui ne manqueraient pas de la faire abandonner dans des contrées plus humides où les grappes traînant sur une terre souvent détrempée par les pluies se pourriraient promptement. Çà et là cependant on la laisse monter aux arbres, et alors elle grimpe jusqu'à leur cime et tapisse leur tige de ses feuilles et de ses fruits.

La vendange n'a lieu que lorsque le raisin est arrivé à sa parfaite maturité : on peut attendre cette époque sans trop de risques, parce que les pluies ne commencent guère avant le mois de novembre et qu'alors la récolte est achevée. Les cuves dans lesquelles les grappes destinées à faire du vin sont transportées consistent en des espèces de réservoirs maçonnés et construits en plein air, d'une profondeur de deux à trois mètres et d'une largeur de quatre à cinq. Le raisin y séjourne pendant une dizaine de jours, et, quand il a opéré sa fermentation, on le foule aux pieds ; le jus s'écoule dans de grandes jarres placées à demeure et enfoncées dans la terre au-dessous d'une ouverture pratiquée à la citerne.

Cet usage se retrouve du reste dans une grande partie de l'Orient et notamment en Palestine et en Syrie.

Les vins de Rhodes sont rouges et blancs. Ceux de la première espèce sont moins capiteux que les seconds et d'un goût fort agréable. Sans être aussi renommés et aussi savoureux que ceux de Chypre, ils ont un bouquet qui a également son prix. Il est à regretter que les habitants n'aient pas entrepris en grand la culture de la vigne : bien préparés, en effet, les vins rouges de Rhodes seraient d'excellents vins de table qui ne manqueraient pas d'avoir un débouché en Europe; mais cette culture est peu répandue et dans la plupart des villages elle est même inconnue.

Les vins blancs sont plus liquoreux et assez capiteux; leur couleur prend peu à peu une belle teinte dorée qui les fait ressembler à ceux de Santorin et de Samos; mais ils sont moins bien soignés que dans ces deux dernières îles et beaucoup moins abondants.

Avec le marc bouilli qui reste au fond des cuves et une dose déterminée d'anis, on fait une sorte d'eau-de-vie qui s'appelle rakis. Les Turcs qui s'interdisent le vin, par respect pour la loi du Koran, ne croient pas la violer en se permettant cette liqueur qu'ils affectionnent singulièrement. Elle est effectivement très-rafraîchissante pendant les chaleurs de l'été, si on la mêle avec de l'eau, et c'est en même temps un tonique bienfaisant qui relève les forces abattues par une transpiration excessive.

Une grande partie des raisins ne sont point convertis en vin; mais ils sont cueillis, soit pour être mangés frais, soit pour être transformés en raisins secs. Ceux qui appartiennent à la première catégorie sont délicieux; doux et sucrés, ils ne sentent pas l'eau comme nos raisins de France qui ont été souvent trop imbibés par les pluies. Les seconds sont généralement trop desséchés et peu charnus, ce qui en diminue la valeur et la qualité. Avec un choix meilleur des grappes et une préparation plus attentive et plus intelligente, ils pourraient soutenir la comparaison avec ceux de Smyrne et de Corinthe.

Dans l'antiquité, les vignes de Rhodes avaient de la célébrité, comme nous le voyons par un passage de Pline[1]:

« At nondum dictæ Ægia et Rhodia (*uvæ*). »

Ailleurs, dans le même livre (c. 8), cet écrivain nous dit que le vin de Rhodes ressemblait à celui de Cos.

« Rhodium vinum Coo simile est. »

Virgile en fait également mention avec éloge dans ses *Géorgiques*[2].

« Non ego te, Dis et mensis accepta secundis,
« Transierim, Rhodia, et tumidis, Bumaste, racemis. »

1. *Hist. nat.*, XIV, 3.
2. *Georg.*, II, 106.

Si la vigne réussit si bien encore dans l'île de Rhodes et semble d'elle-même inviter l'homme à la cultiver davantage et à la multiplier sur un sol qui lui convient merveilleusement, les arbres fruitiers y croissent aussi presque tous. Autour de la ville et de la plupart des villages, c'est un spectacle propre à charmer les yeux que celui de ces vergers qui, tout mal entretenus qu'ils sont, se couvrent, chaque année, de fruits exquis qui le seraient encore davantage, si l'industrie et le travail de l'homme venaient seconder ou corriger la nature. Parmi les arbres qui composent ces vergers, je nommerai plus particulièrement les abricotiers, les figuiers, les amandiers, les orangers, les citronniers et les grenadiers.

Les abricotiers sont quelquefois tellement surchargés de fruits qu'il faut en étayer les branches pour les empêcher de rompre sous le faix.

Les figues de Rhodes étaient jadis renommées[1]. Elles sont encore aujourd'hui excellentes; très-sucrées, elles offrent, quand elles sont fraîches, une chair pleine et délicate; mais celles qu'on fait sécher restent d'ordinaire trop longtemps exposées au soleil, qui finit par absorber une partie de leur substance et des sucs qu'elle renfermaient. Quant à l'arbre qui les porte, il devient magnifique, et il atteint avec le temps des proportions énormes. De son tronc principal jaillissent tout à l'entour de nombreux rejetons, et sous les larges feuilles de ses rameaux le soleil ne peut pénétrer. Il présente ainsi pendant

1. Pline, XV, 18. — Columelle, V, 10.

l'été un frais abri qui rappelle cette expression de l'Écriture[1] :

« Et sedebit vir subtus vitem suam et subtus ficum suam. »
« Chacun se reposera sous sa vigne et sous son figuier. »

On peut évaluer à 280 000 okes la quantité de figues qu'on récolte dans l'île par année ordinaire.

Il y a à Rhodes plusieurs espèces d'amandiers; la plus recherchée est celle qui est à écorce tendre. Cet arbre, sous un climat si doux, fleurit de fort bonne heure, et ses fruits mûrissent dès le mois de juin.

Les orangers et les citronniers ne sont cultivés avec quelque soin qu'aux environs de la capitale et dans les vergers de trois ou quatre villages. Je citerai avant tout dans l'un des faubourgs de la ville le jardin d'un européen qui renferme un vaste bosquet d'orangers et de citronniers de la plus belle venue. Parfaitement entretenus par cet habile cultivateur, ils offrent un coup d'œil qu'on ne se lasse pas d'admirer, lorsqu'ils sont couronnés de leurs fruits dorés, presque aussi nombreux quelquefois que leurs feuilles. Pour trouver dans les autres îles de la Grèce un bosquet comparable à celui-là, il faudrait aller le chercher dans les jolis jardins qui environnent Chio, capitale de l'île du même nom, ou dans ceux qui avoisinent La Canée dans l'île de Candie.

Rhodes doit produire par an environ 2 000 000 d'oranges et 1 000 000 de citrons.

Les grenadiers sont peu cultivés; cependant ils réussissent fort bien, et on en rencontre presque par-

1. Michée, c. IV, v. 4.

tout à l'état sauvage; ils sont peut-être même indigènes dans cette île; car c'est la fleur de cet arbre[1] et non celle du rosier, comme on le croit communément, qui est représentée sur les anciennes monnaies rhodiennes.

Comme arbres à fruits, je nommerai encore le prunier, le cerisier et le pêcher. Ce dernier arbre, à l'époque de Théophraste[2], fleurissait seulement à Rhodes, sans pouvoir porter de fruits. Le même fait est confirmé par Pline[3] dans le passage suivant :

« Persicæ arbores sero et cum difficultate transiere, ut quæ in Rhodo nihil ferant, quod primum ab Ægypto carum fuerat hospitium. »

Et ailleurs[4] il dit : « Persicæ arbores in Rhodo florent tantum. »

Les pommiers et les poiriers sont assez rares; il en est de même des châtaigniers et des noyers, qui ne croissent qu'en petit nombre dans les montagnes.

Des mûriers s'élèvent çà et là au milieu des jardins; ils y deviennent de fort grands arbres. Leurs feuilles servent à nourrir les vers à soie dont l'élève fait l'occupation des femmes dans plusieurs localités. Cette industrie est toutefois très-restreinte; car, entravée dans son essor par un impôt qui la décourage, elle n'a pris qu'une faible extension et doit à peine produire 2000 okes de soie par an.

D'autres arbres comme, par exemple, le chêne vé-

1. Voyez la médaille gravée en tête de l'ouvrage.
2. *Hist. plant.*, III, 5.
3. *Hist. nat.*, XV, 13.
4. *Id.*, XVI, 26.

lanède et le caroubier, qui mériteraient d'être multipliés dans l'île, tant ils coûtent peu de soins et s'y développent facilement, n'y sont, à cause de leur nombre trop peu considérable, que d'un rapport annuel assez médiocre, qui se borne à **12000** quintaux de vallonées et à **8000** okes de caroubes. Les caroubes servent à la fois à la nourriture des hommes et à celle des animaux. Pline[1] parle du caroubier comme ne se trouvant point en Égypte, mais en Syrie, en Ionie, près de Cnide et à Rhodes.

« Non enim in Ægypto nascitur (ceronia), sed in Syria Ioniaque et circa Cnidum atque in Rhodo. »

En Europe, les fruits de cet arbre sont uniquement réservés aux bestiaux; ils y sont, du reste, plus amers et plus indigestes que ceux qu'on récolte dans les pays que je viens de nommer. En tout cas, c'est, même dans le Levant, une nourriture assez grossière, à l'usage seulement de la partie la plus pauvre de la population.

Le fruit du chêne vélanède est recherché pour le tannage des peaux. Cet arbre est d'un produit considérable par la grande quantité de glands qu'il peut fournir, quand il est en pleine vigueur, et il acquiert alors des proportions gigantesques.

Il me reste encore à mentionner quelques autres arbres qui se rencontrent communément dans l'île de Rhodes et qui sont plus spécialement des arbres d'agrément. Comme ils y forment l'embellissement naturel des jardins et des places publiques et que l'ombre

1. *Hist. nat.*, XIII, 16.

qu'ils répandent ou le charme qu'ils ajoutent aux lieux qu'ils décorent les font généralement respecter par l'homme, on les laisse d'ordinaire parvenir jusqu'à une extrême vieillesse. Ce sont le peuplier blanc aux feuilles cotonneuses et argentés, le térébinthe qui devient si beau en Palestine et en Syrie et qui dans l'île de Rhodes atteint également un développement remarquable; le platane qui aime à croître au bord des eaux et que son port majestueux, son large et gracieux feuillage et l'ampleur de ses vastes rameaux ont fait choisir de préférence en Grèce et en Orient pour ombrager les sources et les fontaines; le sycomore aux feuilles dentelées et au bois incorruptible, le palmier enfin qui abonde surtout dans les jardins dont la ville est entourée et qui, extrêmement rare dans les autres îles de l'Archipel, à l'exception de celles de Crète et de Chypre, l'est beaucoup moins à Rhodes et par sa présence communique aux paysages de l'île un caractère tout oriental.

Au nombre des principales plantes, soit légumineuses, soit autres, je signalerai seulement les ognons qui y sont excellents et cultivés sur une assez grande échelle dans plusieurs localités, les concombres, les artichauts, les pastèques, les courges, les tomates, un peu de coton et de tabac, etc.

Disons maintenant un mot de quelques-uns des animaux que l'île renferme.

Les chevaux y sont en fort petit nombre. Les seuls presque qu'on y remarque sont ceux du Pacha et de sa suite, de quelques Turcs aisés et des Cavas à cheval qui forment comme la gendarmerie mobile de l'île. Ces chevaux viennent pour la plupart d'Anatolie.

Les mulets au contraire sont assez nombreux. Comme il n'y a aucune voiture dans l'île, faute de routes praticables, ce sont eux qu'on emploie à tous les transports. Ils sont très-vigoureux, ont le pied sûr et l'allure en même temps douce et rapide. Ceux qu'on destine plus spécialement à servir de bêtes de selle ont surtout du prix, lorsqu'on les a habitués à aller l'amble. Leur valeur peut alors atteindre pour les meilleurs jusqu'à 1000 fr.; leur prix moyen est de 180 à 200 fr.

Les ânes sont petits et d'une valeur trois fois moindre.

Les bœufs sont d'une taille moyenne et d'une race médiocre. Le nombre en est d'ailleurs très-limité : on les emploie au labour.

Les moutons prospèrent mieux, et c'est presque la seule viande que l'on mange dans l'île, soit bouillie, soit rôtie.

Les chèvres abondent également, et il n'est pas même rare de les rencontrer au milieu des montagnes à l'état sauvage. Elles y broutent les jeunes pousses des arbres et occasionnent de grands dégâts dans les forêts. Il en est de même de celles qui vivent en troupeaux; comme elles errent souvent en toute liberté, elles ravagent les endroits qu'elles parcourent. Le prix moyen d'une brebis est de 6 fr. et celui d'une chèvre de 5.

Les cochons sont généralement noirs; ils rôdent autour des habitations de ceux qui les possèdent et ne se nourrissent guère que d'ordures; aussi sont-ils beaucoup moins gros que les nôtres et leur chair est flasque et insipide.

La volaille consiste presque uniquement en poules. Pline[1] nous apprend que les coqs de Rhodes étaient autrefois extrêmement braves et que plusieurs d'entre eux ne naissaient que pour la guerre et de continuels combats.

« Quidam galli ad bella tantum et prælia assidua nascuntur, quibus etiam patriam nobilitarunt, Rhodum ac Tanagram. »

Depuis longtemps ces luttes n'ont plus lieu. Pline ajoute que les poules y pondaient peu et étaient fort lentes à couver et à élever leurs poussins. Ont-elles encore ce défaut d'aujourd'hui? je ne le pense pas. Leur fécondité du moins semble prouvée par le bon marché des œufs dans la plupart des villages.

Le miel de Rhodes était estimé dans l'antiquité; il en est fait mention par un grammairien[1] à côté du miel de l'Attique. Toutefois il devait être inférieur à ce dernier, attendu qu'on avait coutume d'importer dans dans cette île du miel du mont Hymette. Celui qu'on recueille encore aujourd'hui n'est pas trop au-dessous de son ancienne réputation; il a un goût très-parfumé, ce qui provient des herbes et des plantes aromatiques dont les abeilles distillent les sucs.

L'île ne contient pas d'animaux féroces, à part

1. *Hist. nat.*, X, 21.
1. Sosipater Charisius, *Grammat. instit.*, l. 1.

quelques sangliers, des chacals et des renards. Les forêts de plusieurs montagnes sont peuplées de cerfs et de biches qui s'y multiplient à l'aise, parce qu'il est fort peu d'habitants qui aient des armes pour les chasser. Les cailles, les grives et les perdrix s'y rencontrent aussi presque à chaque pas dans certaines régions peu fréquentées.

Dans les temps primitifs, comme le rapporte une vieille tradition et comme l'indique également l'un des premiers noms que l'île ait portés, celui d'*Ophiusa*, Rhodes était infestée par de nombreux serpents. S'il faut ajouter foi à un passage de Diodore[1], ces serpents étaient d'une grandeur si prodigieuses qu'ils dévorèrent beaucoup d'habitants. L'oracle de Delphes, consulté par les Rhodiens, leur conseilla d'appeler à leur secours Phorbas, fils de Lapithus, qui vint de Thessalie, délivra le pays des monstres qui le ravageaient et fonda une colonie dans l'île qu'il avait sauvée.

« Il est assez singulier, dit M. Raoul Rochette[2], de trouver à une époque aussi ancienne l'origine des fables qui reparaissent dans l'histoire moderne de Rhodes, lorsque cette île était au pouvoir des chevaliers de Saint-Jean-de-Jérusalem. »

Mais, comme le fait observer très-bien M. Lacroix[3], ces fables avaient sans doute un fondement réel, exagéré ensuite par l'imagination des Grecs, et l'histoire du dragon tué à tant de siècles de distance par le

1. L. V, c. LVIII.
2. *Hist. crit. des Colonies grecques*, t. I, p. 339.
3. *Univers. Iles de la Grèce*, p. 105.

chevalier Gozon ne doit point être non plus reléguée comme un conte puéril au nombre des faits purement imaginaires : elle doit, elle aussi, selon nous, avoir sa part de vérité, ainsi qu'il serait facile de le prouver et par l'inscription qu'on lisait jadis sur le tombeau actuellement brisé de ce chevalier, et par l'ancienneté de la tradition qui rapporte cet événement, tradition qui d'âge en âge remonte jusqu'à ce chevalier lui-même, et enfin par une vieille peinture à fresque qu'on voit encore maintenant à Rhodes dans la maison d'un Turc. Cette fresque a été décrite et reproduite avec soin par le colonel Rottiers [1]. Si elle n'a point été exécutée du temps même de Gozon, elle doit assurément l'avoir été à une époque où le souvenir de cet événement était encore présent à tous les esprits, et elle peut être regardée comme une véritable pièce historique. Là, le monstre représenté expirant sous les coups du héros n'est autre chose qu'un crocodile, animal qui n'a plus rien de fantastique comme un dragon et dont la présence dans l'île de Rhodes, tout étrange qu'elle est, n'en est pas moins possible et peut être expliquée.

Aujourd'hui les seuls serpents qu'on rencontre dans l'île sont des vipères et des couleuvres.

Quant à la mer qui l'environne, elle mérite toujours l'épithète de poissonneuse que lui donne un ancien auteur cité par Athénée [2]. L'un des poissons les plus recherchés jadis était l'élops de Rhodes que

1. *Monuments de Rhodes*, p. 241. — Atlas, pl. 28.
2. L. VIII, c. 61.

Pline[1] place au rang des plus renommés et des plus délicats, puisqu'il le met sur la même ligne que les loups du Tibre, les turbots de Ravenne et les murènes de Sicile.

Elien[2] nous apprend que les Rhodiens étaient grands mangeurs de poissons et qu'ils avaient beaucoup d'estime pour ceux qui en faisaient la plus abondante consommation.

On pêche encore maintenant, comme autrefois[3], près des rivages de l'île, des huîtres et des éponges plus douces que celles d'Afrique.

Parmi les produits du règne minéral qu'on y remarquait, Pline[4] énumère la céruse, la craie, des marbres de diverses couleurs et des agathes. On y trouvait aussi une terre bitumineuse appelée *ampelites*, dont parle Strabon[5] et qui, détrempée dans de l'huile, servait à frotter les ceps pour détruire les vers qui rongent la vigne.

Avant de terminer ce chapitre, je signalerai une particularité dont les anciens nous ont fait part, c'est qu'on ne voyait point d'aigles à Rhodes. « Rhodus aquilam non habet, » dit Pline[6].

Aussi Suétone[7], dans la *Vie de Tibère*, a-t-il mentionné, comme un prodige qui présageait la prochaine élévation de ce prince à l'empire, l'apparition d'un

1. L. IX, c. 79.
2. *Varia hist.*, I, 20.
3. Pline, XXXI, 47.
4. *Id.*, XXIV, 1; — XXXIV, 18; — XXXVII, 62.
5. L. VII, c. 5.
6. X, 41.
7. *Vita Tiber.*, c. 14.

aigle qui vint se percher sur la maison qu'il habitait à Rhodes, peu de jours avant qu'il ne fût rappelé en Italie.

« Ante paucos vero quam revocaretur dies, aquila, nunquam antea Rhodi conspecta, in culmine domus ejus assedit. »

En revanche, la plupart des vieux châteaux abandonnés et des tours solitaires qui s'élèvent à moitié renversées sur tous les promontoires de l'île sont habitées par un grand nombre de corneilles et de corbeaux; et des nuées de blanches mouettes aiment à raser du bout de leurs ailes l'écume des flots qui se brisent contre la pointe des caps ou à se laisser mollement bercer par les douces et caressantes vagues qui viennent expirer lentement sur la grève.

CHAPITRE IV.

NOMS DIVERS QU'A PORTÉS L'ÎLE DE RHODES. — ÉTYMOLOGIE DE CES DIFFÉRENTS NOMS.

A ces considérations sur l'aspect général, sur le climat et les principales productions de l'île de Rhodes, il ne sera peut-être pas inutile d'ajouter l'indication des noms divers qu'elle a portés; car ces noms caractéristiques renferment en eux-mêmes plusieurs documents qu'il est bon d'en tirer.

Nous lisons dans Pline[1] :

« Vocitata est antea *Ophiusa, Asteria, Æthræa, Trinacria, Corymbia, Pœeessa, Atabyria* ab rege : deinde *Macaria* et *Oloessa.* »

Strabon[2] nous fait connaître encore deux autres noms attribués jadis à la même île, *Stadia* et *Telchinis.*

Celui de *Pelagia*, enfin, nous est révélé par Ammien Marcellin[3].

L'étymologie de ces différentes dénominations par lesquelles l'île a été désignée avant de l'être définitivement par celle qu'elle garde encore aujourd'hui, est facile à saisir; indiquons-la successivement.

Rhodes fut d'abord appelée *Ophiusa* (Ὀφιοῦσσα) à cause des nombreux serpents qui pullulaient dans son sein limoneux, lorsqu'elle commença peu à peu à surgir au-dessus de la mer qui la couvrait auparavant. C'est à cette époque primitive qu'il faut rapporter aussi la dénomination de *Pelagia* (Πελαγία), qui prouve qu'elle était née du sein des eaux, et celle d'*Oloessa* (Ὀλόεσσα, mortelle, pernicieuse), qu'elle devait à la même cause pour laquelle elle avait été surnommée *Ophiusa.*

Plus tard, elle reçut le nom d'*Asteria* (Ἀστερία). En effet, sa beauté et l'éclat des rayons dont elle est illuminée en font resplendir les montagnes et les rivages, et la rendent en quelque sorte semblable à un astre; ou

1. *Hist. nat.*, V, 36.
2. *Geogr.*, XIV, 2.
3. XVII, 7.

bien c'est peut-être parce qu'on l'aperçoit de loin en mer comme une constellation qui se lèverait à l'extrémité de l'horizon. D'autres ont imaginé, pour expliquer ce mot, un certain roi Astérius dont l'existence est plus que problématique.

L'épithète d'*Æthræea* (Αἰθραία) a pour raison la pureté et la sérénité, pour ainsi dire, transparente et éthérée de l'air qui l'environne. J'ai déjà cité un passage de Pline par lequel cet auteur nous apprend qu'il n'y a aucun jour dans l'année où cette île soit complétement privée du soleil, même pendant les temps les plus nébuleux.

Elle était nommée *Trinacria* (Τρινακρία), parce qu'elle présente comme la Sicile trois principaux promontoires.

Le surnom de *Corymbia* (Κορυμβία) lui venait soit de son élévation au-dessus de la mer, soit du lierre qu'elle produisait, le mot grec κόρυμβος signifiant à la fois sommet, hauteur, et grappe de lierre.

Celui de *Pœeessa* (Ποιήεσσα) s'explique par la fertilité de son sol toujours paré de verdure et de végétation (ποιὰ ou ποίη, herbe).

Elle devait son titre d'*Atabyria* (Ἀταβυρία) à sa plus haute montagne ainsi appelée. Ici encore quelques étymologistes, à commencer par Pline, inventent, pour rendre compte de cette dénomination, un certain roi Atabyrius qui aurait régné sur l'île et dont ni l'histoire ni même la fable ne font mention.

L'épithète de *Macaria* (Μακαρία) lui fut commune avec d'autres îles de l'Archipel, par exemple avec Lesbos et Chypre, toutes deux si richement dotées par la nature et pour cela surnommées jadis, comme Rhodes, îles fortunées. D'autres attribuent l'origine de ce surnom à l'un des Héliades, appelé Macar, qui aurait colonisé Rhodes.

On peut expliquer l'étymologie de celui de *Stadia* (Σταδία) soit par l'immobilité de cette île, après les grandes commotions qu'elle avait ressenties et qui l'avaient soulevée au-dessus des ondes, soit par sa forme allongée et elliptique qui lui donne quelque ressemblance avec un stade antique. D'après le savant Bochart[1], il faudrait voir là un mot d'origine phénicienne et dérivant du phénicien *Tsadia*, qui signifie *désolé*, *dépeuplé*. Les Grecs, dit-il, auront transposé le *t* après l'*s*, et l'île aura porté cette dénomination quand elle était dévastée par les serpents qui l'infestaient dans le principe.

Rhodes fut surnommée également *Telchinis* (Τελχινίς), par suite des premiers habitants qui vinrent se fixer dans son sein et qui s'appelaient Telchines. Ces Telchines, nommés fils de la mer par Diodore de Sicile[1], ont été regardés comme des Phéniciens par la plupart des critiques. S'il faut en croire la fable, ils auraient été chargés par Rhéa du soin d'élever Neptune, et ce Dieu, devenu grand, épris d'amour pour Halia, leur sœur, aurait eu d'elle six fils et une fille appelée *Rhodos* : de celle-ci l'île aurait reçu le nom qu'elle porte encore aujourd'hui.

1. *Geogr. sacra*, p. 399.
2. V, 55.

Il est inutile, ce me semble, de réfuter l'opinion de ceux qui prétendent que ce dernier nom serait venu d'un bouton de rose en cuivre qui aurait été trouvé lorsqu'on jetait les fondements de Lindos, l'une des plus anciennes et des plus importantes villes de l'île[1]. Bochart[2] dérive cette dénomination du mot chaldaïque *Iarod*, serpent, dragon, que les Phéniciens par aphérèse auraient prononcé *Rod*, et il rapproche ce nom de celui d'*Ophiusa* par lequel les Grecs désignèrent aussi cette île.

Le plus grand nombre pense que l'île a dû son nom de *Rhodos* aux roses qui émaillent naturellement son sein, s'imaginant que c'est cette fleur qui est représentée sur les anciennes monnaies rhodiennes où l'on voit d'un côté une tête rayonnante du soleil et de l'autre une fleur épanouie. Cependant Dapper[1], dans son *Appendice sur les médailles des îles*, incline plutôt à reconnaître là soit la fleur du grenadier sauvage, comme c'est l'opinion de Spanheim, soit celle du grenadier domestique, ce qui est plus probable encore, à son propre avis. Cette dernière conjecture me paraît la seule vraie, et je crois qu'elle doit être définitivement adoptée. On m'a montré en effet dans l'île un certain nombre de médailles anciennes avec le double emblème dont j'ai parlé et où il est difficile de se méprendre sur la nature de la fleur qui y est représentée. J'en ai rapporté moi-même une en argent

1. Dapper, *Description des îles de l'Archipel*, p. 88.
2. *Geogr. sacra*, p. 398.
3. *Description des îles de l'Archipel*. Appendice, p. 526.

qu'un paysan venait de trouver près d'Embonas au pied du mont Taÿros et qui est si parfaitement frappée et d'un relief si considérable qu'elle ne m'a plus laissé aucun doute sur ce point[1].

Cette présence simultanée sur les monnaies rhodiennes de la fleur du grenadier et de l'image du soleil, sous la figure d'un Apollon à la chevelure ondoyante et souvent même rayonnante, semble nous autoriser à supposer que, lorsque cet astre eut fini, comme le veut une antique tradition, par dessécher l'île de Rhodes, jadis ensevelie sous les eaux de la mer, le grenadier fut un des premiers arbres qui prirent naissance sur ce sol vierge encore, et que par la beauté de sa fleur et l'éclat de son fruit il frappa tout d'abord les yeux de ceux qui commencèrent à coloniser cette île.

Dans le chapitre précédent j'ai dit que cet arbre était encore commun dans l'île : j'ajouterai ici que les Grecs modernes le désignent ordinairement par le terme de ῥόδιον ou ῥόδι avec apocope : en grec ancien, c'est le mot ῥοιὰ ou ῥοὰ qui était usité pour indiquer ce même arbre et son fruit; mais sa fleur, en raison de son apparence, a très-bien pu s'appeler ῥόδιον, c'est-à-dire petite rose, dénomination qui maintenant s'applique à l'arbre lui-même : et comme c'est cette fleur qui se trouve gravée sur les anciennes médailles de Rhodes, il est permis d'en induire que cette dernière désignation de Ῥόδος à été donnée à l'île, plus encore à cause de l'abondance de ses grenadiers que de celle de ses rosiers.

1. C'est celle que j'ai fait graver en tête de cet ouvrage.

Tous ces différents noms que je viens d'énumérer et d'expliquer ont pour nous leur importance; car ils servent à caractériser cette île, en nous la montrant sous divers aspects et à des phases successives de son existence. Nous la voyons d'abord couverte par les eaux de la mer, puis remplie de serpents énormes qui la rendaient inhabitable; plus tard fécondée par le soleil qui la dessécha peu à peu, et recevant tour à tour dans son sein verdoyant, quand il eut été délivré des reptiles redoutables qui l'infestaient, diverses colonies dont la plus ancienne fut celle des *Telchines*. Ces noms nous indiquent aussi sa forme, sa beauté, la plus haute de ses montagnes et le doux climat dont elle jouit. Ajoutons en terminant que la dénomination de *Rhodes* finit par prévaloir exclusivement; c'est celle qui seule est connue dans l'histoire et qui fut communiquée à la capitale, lorsque les habitants de l'île, à l'époque de la guerre du Péloponnèse, sentant la nécessité d'une union plus compacte et plus forte, abandonnèrent en partie les villes de Lindos, de Camiros et d'Ialysos, pour venir fonder à la pointe septentrionale de l'île la grande cité qui devait être bientôt si célèbre sous le nom qu'elle a conservé jusqu'à nos jours.

CHAPITRE V.

ADMINISTRATION ACTUELLE DE L'ÎLE DE RHODES. — IMPÔTS ET REVENUS. — CHIFFRE DE LA POPULATION.

On sait que par le tanzimat (*tanzimati khaïrié*, l'heureuse organisation), vaste code administratif et politique qui, préparé en grande partie par Réchid-Pacha, fut proclamé à la fin de 1839 par le sultan Abdul-Medjid, l'Empire ottoman, sous le rapport administratif et financier, a été, d'après une division dont le principe date de Mourad III, partagé en eyalets ou gouvernements généraux, lesquels se subdivisent en livas ou sandjiaks, c'est-à-dire provinces. Les livas comprennent les cazas ou ressorts de justice formés, pour l'ordinaire, de nahiyès ou villages, mais aussi de villes avec leurs dépendances.

Les îles turques de l'Archipel avaient formé, jusqu'en 1852, un gouvernement à part, donné en apanage au capitan-pacha; mais une ordonnance les a rangées à cette époque sous la loi générale du tanzimat, et elles ont alors composé deux eyalets différents; l'un, la Crète, qui constitue à elle seule un gouvernement divisé en trois livas, et l'autre, l'eyalet du Djizaïr ou des Iles, dont le gouverneur réside à Rhodes et qui comprend sept livas, savoir :

Rodos (Rhodes);

Istan Keui ou Stanchio (Kos);
Bozdja Ada (Ténédos);
Limni (Lemnos);
Midilli (Mitylène);
Sakyz (Chio);
Qybrys (Chypre).

Le pacha de Rhodes doit faire, chaque année, l'inspection des livas placés sous sa dépendance. Il résume en sa personne tous les pouvoirs civils et militaires. Un divan, appelé *Medjlis*, forme le conseil administratif et judiciaire dont il est le président. Ce medjlis est composé : 1° du gouverneur, du defterdar ou receveur général, du cadi ou juge, du mufti ou chef de la religion et de trois ou quatre autres personnages turcs nommés à l'élection et confirmés par le Gouvernement; 2° de l'archevêque grec et de deux primats laïques de cette nation, élus par leurs co-religionnaires, avec l'approbation du pacha; 3° des deux rabbins et d'un autre négociant juif, également désigné par le choix des siens.

Le conseil souverain, auquel toutes les affaires d'administration sont soumises, est aussi le tribunal en dernière instance des îles qui dépendent de Rhodes, et principalement de celles qui constituent ce liva particulier. Ces dernières sont : Nicaria, Patmos, Leros, Calymno, Nisyros, Stampalia (Astypalæa), Episcopi (Tilos), Khalki, Symi, Castel-Rosso (Cysthène), Scarpanto (Carpathos) et Casso (Casos).

Les différentes îles que je viens d'énumérer se gouvernent d'après leurs propres lois et elles sont seulement soumises à la surveillance d'un subaschi envoyé par le gouverneur de Rhodes.

Un autre liva est compris officiellement dans l'eyalet du Djizaïr, c'est celui de Samos; mais de fait, comme je l'ai montré dans mon Étude particulière sur cette île [1], en vertu des priviléges qui lui ont été accordés après la guerre de l'Indépendance, elle forme une principauté distincte qui ne rentre dans aucun gouvernement et qui est administrée par un prince grec ou par son kaïmakan. Elle relève directement de la Porte, à laquelle elle est tenue uniquement d'envoyer par an un tribut déterminé cemme marque de sa sujétion.

Auparavant le capitan-pacha n'avait pas de traitement fixe ; mais le pachalik de Rhodes, ainsi que tous les autres de l'Empire turc, était une véritable ferme livrée entre les mains de traitants avides qui l'exploitaient sans contrôle. Ils pressuraient les peuples qu'ils avaient à gouverner, et ils s'empressaient, pour s'enrichir eux-mêmes, de dévorer en quelque sorte leurs provinces, dans la crainte d'être bientôt renversés par un rival plus heureux. Pourvu qu'ils transmissent régulièrement à la Porte la somme à laquelle leur pachalik avait été taxé, et qu'à force d'exactions ou d'abus de pouvoir trop exorbitants ils ne suscitassent point au sultan des embarras sérieux en soulevant les pays qu'ils opprimaient, ils restaient d'ordinaire dans leur charge ; ou, s'ils en étaient dépossédés, ce n'était pas le plus souvent à cause de leurs injustices sur les-

1. *Descript. des îles de Patmos et de Samos*, Paris, 1856.

quelles le Gouvernement avait coutume de fermer les yeux ; mais leur chute était plutôt l'effet d'une intrigue de palais, et leur successeur, qui s'élevait sur leur ruine, redoutant lui-même une disgrâce prochaine, se hâtait de les imiter et faisait quelquefois regretter par une tyrannie plus grande et une avarice plus insatiable ceux qu'il venait de supplanter. Ce n'est pas que je veuille dire qu'il n'y ait jamais eu de pachas honnêtes qui aient administré leurs provinces avec droiture et équité. J'aime au contraire à reconnaître que plusieurs d'entre eux ont su par leur probité et leur humanité mériter l'estime et l'amour de leurs subordonnés; mais l'histoire, d'un autre côté, me force de répéter que c'est là une exception assez rare et que la plupart du temps ils ont gouverné en vainqueurs qui commandent à des vaincus, ou, pour mieux dire, à des esclaves. De là, la dépopulation et la misère toujours croissantes de la plus grande partie des provinces de l'Empire turc; et, pour en revenir à l'île de Rhodes, comment expliquer autrement que par les excès de toute nature de ceux qui l'ont tour à tour administrée le petit nombre d'habitants qui la peuplent maintenant et l'absence de culture sur une étendue si considérable de sa surface, malgré la fertilité de son sol et les avantages singuliers de son climat?

Alarmé par la décadence rapide de l'Empire ottoman qui se décomposait de plus en plus et marchait à grands pas vers sa ruine, le sultan Mahmoud, père du sultan actuel, entreprit courageusement la réforme de tout le système administratif de ses vastes États, et il mit la main à l'œuvre avec l'énergie qui le caractérisait. Il mourut après avoir brisé une partie des obstacles qui pouvaient entraver la réalisation de ses sages et utiles projets, laissant à son fils Abdul-Medjid le soin de les poursuivre et de les appliquer.

Il n'entre pas dans mon sujet de développer ici toutes les réformes qui furent solennellement décrétées dans le célèbre hatti-chérif de Gul-Hané, le 3 novembre 1839. Je me contenterai de remarquer qu'en ce qui concerne l'île de Rhodes, si le fermage en a été supprimé et si le pacha qui en est le gouverneur reçoit par mois des appointements fort élevés, tous les abus qu'on voulait corriger n'ont point été par cela même extirpés radicalement; car les décrets et les ordonnances ne peuvent transformer les mœurs d'un jour à l'autre et celles-ci résistent longtemps aux lois qui veulent les modifier. Ainsi, par exemple, dans l'Empire ottoman, bien que la probité turque soit en quelque sorte proverbiale chez le simple particulier qui vit occupé d'un petit négoce ou chez le paysan qui cultive la terre, par un contraste singulier et je ne sais quelle anomalie étrange, les fonctionnaires publics, depuis le plus élevé en dignité jusqu'au plus bas et au plus humble, se sont presque tous longtemps imaginés que leur place leur conférait, jusqu'à un certain point, le droit de s'en servir comme d'une occasion et d'un moyen pour s'enrichir eux et leur famille. Aussi, tout pour eux était-il d'ordinaire vénal, et leur conscience comme leurs faveurs appartenaient trop souvent au plus offrant. Qu'on ne s'étonne donc pas si les grandes et belles réformes préparées par le sultan Mahmoud et décrétées par son fils Abdul-Medjid sont loin d'avoir remédié complétement aux abus qui les avaient provoquées. Le mal était trop profondément enraciné pour être arraché si vite.

Ces considérations font pressentir qu'à Rhodes, comme ailleurs, bien que le fermage de l'île ait été aboli, la somme produite par les impôts prélevés sur les habitants doit très-probablement dépasser celle qui est annuellement envoyée à la Porte et qu'une partie de cet argent reste entre les mains de ceux qui sont chargés de le recueillir, la perception n'en étant ni assez régulière ni assez contrôlée. Le pacha, d'ailleurs, est en quelque sorte obligé de ne pas se montrer trop clairvoyant et de tolérer dans ses employés certains abus qui sont tournés en usage et comme consacrés par une longue habitude; car lui-même a quelquefois besoin qu'on n'examine pas de trop près ni trop sévèrement ses propres actes.

L'île fournit environ par an, au moyen de l'impôt et des douanes, 1 340 000 piastres[1] ou 308 200 fr.

Les sources de ce revenu sont :

1° Le kharatsch, impôt personnel ou capitation qui pèse uniquement sur les rayas, c'est-à-dire sur les chrétiens et sur les juifs. Il ne frappe que la population mâle, à partir de l'âge de dix ans. Cette capitation comprend trois catégories, les hommes faits, les

1. La piastre turque vaut environ 23 centimes de notre monnaie, quelquefois plus, quelquefois moins; cela dépend des circonstances et varie avec les différentes provinces de l'Empire.

enfants au-dessus de dix ans et les pauvres; la première classe est la plus imposée, la seconde l'est moins, la troisième moins encore.

Je n'ai pu obtenir le chiffre exact de la somme qui résulte de cette capitation; mais elle doit se monter au moins à 250 000 piastres ou 57 500 fr.

On sait que, par le fameux hatti-houmayoum du mois de février dernier, il a été décidé dans le divan que le kharatsch serait supprimé et que les rayas, sous le rapport de l'impôt, comme désormais en tout le reste, seraient mis sur le même pied que les Turcs. J'ignore si cette mesure, juste et salutaire, dont le but est de fondre, s'il est possible, et d'unir entre elles les parties hétérogènes qui composent l'Empire ottoman, a commencé déjà à être appliquée. Elle exigera un remaniement complet dans l'assiette de l'impôt, et probablement qu'elle rencontrera, pour être partout et définitivement mise en pratique, des obstacles nombreux et une répugnance très-vive de la part du vieux parti turc, lequel verra là disparaître l'une des marques les plus caractéristiques qui servaient à distinguer la race vaincue et sujette de la race victorieuse et dominatrice.

2° Le capitanlik ou l'imposition du capitan-pacha; cette contribution a retenu son ancien nom, bien que l'île ne soit plus maintenant l'apanage du capitan-pacha. Elle pèse et elle est établie sur la fortune de tous les habitants de Rhodes, Turcs ou rayas. Pour les premiers, elle est de 55 000 piastres ou 12 650 fr., et pour les seconds, Grecs et juifs, de 288 560 piastres ou 66 419 fr.

3° Le decation (δεκάτιον) ou le dixième de tous les produits. Il peut être évalué à 300 000 piastres ou 69,000 fr.

4° Les douanes : elles rapportent environ 450 000 piastres ou 103 500 fr.

Les exportations de l'île, l'année dernière, ont égalé une valeur de 326 000 fr.; elles ont consisté en fruits secs et frais, en vin, en cire, en vallonée, en ognons, etc.

Rhodes est en même temps un port important comme principal centre du commerce des éponges.

Les importations, dans cette même année, se sont élevées à la valeur de 2 000 000 de francs, consistant en blé, en denrées coloniales et en différents tissus, principalement en tissus de coton; mais il faut remarquer que, sauf le blé, la plupart de ces articles importés à Rhodes sont ensuite réexportés dans l'Archipel et sur les côtes de l'Anatolie.

Si l'île de Rhodes produit par an environ 1 340 000 piastres, les dépenses de l'administration s'y montent à 1 420 000, ce qui fait chaque année un déficit de 80 000 piastres, déficit qui est comblé par le surplus des revenus des autres îles qui dépendent de cet eyalet.

Le pacha reçoit par mois, pour ses appointements, 60 000 piastres, ce qui fait par an 720 000 piatres ou 173 600 fr. Il doit payer là-dessus ses domestiques et ses cavas. Ceux-ci sont au nombre de 25 à 30; ils habitent le rez-de-chaussée du konak ou maison du gouverneur; ce sont en quelque sorte ses gardes-ducorps et les exécuteurs de ses volontés. Ils ont pour chef un cavasi-baschi.

Les autres fonctionnaires qui sont subordonnés au pacha et la milice indigène occasionnent par an une dépense de 580 000 piastres ou 133 440 fr. Cette milice se compose de 380 soldats turcs, tous canonniers, et qui montent la garde à tour de rôle une fois par semaine. On ne les exerce que pendant l'hiver; ils ont pour chef un bin-baschi (tête de mille) qui a le titre de colonel, mais seulement la paye d'un commandant d'artillerie.

C'est avec cette faible milice, mal armée et mal exercée, et une trentaine de cavas que le pacha tient sous sa dépendance l'île entière de Rhodes et qu'il fait respecter les ordres du sultan. La population qui habite cette île est d'ailleurs très-pacifique et il y a fort longtemps que des troubles graves n'ont éclaté dans son sein.

Cette population, comme je l'ai déjà dit, se décompose ainsi : 6000 Turcs, 1000 Juifs et 20 000 Grecs, auxquels il faut ajouter 120 Francs ou Européens, tous catholiques latins, à l'exception de deux familles.

Dans le chapitre suivant je vais donner quelques détails sur ces différents éléments de la population actuelle de Rhodes.

CHAPITRE VI.

QUELQUES DÉTAILS SUR CHACUNE DES DIVERSES POPULATIONS DE RHODES, TURQUES, JUIVES, GRECQUES ET FRANQUES.

La ville capitale ou Rhodes, connue plus communément par les habitants sous le nom de Kastro, renferme 5500 Turcs et 1000 Juifs. 500 autres Turcs résident dans les faubourgs ou sont disséminés dans l'intérieur de l'île.

Turcs. — Ce sont les descendants de ceux qui sont venus s'établir à Rhodes, après la conquête qu'en fit Soliman en 1522. Ils vivent, à l'exception d'une centaine de familles au plus, renfermés dans l'enceinte des remparts. La milice dont j'ai parlé est prise parmi eux, et ils serviraient tous au besoin d'appui au pacha contre les Grecs. Issus de la race conquérante et héritiers des droits qu'elle leur a légués, ils soutiendront toujours l'autorité, quand il s'agira de maintenir les races vaincues dans la soumission, et ils essaieront de la renverser ou tout au moins la maudiront en secret toutes les fois qu'ils la trouveront trop favorable aux rayas et comme tendant à compromettre par là leurs anciens priviléges. C'est ainsi qu'en 1822 ils formèrent un complot contre l'un des gouverneurs les plus justes et les plus estimables qui aient administré l'île de Rhodes, je veux dire Youssouf-Bey. Ils lui imputaient à crime son équité égale pour tous ceux qui dépendaient de sa juridiction, et, dénoncé pour cela comme traître envers le sultan et envers le Koran, il fut rappelé. Ils doivent actuellement ne se plier qu'avec la plus grande répugnance aux mesures nouvelles et aux réformes radicales qui viennent d'être décrétées par la Sublime Porte, si toutefois elles sont déjà appliquées. Car ces réformes, que les circonstances du moment et la pression civilisatrice des grandes Puissances de l'Occident ont pu seules arracher au Divan, doivent, on le comprend sans peine, coûter cher à l'orgueil de la race ottomane, habituée jusqu'ici à commander et à jouir de plusieurs prérogatives très-importantes.

L'un de ces priviléges pour les Turcs de Rhodes, qui leur a permis de dominer plus facilement les Grecs de l'île, c'est qu'eux seuls peuvent habiter la capitale, où ils sont protégés par une enceinte très-fortifiée. Ce n'est pas que les Grecs n'aient le droit d'y venir pendant le jour et d'y circuler autant qu'ils le désirent; ils y ont même des boutiques où ils se livrent au commerce et à différents métiers; mais à peine le soleil commence-t-il à décliner à l'horizon qu'ils doivent se hâter de fermer leurs magasins et de quitter la ville; car, à l'instant même où cet astre se couche, un coup de canon est le signal de la fermeture des portes : les ponts-levis sont aussitôt levés, et malheur alors au raya qui serait surpris au dedans des remparts! Condamné pour la première fois à une amende, il serait, en cas de récidive, puni par une dure bastonnade. Cette interdiction absolue pour les rayas d'habiter l'enceinte fortifiée et leur désarmement complet dans l'île entière ont été deux mesures à la fois très-simples et très-habiles qui ont contribué puissamment à maintenir à Rhodes avec des troupes peu nombreuses la domination de la race turque sur celle des vaincus. Elles subsisteront probablement encore longtemps; car, autrement, ce serait pour les Turcs une abdication véritable de leur suprématie sur l'île, ou du moins il leur faudrait, pour la conserver, entretenir dans cette île des forces plus considérables. En effet, entre eux et les Grecs, quoi qu'on fasse, il y aura toujours une instinctive et invincible antipathie; vouloir opérer entre ces deux races si différentes l'une de l'autre et qu'un abîme immense sépare, la différence de religion, une fusion intime et véritable qui aboutisse à identifier leurs intérêts et leurs volontés, c'est, je crois, poursuivre une chimère. Les Turcs ne seront jamais réellement aimés des Grecs; ils pourront seulement être moins haïs, s'ils sont plus justes et moins barbares. Maintenant que la force est prête à leur échapper, ils doivent s'efforcer de retenir et d'attacher à eux par l'équité ceux que le sabre leur a jadis soumis.

Les Turcs ont à Rhodes trois écoles pour les garçons : les petites filles n'y vont pas; aussi les femmes mahométanes, là, comme dans tout le reste de la Turquie, sont-elles plongées dans la plus profonde ignorance. Elles sortent rarement et toujours voilées; les plus riches sont servies par des négresses; les autres vaquent elles-mêmes aux divers soins du ménage.

Aux Turcs appartiennent toutes les plus belles maisons de la ville, de jolis jardins dans les faubourgs et des fermes nombreuses dans l'intérieur de l'île. Les plus pauvres sont bateliers, marchands ou occupés à différents métiers.

Ils ont sept à huit mosquées, dont je dirai un mot plus tard et à l'entretien desquelles sont préposés plusieurs imans; des muezzins appellent les fidèles à la prière du haut des minarets.

Un mufti veille à tout ce qui concerne la religion et décide, par ses arrêts ou fetwas, le sens dans lequel il faut entendre et appliquer les articles du Koran sur l'interprétation desquels il est consulté.

Un kadi rend la justice.

Juifs. — Les Juifs de Rhodes se bornent à un millier d'individus; ils sont presque tous d'origine espagnole et, chassés de l'île par Pierre d'Aubusson, ils y sont revenus après la conquête des Turcs. Ils occupent dans le Kastro un quartier à part, espèce de ghetto qui n'est point fermé, mais en dehors duquel ils ne peuvent habiter. S'ils ont le privilége de rester ainsi jour et nuit près de leurs maîtres, c'est d'abord qu'ils sont peu nombreux et ensuite que, façonnés depuis de longs siècles à l'esclavage, ils courbent d'eux-mêmes sous le joug une tête souple et docile. Les Turcs les méprisent trop pour les craindre, et en outre ils les emploient volontiers, parce que ces derniers ont l'art de se rendre nécessaires en beaucoup de choses et qu'ils savent se plier à tous les métiers, même les plus humbles et les plus rampants. Aussi les gardent-ils sous la main, comme des instruments utiles, faciles à manier et qui ne se retourneront jamais contre eux.

Les Juifs ont dans leur quartier deux synagogues; ils ont également deux rabbins qui sont tout à la fois pour eux les interprètes des Saintes Écritures, leurs patrons auprès du Conseil présidé par le pacha et leurs juges dans tous les cas qui se rattachent à leur religion.

Ils ont trois écoles que fréquentent environ cent vingt garçons. L'éducation de ceux-ci est achevée d'ordinaire à douze ans, et même plus tôt; car elle se borne à la lecture, à l'écriture, à quelques notions de calcul et à la connaissance des principaux dogmes de leur foi. La méthode employée par les maîtres juifs est à peu près la même que celle qui est mise en pratique dans les écoles primaires musulmanes. Les enfants apprennent tous en même temps leurs leçons à voix haute et légèrement cadencée; ils sont accroupis par terre en face et autour du maître, qui lui-même est assis d'une façon semblable, les jambes croisées sur une mauvaise natte, à l'un des angles de la salle où il enseigne. Il est ordinairement armé d'une longue baguette flexible, qui est une menace éternelle toujours suspendue sur la tête des paresseux ou des turbulents, et qui lui permet, sans qu'il ait besoin de se déranger de place, d'aiguillonner de loin la nonchalance des uns ou de corriger l'indiscipline des autres.

Il n'y a point d'école pour les petites filles. De là vient que les femmes juives, de même que les femmes turques, ne savent ni lire ni écrire. Comme celles-ci, elles vivent retirées chez elles, occupées du soin de leur ménage ou dévidant de la soie. Elles ne sortent guère que pour aller chercher les provisions nécessaires à la famille ou pour se rendre à la fontaine. C'est là qu'elles se voient les unes les autres et qu'elles se communiquent les nouvelles du jour. Quand elles reviennent ensemble, tenant avec grâce sur une de leurs épaules leurs urnes pleines, elles forment un tableau digne d'être reproduit par un pinceau habile et qui est comme empreint de couleurs toutes bibliques.

Les juives de Rhodes sont assez remarquables par leur beauté; le type des jeunes filles surtout ne manque ni d'agrément ni de délicatesse. A une douce physionomie, à un teint blanc et en quelque sorte diaphane, elles joignent une certaine langueur orientale qui se reflète dans leurs yeux, sur leurs traits et dans leur démarche. Presque toutes savent un peu jouer d'une espèce de guitare qui ressemble à la mandoline espagnole, et, dans leurs fêtes de famille, elles accompagnent du son de cet instrument soit leurs chants, soit leurs danses. Les airs qu'elles jouent, comme ceux qu'elles chantent, sont peu variés, et les mêmes notes reviennent souvent avec une sorte de refrain sentimental et légèrement mélancolique qui, sans émouvoir profondément l'âme et lui imprimer des secousses vives et diverses, la remue cependant et la pénètre insensiblement. Leurs danses ont de même quelque chose de calme et de posé, et je croirais volontiers qu'elles sont antiques.

A certains jours déterminés, les femmes juives ont coutume de visiter, dans le cimetière qui a été assigné à leur nation en dehors des remparts, les tombeaux où reposent les membres défunts de leur famille. Mais c'est principalement lorsqu'elles viennent de faire une perte récente et que cette perte a brisé une de leurs affections les plus chères, qu'elles vont sur la pierre sépulcrale qui recouvre cet objet aimé donner un libre cours à leurs regrets et à leur douleur. Elles s'y rendent accompagnées de leurs amies et quelquefois même de pleureuses à gages. Celle qui mène le deuil s'avance la première en agitant convulsivement au-dessus de sa tête un mouchoir et en poussant par intervalle des cris perçants que répètent en chœur les autres femmes qui la suivent. A mesure qu'on approche de la tombe, les gémissements redoublent; enfin, lorsqu'on y est arrivé, on fait halte. La parente du défunt ou de la défunte se prosterne ou plutôt se jette avec désespoir sur la pierre tumulaire; et dans cette posture elle fait entendre de véritables hurlements de douleur auxquels sa suite fait écho. Puis, toutes ensemble s'accroupissent autour du tombeau, et alors commence une sorte de chant funèbre en l'honneur de celui ou de celle qui n'est plus et que ces femmes viennent pleurer. Celle qui leur donne, pour ainsi dire, le ton improvise un hymne de deuil et débite des espèces de strophes très-courtes, entrecoupées par des sanglots et accompagnées des gestes les plus expressifs. Bientôt s'animant elle-même et s'exaltant de plus en plus, elle finit par tomber dans un délire apparent qui se communique, par une sorte de contagion sympathique, à toute son assistance, laquelle, si je puis parler ainsi, se monte peu à peu au diapason de son désespoir. Mais épuisée par la violence même de ses plaintes et de ses gémissements, elle ne peut pas se maintenir longtemps dans cet état désordonné et presque frénétique. Insensiblement sa douleur, parvenue à son paroxisme, décline et s'apaise, et ce concert de lamentations, de hurlements et de sanglots se ralentit et s'éteint.

Cette affliction, qui éclate d'une manière si bruyante, n'est pas toujours, comme on le pense bien, véritable et sincère, et quelquefois ce ne sont-là que des douleurs d'emprunt et de comédie; mais alors même qu'elles sont fausses, elles sont simulées par les femmes qui les jouent avec une imitation si fidèle et si expressive de la nature que ces femmes, de comédiennes qu'elles sont d'abord, s'identifient bientôt complétement avec leur rôle, et ces scènes de deuil, qui commencent plus d'une fois par des contorsions grimaçantes et des larmes mensongères, se terminent ordinairement par des sanglots réels et des pleurs véritables qui paraissent sortir du cœur en même temps que des yeux.

Il est inutile d'ajouter ici que ces lamentations funèbres sur les tombeaux remontent à la plus haute antiquité. C'est un usage qui paraît aussi vieux que l'Orient où il est né et où il règne encore presque partout. On le retrouve aussi chez plusieurs peuples de l'Afrique; enfin, dans certaines contrées méridionales de l'Europe, il en subsiste çà et là quelques vestiges qui s'effacent et disparaissent de plus en plus.

Grecs. — J'arrive maintenant à la troisième race qui habite l'île de Rhodes et qui forme le fond principal de la population, je veux dire la race grecque. Les Grecs de cette île sont au nombre de 20 000, parmi lesquels 5000 environ se sont établis dans les faubourgs de la capitale.

La plupart de ces derniers exercent différents métiers, comme ceux de menuisier, de charpentier, de sellier, de cordonnier, etc. ; quelques-uns ont dans la ville des boutiques où ils peuvent se rendre après le lever du soleil; d'autres sont marins; d'autres enfin sont jardiniers et vendent les légumes et les fruits qu'ils récoltent.

Ils ont deux écoles pour les garçons, l'une au faubourg de Néomaras et l'autre à celui de Métropolis. Elles sont fréquentées par 260 enfants. On y enseigne le grec moderne, un peu d'histoire, d'arithmétique et de géographie ; et, dans une classe supérieure, les élèves les plus âgés et qui montrent le plus d'aptitude apprennent le grec ancien, dont on leur met entre les mains quelques chefs-d'œuvre. Il n'y a point d'école spéciale pour les filles; mais j'ai remarqué une douzaine d'entre elles qui suivaient les exercices de l'école primaire des garçons.

Dans l'intérieur de l'île, c'est-à-dire dans les 47 villages qu'elle renferme, je n'en ai trouvé qu'un seul qui eût une école ; c'est celui d'Archangélo, et encore n'est-elle fréquentée que par 35 enfants au plus. Elle est dirigée par le papas de ce village important. Partout ailleurs, sauf deux ou trois enfants auxquels le papas de l'endroit apprend un peu à lire et à écrire, pour qu'ils puissent servir d'enfants de chœur à l'église, tous les autres sont élevés dans l'ignorance la plus absolue. Dans le village de Katavia, un maître de l'île de Khalki avait fondé, il y a quatre ans, une petite école : au moment où je traversai cette localité, en juin 1854, je le vis n'ayant que 6 à 7 enfants ; et, comme le mince traitement qu'on lui avait fait lui permettait à peine de vivre, il était décidé à quitter l'île de Rhodes et à retourner sur son âpre rocher, près de sa famille.

L'instruction, même la plus élémentaire, est donc, comme on le voit, à peu près nulle dans l'intérieur de l'île. Les habitants, sans exception, à commencer par les papas eux-mêmes, sont uniquement adonnés aux travaux de la campagne ou à des métiers de première nécessité. « Nous ressemblons à de véritables bêtes de somme, me disait un jour en gémissant un bon vieillard à qui je demandais s'il y avait une école dans son village. De père en fils, chacun de nous est condamné à vivre et à mourir pauvre et ignorant. Notre papas lui-même sait tout au plus lire. Comment voulez-vous que nous puissions payer les frais d'un maître d'école? car c'est à peine si, avec le travail de nos mains et celui de nos femmes et de nos enfants, nous pouvons amasser de quoi subsister et acquitter les trois impôts qui pèsent sur nous, le kharatsch, le capitanlik et le decation. »

Qu'on n'aille pas, en effet, attribuer cette ignorance dont je parle à une certaine lourdeur et à une apathie naturelle d'esprit. Non, là, comme partout, la race grecque est intelligente, vive et curieuse; mais par une sorte de nécessité politique et une défiance instinctive, le Gouvernement turc se garde bien d'encourager le développement des lumières parmi les populations qui ne lui sont soumises qu'à regret et qui aspirent toujours secrètement et quelquefois même ouvertement à échapper à sa domination. Il sait par expérience qu'il n'est pas bon de permettre aux Grecs principalement d'étudier à loisir les titres de leur ancienne gloire et de réveiller en eux des souvenirs qui pourraient les faire rougir de leur abaissement actuel et les exciter à revendiquer leur émancipation et leur indépendance.

Tout le monde a entendu parler des qualités et des défauts qui caractérisent les Grecs en général. Ces qualités et ces défauts constituent en quelque sorte le type fondamental de la race grecque, type que les siècles et les événements ont pu singulièrement modifier, mais qui cependant permet de reconnaître assez facilement dans les Grecs d'aujourd'hui les descendants des Grecs d'autrefois. Si leurs grands hommes, tels que nous les dépeint Plutarque, sont morts depuis longtemps avec l'ancienne Grèce et s'ils ont été comme ensevelis avec les écrivains qui les ont célébrés, le gros de la nation, c'est-à-dire les Grecs réduits à leur taille ordinaire et non plus grandis par les événements et aussi par les éloges souvent exagérés des biographes et des historiens, les Grecs, par exemple, tels que nous les montrent les comédies d'Aristophane, se retrouvent encore jusqu'à un certain point dans les Grecs de nos jours.

Pour ne parler ici que de ceux qui habitent l'île de Rhodes, je vais essayer d'indiquer en peu de mots quelques-uns des traits qui les distinguent. Ils se divisent en trois catégories : les marins, les petits marchands ou artisans qui peuplent les faubourgs de la ville, et les paysans dispersés dans l'intérieur de l'île.

Les marins rhodiens, comme presque tous les marins grecs, étant habitués dès l'enfance à se jouer sur de frêles barques au milieu des vagues, ne manquent ni d'habileté ni de hardiesse pour affronter les périls de la mer, et c'est un spectacle toujours plein d'intérêt que celui qu'ils offrent lorsqu'on les voit lutter avec de légères embarcations contre les vents et les flots, et entreprendre souvent ainsi d'assez longs voyages. Mais ils sont maintenant en petit nombre, et la marine rhodienne, jadis si florissante, est singulièrement déchue de sa gloire et de sa puissance; c'est même à peine si actuellement elle peut s'appeler une marine. Qu'est devenu le temps où la Méditerranée presque tout entière était sillonnée par les vaisseaux de Rhodes et respectait son pavillon, où les arsenaux immenses de cette ville pouvaient suffire aux armements les plus formidables et où son Code maritime faisait loi dans le commerce, comme le plus sage et le plus complet de tous? De tout cela il ne reste plus que le souvenir. Les marins de cette île, réduits à trois ou quatre cents, trouvent en outre depuis quelques années une concurrence redoutable, qui a fini par les écraser, dans les paquebots à vapeur français et autrichiens qui desservent la ligne de Constantinople à Alexandrie, et qui, faisant escale à Rhodes, y importent ou en exportent presque tous les articles qui entrent dans l'île ou qui en sortent.

On n'ignore pas que les marins Grecs de plusieurs îles de l'Archipel croient pouvoir sans déshonneur unir la piraterie au commerce : c'est pour eux un double métier qu'ils considèrent et estiment autant l'un que l'autre; et, s'ils se livrent maintenant plus rarement au premier, c'est qu'il est semé pour eux de beaucoup plus de dangers et de moins de profits, depuis que les parages des mers de la Grèce sont mieux connus et que les criques les plus mystérieuses qui servaient de refuges aux pirates ont été explorées et fouillées avec plus de soin par les navires chargés de leur donner la chasse. A Rhodes, les Grecs qui appartiennent à la classe des marins, soit par suite d'habitudes plus douces et plus honnêtes, soit parce qu'étant surveillés de plus près par le pacha ils ne pourraient que difficilement, à leur retour, échapper au châtiment de leur crime, n'ont pas la triste renommée que l'exercice de la piraterie a donnée et donne encore à d'autres insulaires de l'Archipel.

La seconde classe de Grecs que j'ai mentionnée est composée de ceux qui sont occupés de divers métiers et qui tiennent de petites boutiques dans la ville ou dans les faubourgs. On peut penser naturellement, sans que j'aie besoin de le dire, que cette fécondité inépuisable de ruse et d'astuce, qui est comme inhérente au génie de la nation grecque, ne manque pas plus aux artisans et aux marchands de Rhodes qu'à tous les autres de la Grèce; mais les occasions de la manifester sont pour eux plus rares. Dans cette île, en effet, le commerce et l'industrie languissent comme tout le reste, et l'amour du gain s'y montre moins artificieux et moins fertile en supercheries frauduleuses, parce qu'il est paralysé dans son essor et qu'il n'est point surexcité comme à Smyrne, par exemple, et à Constantinople, par la multiplicité des affaires, par une concurrence effrénée et incessante et par une foule d'étrangers qui se succèdent continuellement, proie toujours nouvelle offerte à la cupidité et à la duperie.

Quant à la troisième classe de la population grecque de l'île, elle est à elle seule trois fois plus nombreuse que les deux précédentes; c'est celle des habitants de la campagne. Disséminée dans 47 villages différents, dont les uns avoisinent les côtes et les autres sont comme cachés et perdus dans l'intérieur sur les flancs des montagnes ou au fond des vallées, elle vit attachée au sol qui l'a vue naître et presque uniquement adonnée aux travaux de la culture. Pacifique et hospitalière, simple dans ses mœurs, pauvre et ignorante, elle s'est peu à peu accoutumée à la domination des Turcs et elle tremble devant ses maîtres qui du reste ont pris soin de la désarmer complétement. Chaque village est administré par deux primats élus par les habitants et confirmés par l'autorité. L'un a le titre de προεστὼς et l'autre celui de πρωτόγερως. Nommés pour un an, ils peuvent être prorogés indéfiniment dans leurs fonctions. Ce sont eux qui répartissent les impôts dans leurs communes respectives; ils sont chargés aussi du soin de juger certains petits différends qui peuvent s'y élever; mais les causes un peu importantes en matière civile, commerciale ou criminelle sont portées devant les tribunaux de Rhodes. Ces primats répondent auprès du pacha de la tranquillité de leurs administrés; ils reçoivent et transmettent ses ordres. Pour contrôler leurs propres actes, celui-ci a ordinairement une police secrète, consistant en espions échelonnés dans l'île : quelquefois ce sont des Juifs qui, en faisant le métier de colporteurs de marchandises, recueillent dans leur tournée les nouvelles et les bruits qui circulent, et à leur retour en font part à l'autorité. Par intervalle aussi, le pacha envoie ses propres cavas dans l'intérieur, avec mission de s'assurer de l'état des choses, principalement à l'époque du payement des impôts dont les habitants doivent se libérer complétement en trois termes différents.

Le costume des Grecs à Rhodes est à peu près le même que celui des Turcs. Un large pantalon qui s'arrête un peu au-dessous du genou, un gilet et une veste, et pour coiffure un turban ou une simple calotte rouge; tel est le fond principal de leur habillement. Les paysans, hommes et femmes, quand ils vont travailler aux champs, ont pour chaussure des bottes larges et grossières qu'ils se fabriquent eux-mêmes.

Dans les faubourgs et dans certains villages plus

aisés que les autres, notamment à Archangélo, les femmes savent se parer les jours de fêtes avec une élégance et une grâce qui relèvent leur beauté naturelle : leurs traits, en effet, sont généralement réguliers et expressifs; mais dans la plupart des villages, comme elles sont assujetties elles-mêmes à d'assez rudes travaux et qu'elles sont souvent exposées à l'ardeur du soleil, la fraîcheur de leur teint se fane vite et leur visage perd de bonne heure sa délicatesse première.

L'ornement intérieur de la plupart des maisons grecques de l'île de Rhodes consiste en une quantité considérable de vaisselle de faïence et quelquefois de porcelaine appendue aux murs ou placée sur des étagères. Il n'est si pauvre demeure de villageois qui n'en possède et n'en étale ainsi dix fois plus qu'il n'est nécessaire pour les besoins de la famille; mais c'est là le genre de luxe que tous les habitants indistinctement recherchent le plus et ce à quoi une mode antique et traditionnelle fait qu'ils attachent leur vanité. Quant aux meubles, ils se réduisent le plus souvent à deux ou trois tabourets et à quelques coffres en bois peint qui renferment les vêtements et ce que la famille a de plus précieux. Ces insulaires, ayant adopté presque tous les usages des Turcs, ont l'habitude de s'asseoir à terre les jambes croisées. C'est ainsi qu'ils conversent entre eux; c'est ainsi également qu'ils prennent leur frugal repas, rangés autour d'un plateau circulaire en bois, sur lequel sont servis les mets.

L'usage des lits leur est inconnu. Quand le soir arrive, on étend sur une estrade en bois qui règne au fond de la pièce principale des tapis et des couvertures, et c'est là qu'ils s'endorment, enveloppés dans les vêtements qui les couvraient pendant le jour.

Les habitations des gens de la campagne ne sont presque toutes composées que d'une seule chambre plus ou moins vaste, où loge toute la famille et où quelquefois même un compartiment spécial est réservé aux poules qui s'y retirent la nuit et rôdent dehors le jour. Une vermine effroyable pullule en toute saison, et pendant l'été principalement, dans ces misérables demeures et semble s'attaquer de préférence à l'étranger qui se hasarde à demander l'hospitalité à ces bons villageois. Il n'en serait guère plus assiégé sous la hutte du fellah, en Égypte, ou sous la tente du bédouin en Arabie.

Clergé. — L'Église grecque de Rhodes est soumise à la juridiction d'un archevêque qui réside dans l'un des faubourgs de la ville, nommée *Métropolis*, et dont la suprématie embrasse toutes les îles voisines. L'île renferme un assez grand nombre de sanctuaires vénérés desservis par des moines célibataires. Quant aux papas qui administrent les paroisses des faubourgs et des villages, ils sont presque tous mariés, et ils ne célèbrent d'ordinaire le saint sacrifice de la Messe que les jours de dimanches et de fêtes. Dans le courant de la semaine, ils vaquent aux mêmes travaux que leurs paroissiens; car eux aussi ont une famille à élever, et les intérêts domestiques qui les préoccupent avant tout les empêchent d'approfondir l'étude de la religion dont ils sont les ministres et de se livrer tout entiers aux sublimes fonctions qui leur sont confiées. Pour subvenir aux frais du culte, ils recourent à des quêtes assez fréquentes et ne croient point rabaisser la dignité de leur sacerdoce en faisant trafic des choses saintes, et surtout en vendant à des prix plus ou moins élevés les absolutions qu'ils donnent. Ils doivent eux-mêmes une redevance à l'archevêque, dont les revenus considérables consistent dans les contributions imposées à toutes les églises qui dépendent de sa haute juridiction, dans la perception d'une offrande en argent à propos de chaque mariage qui est célébré dans son diocèse, et principalement dans les dispenses qu'il a le droit d'accorder et auxquelles les Grecs recourent si souvent, soit pour s'unir nonobstant des degrés de parenté prohibés, soit pour rompre des alliances déjà contractées.

Malgré la simonie qui déshonore l'Église grecque, malgré l'incapacité et les mœurs quelquefois peu austères de beaucoup de ministres du culte qui embrassent le sacerdoce sans vocation sérieuse et sans noviciat préalable, cependant, en ce qui concerne du moins la plupart des villages de l'intérieur de l'île de Rhodes, les populations qui les habitent semblent encore animées d'une foi assez vive pour la religion qu'elles professent. Les jours de dimanches et de fêtes, et les quatre jeûnes principaux que célèbre chaque année l'Église grecque y sont observés régulièrement ; les églises et les chapelles sont nombreuses et entretenues avec soin : depuis une vingtaine d'années surtout, grâce à la tolérance plus grande des Turcs, presque toutes les paroisses de l'île ont été soit réparées, soit rebâties complétement. La forme de ces églises est celle d'une croix grecque ou d'un rectangle que termine une abside demi-circulaire. Elle sont ordinairement surmontées d'une ou de plusieurs coupoles peintes, où les sujets représentés et la manière dont ils le sont reproduisent toujours des personnages et un type consacrés. On sait, en effet, que la peinture religieuse des Grecs est restée fidèle aux anciennes traditions que lui avait léguées l'Église byzantine. Chez eux, l'artiste est astreint dans ce genre à des régles et à des lois immuables, dont il ne doit jamais s'écarter. Rien n'est laissé à son caprice, et si son talent est parfois un peu trop asservi et perd en originalité, d'un autre côté, il court moins risque de s'égarer et de fausser, par une fantaisie trop libre, le caractère traditionnel et sacré des sujets qu'il a à traiter.

Francs. — Avant de terminer ce chapitre, il me reste à parler d'une quatrième classe d'habitants, à Rhodes, distincte des trois autres que je viens d'énumérer et comprise sous le nom général de Francs. Fort peu nombreuse, elle se borne à quelques familles européennes professant, sauf deux seulement qui sont protestantes, la religion catholique et placées sous la protection de leurs consuls respectifs. Elles forment un ensemble de 120 personnes. Leur paroisse est le couvent latin de Sainte-Marie-de-la-Victoire, situé dans le faubourg Néomaras et qui, de même que tous les établissements catholiques du Levant, s'abrite derrière le protectorat spécial et séculaire de la France.

Comme cette paroisse est actuellement la seule chapelle catholique de l'île de Rhodes, on me saura gré, je pense, d'en dire quelques mots.

On sait qu'après la prise de Rhodes par les Turcs, en 1522, tous les catholiques, au nombre de 4000, quittèrent l'île avec les chevaliers de Saint-Jean et cherchèrent un refuge en différents pays. Les églises latines furent alors converties en mosquées et le catholicisme entièremeut aboli à Rhodes.

En l'année 1660, un religieux latin, appartenant aux franciscains réformés du couvent de Sainte-Marie, à Smyrne, aborda dans cette île pour apporter les consolations de la religion à de pauvres esclaves catholiques qui servaient sur les galères du pacha. A partir de ce moment, on vit, deux fois l'an, débarquer à Rhodes un religieux de cet ordre qui y passait quelques semaines, vaquant aux devoirs de son pieux ministère; et bientôt, quelques familles latines, étant venues s'établir au faubourg Néomaras, y fondèrent une petite chapelle qui avait deux autels, l'un consacré à la Vierge et l'autre à saint Jean de Malte.

En 1693, un esclave latin, nommé Simon, occupé avec d'autres esclaves du bagne à la réparation des murs de la ville et déblayant le terrain à l'endroit où l'on aperçoit encore aujourd'hui les restes d'une église, trouva enfoui sous des décombres un tableau peint sur marbre et représentant la Vierge et l'Enfant Jésus, avec les armoiries et le nom de Pierre d'Aubusson. Ce grand-maître avait fait construire cette église en 1480, sous l'invocation de Sainte-Marie-de-la-Victoire, en reconnaissance du succès qu'il venait de remporter sur Messih-Pacha, lequel avait été contraint de lever le siége de Rhodes, après avoir essuyé des pertes considérables.

L'esclave Simon s'empressa d'annoncer à ceux de ses compagnons de servitude qui étaient catholiques l'heureuse découverte qu'il avait faite, et ceux-ci obtinrent du chef du bagne l'autorisation de transporter cette image sacrée dans la chapelle latine de Néomaras.

Le 20 avril 1720, par décret de la cour de Rome, deux religieux Franciscains vinrent s'établir définitivement à Rhodes, et le culte catholique, qui jusque-là n'y était célébré qu'à de rares intervalles et comme furtivement dans la chapelle latine de Néomaras, commença à y être officiellement reconnu et publiquement pratiqué. Ces deux religieux étaient l'un le P. Sailler, français d'origine, l'autre le P. Basilius, né en Italie. On leur adjoignit un frère du même ordre. Ils se mirent immédiatement sous la protection de la France, cette patrone commune des intérêts catholiques dans toutes les Échelles du Levant.

Vers 1743, comme la première chapelle était trop petite et incommode, les Latins achetèrent d'un Turc le terrain du couvent actuel; mais n'ayant à leur disposition que de faibles ressources, ils ne purent y bâtir encore qu'une chapelle peu considérable, et le 26 mars de la même année on y transféra solennellement et avec beaucoup de pompe le tableau vénéré qui se trouvait dans l'ancienne chapelle. La première messe y fut célébrée ce même jour par le préfet apostolique de Constantinople, Dominico da Verdese. Cette nouvelle chapelle subsista jusqu'en 1849, époque à la quelle arriva le P. Giuseppe de Lucques. Ce religieux plein de zèle, ayant reconnu qu'elle était insuffisante pour les besoins du culte et qu'elle pouvait à peine contenir une soixantaine de personnes, entreprit de la rebâtir dans des proportions plus vastes et il adressa à ce sujet une supplique à la congrégation de Lyon qui lui envoya 4000 francs. C'est avec cette faible somme, suivie plus tard de quelques autres secours, qu'il se mit courageusement à l'œuvre. Ayant remarqué qu'un Turc sur la pente septentrionale du mont Saint-Étienne possédait dans son jardin les débris d'une fort ancienne église catholique, jadis consacrée à ce saint, il en acheta les matériaux qui furent transportés à dos de mulets. Ces matériaux étaient excellents; car ils consistaient pour la plupart en pierres de taille; c'était en outre une heureuse idée que d'arracher ainsi à la profanation des infidèles les restes d'un sanctuaire célèbre à l'époque des chevaliers et où avait été enterré le fameux Gozon. Le 5 novembre 1849, la première pierre de la paroisse actuelle fut posée et bénite solennellement, en présence des différents consuls. A peine les fondements de cet édifice étaient-ils achevés que le pacha de Rhodes suscita des difficultés inattendues et voulut empêcher la continuation des travaux. La construction fut donc suspendue pendant quelque temps; enfin, grâce aux réclamations énergiques de M. le vice-consul de France, grâce aussi à la persévérance du P. Giuseppe, que rien ne décourageait et qui dirigeait lui-même les ouvriers comme un véritable architecte, l'église s'éleva peu à peu, et au mois de février 1851 elle était presque terminée, lorsqu'eut lieu, le 28 de ce mois, le terrible tremblement de terre qui renversa à Rhodes plusieurs monuments et une quantité considérable de maisons. Cette secousse violente n'ébranla pas la solidité du nouvel édifice, et aucune crevasse même n'y fut remarquée par le vénérable religieux qui tremblait pour la conservation de sa chère église qu'il avait eu tant de peine à fonder. Le 24 décembre de la même année, la dédicace en fut faite avec une certaine magnificence devant tous les catholiques réunis; à leur tête étaient les divers consuls, y compris même celui d'Angleterre qui, quoique protestant, voulut assister à cette belle cérémonie.

Après avoir bâti son église, le P. Giuseppe construisit autour de la cour qui la précède un petit couvent pour lui servir à lui-même d'habitation, ainsi qu'au père et au frère qui lui sont adjoints, et renfermant en outre quelques chambres de réserve destinées aux étrangers. Une vaste terrasse règne sur toute l'étendue des bâtiments, et de là la vue se promène avec ravissement sur la ville de Rhodes, sur la mer et sur les côtes voisines de l'Anatolie. Cette terrasse est dominée elle-même par une tourelle carrée, au-dessus de laquelle on hisse, tous les dimanches, le drapeau français.

L'église est dans le style italien; simple et élégante

à la fois, elle peut contenir environ 500 personnes. Derrière le maître-autel on a encastré dans le mur même de l'abside la fameuse Madone trouvée jadis par l'esclave Simon dans les décombres de Sainte-Marie-de-la-Victoire, et, pour faire revivre le nom de cette ancienne église, il a été donné à la paroisse nouvelle de Néomaras.

Les principales nations de l'Europe sont représentées à Rhodes par des vice-consuls; l'Angleterre seule y entretient un consul. Ils résident tous dans le faubourg Néomaras, appelé autrement Néckhori. Leur mission est de veiller aux intérêts de leurs nationaux respectifs, et ils hissent leur pavillon particulier au haut d'un mât qui s'élève sur leur demeure, aussitôt qu'un navire de leur nation entre dans l'un des ports de Rhodes. Mais il est temps maintenant d'y aborder nous-même avec notre lecteur et de décrire cette ville célèbre.

CHAPITRE VII.

PORTS DE LA VILLE DE RHODES. — TOURS QUI LES DÉFENDENT.

Le navigateur qui, venant de Smyrne, est sur le point de toucher à Rhodes, tourne d'abord au N.-O. le cap Koumbournou ou cap des Sables, autrement appelé cap des Moulins, parce que la pointe basse et sablonneuse qu'il forme est couverte d'une quinzaine de moulins à vent. Bientôt après, il passe avec précaution devant un écueil sous-marin contre lequel déjà se sont brisés un grand nombre de bâtiments, puis il laisse à sa droite le lazaret. Cet établissement peu considérable est situé au milieu d'un môle, long de 140 mètres et qui s'avance dans la mer d'O. en E., sur un banc de rocs amoncelés et dont les uns semblent tenir au rivage et les autres avoir été apportés là par la main de l'homme.

Un bassin peu étendu, et qui n'est point défendu contre les vents d'E., sert de refuge aux petits navires en quarantaine. Il est carré : sa longueur est de 130 mètres, et sa plus grande profondeur de 5 brasses. Il communique avec un autre bassin beaucoup plus vaste, de forme oblongue, et qui s'étend du N. au S.

L'embouchure de ce dernier est fort étroite, resserrée qu'elle est par deux petits môles, se rattachant l'un au rivage et l'autre à l'extrémité septentrionale du grand môle Saint-Nicolas. L'ouverture comprise entre cette double digue, dont la seconde est en grande partie détruite, est seulement d'une cinquantaine de pieds de large; et comme la profondeur moyenne de cette embouchure ne dépasse pas actuellement deux brasses, le bassin dans lequel elle donne entrée est devenu par cela même inaccessible aux navires tant soit peu considérables. C'est l'ancien port des Galères des chevaliers; les Grecs avaient alors coutume de le désigner aussi par le nom de Mandraki ou d'Étable, sans doute parce que les bâtiments, quand on tendait la chaîne au-devant ce port, y paraissaient en quelque sorte renfermés comme des troupeaux dans leur bergerie. Aujourd'hui il est appelé par les Turcs Tershaneh-Liman ou port de l'Arsenal, attendu qu'il avoisine un chantier de construction où l'on fabrique quelques petits navires, soit marchands, soit militaires, et où l'on radoube ceux qui sont endommagés. Le brik du pacha mouille dans ce bassin, en face le Seraia, autrement dit le Konak, maison où réside le gouverneur.

Ce port, à peu près rectangulaire, a 330 mètres de long sur 200 dans sa plus grande largeur : c'est le plus sûr de Rhodes; mais, par suite de l'incurie des Turcs, il se comble de plus en plus, et sa profondeur moyenne atteint à peine maintenant 3 brasses.

Le môle qui le délimite et le protége à l'E. est long de 335 mètres et large de 25. Les fondements en sont helléniques; ils reposent sur un banc de récifs qui ont été aplanis et recouverts de gros blocs rectangulaires. A l'extrémité septentrionale de ce môle s'élève le fort Saint-Nicolas. Il est de forme ronde; au bas sont des casemates, les restes d'une ancienne chapelle, des magasins et des citernes. En montant une vingtaine de marches, on arrive sur une plate-forme circulaire, entourée d'un parapet à embrasures et défendue par de vieux canons qui, pour la plupart, ont appartenu aux chevaliers : quelques-uns sont démesurément longs et d'une grosseur proportionnée. J'ai remarqué sur plusieurs d'entre eux la date de 1482, sur d'autres celle de 1507. Tous sont ornés des armes soit de France, soit d'Angleterre, soit d'Italie, soit d'autres nations. A côté d'eux gisent amoncelés des tas de boulets en métal ou en pierre. Le premier étage de ce fort, quoique réparé, est cependant encore à peu près tel qu'il était à l'époque des chevaliers. Quant à la tour qui repose sur cette plate-forme dont elle occupe le centre, elle a souffert davantage, et en plusieurs endroits elle a été rebâtie à neuf par les Turcs, mais assez grossièrement. Elle a 53 degrés, et elle est elle-même surmontée d'une tour plus petite que couronne une lanterne et qui renferme un phare. Depuis le niveau de la mer jusqu'au sommet de cette lanterne, on compte 31 mètres d'élévation.

Ce fort fut construit, en 1464, sous le magistère de Pierre-Raymond Zacosta, dont les armoiries se voient encore extérieurement, de même que celles de Philippe le Bon, duc de Bourgogne, qui fournit douze mille écus d'or pour contribuer aux frais de cette importante construction. Au-dessus de ces armoiries est une statue mutilée, représentant saint Nicolas, patron des marins, auquel le fort fut consacré. Regardé comme la clef de Rhodes du côté de la mer, cet ouvrage sauva cette ville, lors du siége de 1480. Il faut lire dans Vertot et surtout dans les historiens du temps, par exemple dans Merri Dupuy, témoin oculaire de ce siége fameux, les assauts terribles que le fort Saint-Nicolas eut alors à soutenir de la part des troupes de Messih-Pacha et qu'il repoussa toujours victorieusement. Réparé, après la levée de ce siége, il fut, l'année suivante, presque entièrement renversé par un tremblement de terre et relevé aussitôt de ses ruines. Dans le second siége de 1522, il joua encore un rôle mémorable et fut défendu avec une valeur héroïque par un brave chevalier français, nommé Guyot de Castellane.

Les réparations turques dont j'ai parlé sont attribuées à Soliman, qui dut se hâter de le remettre en état de défense, après s'être emparé de la ville.

Au S.-E. du port de l'Arsenal est le grand port ou le port du Commerce. Il affecte une forme demi-circulaire et est défendu à son embouchure par deux tours; l'une, celle qui est à droite en entrant, est appelée par les Turcs *Arab-Kules* ou tour des Arabes, et l'autre, celle qui est à gauche, porte le nom de *Dermen-Kules* ou tour des Moulins.

La première est bâtie à l'extrémité d'une langue de terre ou plutôt d'un banc de récifs qui se dirige d'O. en E., et qui fait suite au S.-E. au banc rocheux beaucoup plus considérable que j'ai mentionné tout à l'heure comme circonscrivant le port de l'Arsenal et aboutissant à l'ancien fort Saint-Nicolas, aujourd'hui fort du Fanal.

La longueur de ce second banc de récifs est d'environ 100 mètres. Sur ces rochers aplanis et nivelés les Rhodiens avaient dans l'antiquité construit un môle en pierre de taille, et sur ce môle les chevaliers ont à leur tour élevé un rempart qui fait partie de l'enceinte fortifiée de la ville et dont la hauteur est de 12 mètres, la largeur de 7 et la longueur de 90. Tout le long de la plate-forme de ce rempart on voit étendus par terre ou placés sur de vieux affûts de gigantesques canons aux armes de plusieurs nations de l'Ordre. Quelques-uns aussi, mais c'est l'exception, sont d'origine turque.

La tour qui termine à l'E. ce rempart est carrée. Fondée, dit-on, primitivement par les Arabes, elle a maintenant repris leur nom. Sous les chevaliers, qui l'avaient reconstruite dans des proportions plus grandes et telle qu'elle est encore aujourd'hui, elle s'appelait tour Saint-Ange ou Saint-Michel. Quelques voyageurs modernes l'ont prise à tort pour la tour Saint-Nicolas, erreur qu'on trouve déjà dans Thévenot[1] et qui depuis a été répétée par d'autres. Cette tour a été fort ébranlée par le dernier tremblement de terre de 1851 : des lézardes mal dissimulées sous une épaisse couche de chaux se montrent en plusieurs endroits, et la moindre secousse un peu violente, si un nouveau tremblement de terre survenait, suffirait pour la renverser.

Il serait à désirer que le pacha de Rhodes cherchât à la réparer plus solidement, tout en lui conservant, le plus fidèlement possible, son caractère architectural, qui est extrêmement élégant. Elle est flanquée aux quatre angles de sa plate-forme supérieure de charmantes tourelles en encorbellement servant de guérites, et du centre de cette plate-forme s'élève une nouvelle tour plus petite ou donjon. Sa hauteur totale au-dessus de la mer est d'environ 49 mètres.

En face de la tour Saint-Michel on aperçoit, de

1. *Voyage au Levant*, p. 221, édit, in-4.

l'autre côté de l'ouverture du port, c'est-à-dire vers l'E., une tour située, elle aussi, à l'extrémité d'un môle. La direction de ce môle dans la mer est du S. au N. et parallèle à celle du môle du Fanal, l'ancien môle Saint-Nicolas. Il constitue le bras oriental du port du Commerce. Sa longueur est de 250 mètres et sa largeur de 30. Bâti sur des récifs naturels comme les deux autres dont j'ai parlé, il doit remonter également à la fondation même de la ville, et les substructions en sont certainement helléniques. A droite et à gauche il est bordé d'un mur, et est défendu par une batterie à laquelle on arrive, après avoir passé devant plusieurs moulins à vent qui ont fait donner à la tour, construite à la pointe septentrionale de cette langue de terre, le nom de *Dermen-Kules* ou tour des Moulins. Du temps des chevaliers, elle s'appelait tour Saint-Jean. La distance qui la sépare de la tour Saint-Michel est de 230 mètres; telle est aussi la largeur de l'ouverture du port.

Par son embouchure trop grande, il est exposé au vent du nord, et quand ce vent souffle avec violence, les bâtiments y chassent sur leurs ancres. Un moyen de rendre ce bassin plus sûr, et en même temps de l'agrandir considérablement, consisterait à prolonger obliquement le môle des Moulins, à partir de la tour Saint-Jean ou *Dermen-Kules*, en le dirigeant du S.-E. au N.-O. vers le fort Saint-Nicolas. Avec ce prolongement, qu'on pourrait pousser l'espace de 250 mètres, ce port doublerait presque d'étendue et pourrait alors recevoir dans son enceinte les navires les plus considérables, tandis qu'aujourd'hui ils sont contraints de mouiller dans la rade en dehors.

Tel qu'il est, il a à peu près 340 mètres de diamètre. Mal entretenu, il commence à se combler en certains endroits. Dans sa partie occidentale, il comprend un second bassin pour les barques, actuellement très-peu profond et qui est mis à l'abri des vagues, dont le mouvement se fait sentir quelquefois assez fortement dans le bassin principal, par deux petites digues en pierres de taille, séparées l'une de l'autre par un intervalle d'environ 13 mètres.

Un quai de débarquement règne au fond occidental du port; il est planté de quelques mûriers qui y répandent un peu d'ombrage. Près du débarcadère est une fontaine ornée de plusieurs petites colonnes de marbre dont les fûts, sinon les chapiteaux, sont antiques.

Jadis le port des Galères communiquait avec celui du Commerce par un canal qui est depuis longtemps comblé et remplacé en grande partie par un jardin. Ce canal, étroit à sa double embouchure, s'élargissait ensuite et formait dans sa partie centrale un bassin intérieur où les faibles embarcations pouvaient trouver un refuge assuré. Il existait encore à l'époque de d'Aubusson, car c'est lui qui le fit combler; du moins c'est là une tradition conservée à Rhodes. On m'a montré, comme à d'autres voyageurs avant moi, deux tours séparées par une arche autrefois ouverte et maintenant murée. C'était sous cette arche que passaient les petits navires qui du port du Commerce pénétraient dans le bassin en question. Près de l'une de ces tours est un bas-relief inscrusté dans le mur et représentant un ange qui tient de chacune de ses deux mains une des armoiries de l'Ordre, avec l'inscription suivante :

« Reverendus Dominus Frater Petrus d'Aubussonius, Rhodi Magister, murum hunc condidit magisterii anno secundo, 1478. »

Cette inscription, déjà relevée par le colonel Rottiers, semble confirmer la tradition du pays, et tout porte à croire que ce fut en cette même année que d'Aubusson mura cet arceau et combla le bassin dans lequel il conduisait.

La ville actuelle de Rhodes se développe tout entière en amphithéâtre autour du port du Commerce. Celui des Galères, au contraire, aujourd'hui le port de l'Arsenal, est en dehors de l'enceinte fortifiée; il en est de même d'un troisième dont je vais maintenant dire quelques mots et qui se trouve au S.-E. de celui du Commerce.

Formé par une petite baie, il est bordé à l'O. par la partie la plus orientale des remparts de la ville et par le long môle des Moulins, qui le sépare du port du Commerce; à l'E., il est protégé par un banc de récifs décrivant une courbe vers le N.-O. et exhaussé au moyen d'énormes blocs de rochers bruts qu'on y a entassés. Ce port, abandonné depuis plusieurs siècles, s'ensable de plus en plus; sa profondeur la plus grande est de 3 brasses; mais, dans la moitié au moins de l'étendue qu'elle occupe, elle n'est plus que de quelques pieds.

Les différents ports que je viens d'énumérer sont tous antiques, comme le prouvent les soubassements des môles qui les environnent. Cependant, à l'époque du fameux siége de Rhodes par Démétrius Poliorcète, l'an 305 avant J.-C., il n'est question dans les historiens[1] que de deux ports, l'un grand et l'autre petit, et des deux jetées qui les défendaient. Le premier était le port actuel du Commerce, et le second celui de l'Arsenal. Plus tard, le rhéteur Aristide, qui florissait sous les Antonins, semble en mentionner plusieurs autres, lorsqu'il s'exprime ainsi dans son XLIIIe discours adressé aux Rhodiens, après un affreux tremblement de terre qui avait bouleversé leur ville :

« Le navigateur qui abordait à Rhodes admirait aussitôt de grands et nombreux ports formés par des môles de pierre jetés bien avant dans la mer. L'un recevait les vaisseaux d'Ionie, l'autre ceux de Carie, celui-ci ceux d'Égypte, de Chypre et de Phénicie, comme si chacun d'eux eût été fait exprès pour telle ville. »

Il y a sans doute de l'exagération dans ce passage, et, si on le prenait à la lettre, on pourrait croire qu'indépendamment des ports que j'ai signalés Rhodes en possédait encore d'autres dans l'antiquité. En réalité, cette ville, qui d'abord paraît n'en avoir eu que deux, en eut ensuite un troisième, celui dont j'ai parlé en dernier lieu, et dont la digue du côté de l'E. a toutes

1. Diod., l. XX, c. LXXXV.
1. Arist., *Orat.*, XLIII, p. 797, édit. Dindorf.

les apparences d'un travail inachevé et auquel on n'aurait jamais mis la dernière main. Elle avait en outre, comme je l'ai dit, un quatrième bassin intérieur, mais d'une étendue très-limitée, compris entre le port actuel du Commerce et celui de l'Arsenal, et communiquant avec ces deux derniers au moyen d'un canal, aujourd'hui comblé, de même que ce bassin.

CHAPITRE VIII.

UN MOT SUR L'ANCIEN COLOSSE DE RHODES ET SUR L'EMPLACEMENT PROBABLE QU'IL OCCUPAIT.

D'après une opinion qui a longtemps prévalu, le fameux colosse du soleil à Rhodes aurait été placé à l'entrée du grand port de celle ville. Avant donc de pénétrer dans cette cité, il ne sera peut-être pas hors de propos de dire ici quelques mots sur ce colosse, regardé comme l'une des sept merveilles du monde, et d'indiquer l'emplacement probable qu'il occupait.

Citons d'abord le passage de Pline[1] où il est question de cette statue gigantesque :

« Ante omnes autem in admiratione fuit solis colossus Rhodi, quem fecerat Chares Lindius, Lysippi supra-dicti discipulus. Septuaginta cubitorum altitudinis fuit : hoc simulacrum, post quinquagesimum

1. *Hist. nat.*, XXXIV, 18.

sextum annum, terræ motu prostratum, sed jacens quoque miraculo est. Pauci pollicem ejus amplectuntur. Majores sunt digiti quam pleræque statuæ. Vasti specus hiant defractis membris : spectantur intus magnæ molis saxa, quorum pondere stabiliverat constituens. Duodecim annis tradunt effectum ccc talentis quæ contulerant ex apparatu regis Demetrii relicto, moræ tædio. »

« Entre tous ces chefs-d'œuvre le plus admiré fut le colosse du soleil à Rhodes, fait par Charès de Lindos, élève de Lysippe, nommé ci-dessus. Il était haut de 70 coudées. Cette statue fut renversée 56 ans après par un tremblement de terre ; mais tout abattue qu'elle est, elle excite l'admiration. Peu d'hommes en embrassent le pouce ; les doigts sont plus grands que la plupart des statues. De vastes cavernes béantes apparaissent dans le vide de ses membres rompus. Au dedans on aperçoit des pierres énormes, par le poids desquelles l'artiste avait cherché à affermir et à établir solidement sa statue. On dit qu'elle fut achevée en douze ans et qu'elle coûta 300 talents (1 476 000 fr.), produit des machines de guerre qu'avait abandonnées le roi Démétrius, fatigué des longueurs du siége. »

Meursius[1] pense que Charès commença seulement le colosse et qu'il fut ensuite terminé par Lachès, également de Lindos. A l'appui de cette conjecture, il cite le passage suivant de Sextus Empiricus[2].

« Les Rhodiens, dit-on, ayant demandé à Charès

1. *Rhod.*, c. xv.
2. *Adversus Mathemat.*, l. VII, p. 107.

combien il faudrait dépenser pour élever ce colosse, celui-ci fixa une somme ; ils le questionnèrent alors de nouveau sur celle qui serait nécessaire, si on voulait le faire deux fois plus grand. Cet artiste répondit qu'il fallait le double. Cette somme lui fut accordée; mais l'ébauche seule de la statue ayant absorbé tout l'argent qui lui avait été donné, il se tua. »

De cette manière, Meursius concilie le texte de Pline avec l'inscription d'un certain poëte Simonide[1], rapportée dans l'Anthologie grecque.

Τὸν ἐν Ῥόδῳ κολοσσὸν ὀκτάκις δέκα
Λάχης ἐποίει πηχέων ὁ Λίνδιος.

« Le colosse de Rhodes de 80 coudées fut exécuté par le Lindien Lachès. »

Ces deux vers étaient inscrits sur la base du colosse[2].

Pline lui aurait ainsi donné comme auteur le nom du premier artiste qui le conçut et le commença, et ce Simonide de celui qui l'acheva. Une autre différence que le lecteur aura sans doute remarquée, c'est que Pline ne lui assigne que 70 coudées de haut, tandis que le poëte grec lui en attribue 80.

Je n'ignore pas que certains critiques ont cru devoir changer l'ὀκτάκις de cette inscription en ἑπτάκις et Λάχης en Χάρης; mais je doute qu'ils aient été suffisamment

1. *Anthologia Planudea*, IV, 82e édit. Jacobs. Quel était ce Simonide? je l'ignore ; toujours est-il qu'il ne peut être ici question ni de Simonide d'Amorgos ni de Simonide de Céos, morts tous deux à une époque bien antérieure à l'érection du colosse de Rhodes.

2. Constant Porphyrog. *De administrat. imp.*, c. XXI.

autorisés à introduire dans le texte grec cette double correction.

Toutefois, j'avouerai que le chiffre de 70 coudées, qui se trouve dans Pline, est également celui qu'indiquent Isidore[1] et Philon de Byzance[2]. Hygin[3] réduit la hauteur de ce colosse à 90 pieds, c'est-à-dire à 60 coudées. Nicétas[4], au contraire, par une exagération manifeste et ridicule, l'élève jusqu'au chiffre de 600 coudées, et cela, d'après Aristote, dit-il.

« La cinquième merveille du monde était le colosse de Rhodes ou idole d'Apollon, la plus grande de toutes. Quelques-uns prétendent que c'était une colonne d'airain, gigantesque, immense, et haute, suivant Aristote, de 600 coudées. »

Quel est cet Aristote dont Nicétas reproduit ici le témoignage? je l'ignore. Dans tous les cas, ce ne peut-être évidemment le célèbre fondateur de l'école péripatéticienne, puisqu'il mourut une vingtaine d'années avant que ce colosse ne fût commencé.

Philon de Byzance, dans son ouvrage des *Sept merveilles du monde*, auquel j'ai déjà fait allusion tout à l'heure, nous donne, longtemps avant Pline, quelques détails sur la manière dont ce prodigieux travail fut exécuté.

« Le colosse, dit-il, était de 70 coudées et représentait le soleil. On reconnaissait le Dieu à ses attributs. L'artiste avait affermi intérieurement sa statue

1. *Orig.*, XIV, 5.
2. *De septem orbis miraculis*, p. 15, édit. Orellius.
3. *Fabul.* CCXXIII.
4. Nicétas, *Appendix ad Phil. Byzant.*, p. 145.

au moyen de barres de fer transversales et de pierres de taille gigantesques, et la partie de l'ouvrage qui est cachée est encore plus admirable que celle que l'on voit, etc. »

Cet écrivain nous apprend ensuite que ce colosse, à cause de sa grandeur, ne put être fondu que pièce par pièce et que l'artiste s'y prit comme un architecte dans la construction d'une maison, s'élevant successivement et comme par étage des pieds jusqu'à la tête.

« Enfin, ajoute-t-il emphatiquement, après avoir employé 500 talents d'airain et 300 de fer, il fit, par un prodige d'art et d'audace, un Dieu égal au Dieu véritable et il donna au monde un second soleil. »

Du reste, Philon ne nomme pas cet artiste; il ne parle pas non plus de la chute du colosse : ce qui a fait croire à M. de Caylus[1] que cet écrivain vivait antérieurement à ce désastre. Cependant on pense généralement qu'il florissait vers l'an 130 avant J.-C., et par conséquent le colosse était alors renversé depuis près d'un siècle. Mais on peut remarquer que, si cet auteur ne fait pas mention de ce fait, il semble néanmoins le donner à entendre dès les premiers mots de sa description où il se sert de l'aoriste au lieu du présent : il ne dit pas : « un colosse s'élève à Rhodes » mais « un colosse s'élevait : « *ἐν ταύτῃ κολοσσὸς ἔστη* » ; et si, quelques lignes plus bas, il ajoute en employant le présent : « la partie cachée est plus admirable que

1. De Caylus, *Hist. de l'Acad. des Inscript. Mémoire sur la sculpture des anciens*, t. XXV, p. 363.

celle que l'on voit, « τὸ κεκρυμμένον τοῦ πόνου τοῦ βλεπομένου μεῖζον ἐστίν », cela ne contredit ni ce qui précède ni la conjecture que j'en tire; car nous savons par Strabon[1] que le colosse se rompit aux genoux : il y en avait donc encore une partie debout à l'époque de Philon, tandis que les autres membres brisés gisaient à terre, où ils restèrent pendant plusieurs siècles, excitant l'étonnement de ceux qui les contemplaient et qui pouvaient en admirer les cavités et la charpente intérieures autant que la configuration et la surface extérieures.

Quoiqu'il en soit, ce colosse fut renversé, suivant Pline, 56 ans après son érection, lors du fameux tremblement de terre de l'an 222 avant J.-C., qui ébranla Rhodes, la Carie et toutes les îles voisines. Comme on avait mis douze ans à l'exécuter, il avait donc été commencé en 290 et terminé en 278. Le siége de Rhodes par Démétrius avait été, il est vrai, levé dès l'année 304; mais il ne faut pas s'étonner si les Rhodiens, qui consacrèrent à la construction de ce monument l'argent provenant des machines de guerre abandonnées par ce prince, ne le commencèrent néanmoins que quatorze ans après son départ; car, avant de songer à embellir leur ville par ce merveilleux chef-d'œuvre, ils avaient d'abord à réparer les nombreux désastres qu'ils avaient éprouvés pendant un siége si long et si terrible.

Après le tremblement de terre de 222, Ptolémée Evergète, roi d'Egypte, se signala par les immenses

1. XIV, 2.

dons qu'il envoya aux Rhodiens pour les aider à reconstruire leur cité; il leur promit en particulier[1] la somme de 3000 talents, s'ils voulaient le rétablir dans des proportions probablement beaucoup plus vastes qu'auparavant, attendu qu'il n'avait coûté, au dire de Pline, que 300 talents; mais ceux-ci prétendirent qu'un oracle leur avait défendu de le relever[2], et les débris en demeurèrent étendus sur le sol, à la place où ils étaient tombés, jusqu'à la douzième année de l'empereur Constans (653 après J.-C.), c'est-à-dire pendant prés de neuf siècles.

Meursius[3] et après lui M. de Caylus[4] ont déjà remarqué l'erreur de ceux qui comptent 1300 ans, et même davantage, depuis le moment où le colosse fut érigé jusqu'à celui où Moawiah, général des Arabes, s'étant emparé de Rhodes, acheva de le détruire et en vendit le bronze à un marchand juif de la ville d'Emèse qui en trouva la charge de 900 chameaux. La charge d'un chameau étant ordinairement de 250 kilogrammes, le poids du tout se montait donc à 225 000 kilogrammes, poids qui ne doit pas paraître exagéré, si l'on réfléchit aux proportions immenses de cette statue.

Au lieu de 900 chameaux, chiffre très-admissible et qui est indiqué par Paul Diacre, par Zonaras et par Cédrénus[5], Constantin Porphyrogénète[6] en porte le

1. Polybe, V, 89.
2. Strab., XIV, 2.
3. *Rhod.*, XV.
4. *Loco citato.*
5. Apud Meurs., *Rhod.*, c. xv.
6. *De Administrat. imper.*, c. xx.

nombre à 30 000, exagération si étrange et si déraisonnable qu'il est inutile de la réfuter ici.

Une autre question se présente maintenant à nous, c'est celle de savoir où était jadis situé à Rhodes ce colosse. Une opinion longtemps accréditée le place à l'entrée du grand port, les jambes écartées et les pieds posés sur les deux rochers où l'on a depuis élevé la tour Saint-Michel et la tour Saint-Jean. On ajoute que les vaisseaux pouvaient passer entre ses jambes et qu'il tenait un fanal dans une de ses mains.

Cette opinion cependant ne peut soutenir le moindre examen, et je m'étonne que le voyageur Thévenot[1] ait pu répéter une fable pareille et placer un colosse de 70 coudées seulement de hauteur à l'entrée d'un port dont l'ouverture, il le reconnaît lui-même, dépasse 50 toises; elle est en réalité beaucoup plus grande, comme je l'ai dit, puisqu'elle est au moins de 230 mètres; mais en admettant même qu'elle ne dépassât pas 50 toises ou 150 mètres, comment une statue haute de 35 mètres aurait-elle pu avoir un écartement de jambes quatre fois plus considérable que sa hauteur, afin de pouvoir poser chacun de ses pieds aux deux extrémités de cette ouverture?

Pour que le colosse de Rhodes eût occupé l'emplacement que lui assignent Thévenot et d'autres écrivains modernes, il aurait fallu ou bien qu'il eût été dix fois plus élevé que ne le prétendent les anciens, de manière à ce que l'écartement de ses jambes pût être en harmonie avec l'ouverture du port ou bien que cette

1. *Voyage au Levant*, p. 221.

ouverture eût été beaucoup plus resserrée qu'elle ne l'est maintenant. Or, on ne distingue absolument aucun vestige de la jetée qui aurait été nécessaire pour la rendre plus étroite.

D'ailleurs, comme le colonel Rottiers[1] en a fait l'observation, ce qui n'avait pas échappé non plus avant lui à Savary[2] et à M. de Caylus[3], si le colosse eût été placé à l'embouchure de ce port, le tremblement de terre qui le renversa en aurait jeté les débris dans la mer, tandis que nous savons qu'ils tombèrent sur le sol où ils restèrent gisants pendant près de neuf siècles, jusquà l'époque de la prise de Rhodes par Moawiah qui les vendit à un marchand juif.

Il est donc absolument impossible d'admettre cette première opinion sur l'emplacement du colosse.

« Il est assez étonnant, dit le comte de Caylus[4], que dans ces derniers temps on ait imaginé le colosse placé à l'entrée du port avec les jambes écartées. On ne le trouve décrit dans cette position dans aucun auteur ni représenté sur aucun monument ancien. Ce ne peut être que quelque vieille peinture sur verre ou quelque dessin d'imagination qui aient été la première source de cette erreur. Vigénère est peut-être le premier qui se soit avisé de l'écrire. (*Tableaux de Philostrate*, p. 127); il a été suivi de Bergier (*Histoire des grands chemins* l. V, ch. xv), de Chevreau (*Histoire du monde* l. VII, ch. ii) qui ajoute que ce colosse tenait

1. *Monuments de Rhodes*, p. 52.
2. *Lettres sur la Grèce*, p. 60.
3. *Mémoire déjà cité*, p. 362.
4. *Id.*, p. 364.

un fanal à la main, de M. Rollin même (*Histoire ancienne* t. VII, p. 268), et de la plupart de nos dictionnaires français de Trévoux, de La Martinière, et en dernier lieu de l'*Encyclopédie.* »

S'il est impossible de placer le colosse à l'entrée du grand port, je ne crois pas non plus qu'on puisse, avec de Hammer[1], supposer qu'il s'élevait à l'embouchure du port des Galères. Cette embouchure, à la vérité, est beaucoup plus étroite que la précédente; mais elle est encore cependant un peu trop large pour l'écartement que comporte une statue de 70 et même de 80 coudées de hauteur, en admettant le chiffre de Simonide. D'ailleurs, en cet endroit, le colosse renversé par le tremblement de terre serait également tombé dans la mer et ses débris auraient été engloutis soit dans le bassin de la quarantaine, soit dans celui du port des Galères.

Il y aurait le même inconvénient à le supposer, avec d'autres critiques, établi à l'entrée du bassin intérieur du port du Commerce, bassin qui est séparé, comme je l'ai dit, du bassin principal, par une double digue en pierre. Cette opinion semble partagée par Hamilton[2], qui flotte entre cette dernière et la précédente. M. Ross[3] ne la rejette pas non plus comme invraisemblable. Effectivement, à ne considérer que l'intervalle compris entre ces deux digues, lequel n'est que de 13 mètres, l'écartement des jambes du colosse

1. *Topographische Ansichten gesammelt auf einer Reise in die Levante*, p. 65.
2. *Asia minor*, t. II, p. 66.
3. *Reisen auf den griechischen Inseln*, t. III, p. 86.

s'appuyant sur l'extrémité de chacune de ces digues est dans ce cas moins forcé et possible. Mais, d'un autre côté, ici, comme dans les deux autres emplacements, le colosse, en s'écroulant, serait tombé au milieu des flots et non sur le sol.

D'après une quatrième conjecture, il aurait été dressé à l'entrée de l'étroit canal qui faisait autrefois communiquer, au moyen d'un bassin intérieur, comblé, à ce que l'on pense, par d'Aubusson, le port du Commerce avec celui des Galères. Cette supposition, qui est encore traditionnelle dans le pays, a été adoptée par le colonel Rottiers.

« La distance, dit-il[1], qui sépare les deux tours[2] est de 32 pieds de France; nous ajoutâmes une vingtaine de pouces pour la rentrée des pieds sur les bases, et nous en conclûmes que l'écart fait par la statue pouvait être de 35p 4p environ. Je me demandai donc, si une statue de 6 pieds fait un écart de jambes de 1p 8p, quelle sera la hauteur d'une statue dont l'écart est de 35p 4p, et j'arrivai par ce calcul à un résultat de 106 pieds. Or, la coudée étant de 1 pied et demi de France, cela équivaut, à quelques pouces près, à la hauteur de 70 coudées romaines indiquée par Pline. »

Cet emplacement me semble assez plausible. D'abord l'écartement des jambes du colosse eût été de cette manière dans un rapport très-naturel avec sa

1. *Monuments de Rhodes*, p. 81.

2. Il s'agit ici des deux tours que j'ai déjà mentionnées comme s'élevant sur le quai qui borde la partie occidentale du port du Commerce et qui sont réunies entre elles par un arceau muré.

hauteur; ensuite, si ce colosse servait de phare, il eût dans cette position éclairé les deux principaux ports de Rhodes; en troisième lieu, il eût pu dans sa chute, s'il se fût abattu de côté toutefois, s'écrouler sur le quai de débarquement et y provoquer, jusqu'à l'enlèvement de ses débris par Moawiah, l'étonnement dont parle Pline, par la masse prodigieuse et les proportions énormes de ses membres brisés et entr'ouverts.

Outre la tradition qui s'est conservée à Rhodes jusqu'aujourd'hui et qui assigne au colosse ce dernier emplacement, les restes d'une ancienne chapelle située non loin de là et qui, à l'époque des chevaliers, portait le nom de Saint-Jean-le-Colosse, semblent donner un nouveau poids à cette supposition.

Cependant, malgré la vraisemblance dont elle est entourée, je dois avouer que Philon de Byzance[1] ne parle que d'une seule base pour le colosse au lieu de deux.

« Ὑποθεὶς δὲ βάσιν ἐκ λευκῆς καὶ μαρμαρίτιδος πέτρας, ἐπ' αὐτῆς μέχρι τῶν ἀστραγάλων πρώτους ἤρεισε τοὺς πόδας τοῦ κολοσσοῦ. »

« L'artiste commença par placer une base de marbre blanc, et sur cette base il affermit d'abord les pieds du colosse jusqu'à la hauteur des chevilles. »

Si l'assertion de cet écrivain est exacte et si le colosse s'élevait réellement sur une base unique, il faut renoncer définitivement à l'idée généralement reçue que les navires passaient entre les jambes écartées

1. *De septem orbis miraculis*, p. 16.

de cette statue et rejeter par conséquent le dernier emplacement que je viens d'indiquer, comme j'ai moi-même rejeté les trois autres précédents. Mais alors, où placer ce colosse? C'est ce qu'il m'est impossible de déterminer avec certitude, et je laisse la question à décider à de plus habiles que moi. Peut-être que l'ouvrage de M. Hedenborg, quand il paraîtra, nous satisfera pleinement sur ce point, comme sur plusieurs autres que je n'ai pu éclaircir suffisamment.

CHAPITRE IX.

RÉSUMÉ DE CE QUE L'ANTIQUITÉ NOUS APPREND SUR LES PRINCIPAUX MONUMENTS DE L'ANCIENNE VILLE DE RHODES.

La ville de Rhodes fut fondée vers la fin de la guerre du Péloponnèse, la première année de la quatre-vingt-treizième olympiade[1] (408 avant J.-C.), par les habitants des trois anciennes cités de l'île, Ialysos, Camiros et Lindos, qui se réunirent pour former une cité unique et puissante, capable d'occuper un rang honorable parmi celles qui se partageaient l'empire de la Méditerranée. Elle eut pour architecte Hippodamus de Milet[2], le même qui traça le plan du Pirée.

1. Diod., XIII, 75.
2. Strabon, XIV, 2.

Meursius[1] a signalé l'erreur grossière commise par Isidore[2], qui en attribue la fondation à Cécrops, roi des Athéniens.

« Cecrops in insula Rhodo Rhodum ædificavit. »

Bâtie à l'extrémité septentrionale de l'île et regardant l'Orient, elle avait la forme d'un amphithéâtre, ou, pour parler plus exactement, d'un théâtre[3].

D'après Strabon[4] aucune ville de l'antiquité ne pouvait lui être comparée.

« Par ses ports, dit-il, par ses rues, par ses remparts et par toutes ses autres constructions, elle l'emporte tellement sur les autres cités qu'on n'en peut nommer aucune, je ne dis pas qui la surpasse, mais même qui l'égale. »

Le rhéteur Aristide[5] a vanté, en termes, il est vrai, un peu déclamatoires, la magnificence de cette ville qu'il avait habitée; mais, en faisant la part de l'exagération de son style, il n'en reste pas moins prouvé par cet écrivain, de même que par Strabon, dont nous venons de reproduire le grave témoignage, par Lucien[6], qui appelle Rhodes la véritable cité du soleil et digne, par sa beauté, du dieu auquel elle était consacrée, par Pline, qui nous donne des détails si précieux, que nous allons bientôt analyser, sur les nombreux chefs-d'œuvre dont elle était ornée, enfin par plusieurs autres

1. *Rhodus*, c. x.
2. *Orig.*, XV, 1.
3. Diod., XIX, 45; — *id.*, XX, 83.
4. XIV, 2.
5. *Discours* XLIIIe, adressé aux Rhodiens.
6. *Amores* XXXVIIIe, p. 388, édit. Didot.

auteurs qu'il serait trop long de citer ici, que c'était une ville réellement sans rivale dans le monde pour la régularité de son plan, pour l'ordonnance harmonieuse des différentes parties qui la composaient et pour la multiplicité et l'éclat des merveilles qu'elle étalait aux regards.

J'ai déjà dit un mot de ses ports. S'ils nous paraissent maintenant d'une étendue assez médiocre, qu'on songe aux faibles dimensions des navires que les anciens employaient d'ordinaire, même pour leurs plus longues navigations et que l'on compare Rhodes aux autres villes de l'antiquité les plus vantées sous ce rapport. On reconnaîtra qu'elle n'a rien à perdre à ce parallèle et qu'elle pouvait, sans désavantage, opposer les divers bassins de ses havres, à la fois naturels et artificiels. à ceux de Tyr, de Sidon, de Carthage, d'Athènes et de Syracuse.

D'immenses chantiers de construction et des arsenaux nombreux, dont plusieurs, suivant Strabon[1], étaient interdits au public sous peine de mort, avoisinaient ses ports, et ce géographe ajoute : « Ici, comme à Marseille et à Cysique, tout ce qui concerne les architectes, la confection des machines, les dépôts soit des armes, soit d'autres choses, est mieux ordonné qu'ailleurs et administré avec un soin extrême. »

Ses remparts élevés étaient entrecoupés, par intervalle, de hautes tours dont les sommets, nous dit le rhéteur Aristide[2], servaient, en quelque sorte, de

1. XIV, 2.
2. *Discours déjà cité*, p. 797, édit. Dindorf.

phares aux navigateurs, et elle en était environnée, pour me servir de ses propres expressions, comme d'une couronne.

Pausanias[1] nous apprend aussi que c'était, après Messène, l'une des villes les mieux fortifiées de la Grèce. Mais, ce qui fait plus que tout le reste l'éloge de l'enceinte formidable qui la protégeait, c'est le long siége qu'elle soutint contre Démétrius Poliorcète, qui épuisa en vain, pour s'en emparer, toutes les ressources de la science militaire d'alors, unies à celles de son inventif génie.

La ville, proprement dite, était dominée par une vaste acropole[2] qui renfermait des champs cultivés et des bois sacrés. Plusieurs faubourgs l'entouraient.

Elle possédait un grand nombre de temples magnifiques et, entre autres, celui du Soleil[3], principale divinité de la ville, celui d'Isis[4] qui était situé près des remparts, celui de Jupiter-Sauveur, dont l'existence nous est révélée par une ancienne inscription et par un passage de Dion Chrysostôme[5], celui d'Esculape, mentionné par Diodore[6], celui de Diane-Bon-Conseil, nommé par Porphyre[7], et une foule d'autres, consacrés soit à des Dieux, soit à des héros. Car nous savons par Aristide et par Dion Chrysostôme, dans leur discours adressé aux Rhodiens, que les temples et les sanc-

1. *Messeniaca*, IV, 21.
2. Aristide, *loco citato*.
3. Eustath., *ad Odyss.*, V, 121.
4. Appian., *de bello Mithrid.*, XXVII.
5. *Orat. Rhod.*, t. I, p. 570.
6. XIX, 45.
7. *De Abstin.*, II, 54.

tuaires étaient presque innombrables dans cette riche et opulente cité. L'un des plus célèbres était celui de Bacchus[1], véritable musée de peinture et de sculpture, dont les chefs-d'œuvre du fameux Protogène décoraient les portiques.

Il y avait à Rhodes des théâtres[2], des gymnases[3] pour l'enseignement de la philosophie et des lettres, des stades pour la course et les autres exercices du corps.

Ces différents édifices, religieux ou profanes, étaient ornés de statues et de tableaux; car les richesses que les Rhodiens s'étaient acquises les avaient mis à même d'embellir leur ville des chefs-d'œuvre des plus grands artistes de la Grèce.

J'ai déjà parlé du fameux colosse du soleil. Il y en avait à Rhodes cent autres, mais moins gigantesques, dont chacun aurait pu, dit Pline[4] faire la gloire de la ville où il aurait été placé. Cet auteur ajoute, qu'outre ces colosses on en admirait encore cinq autres représentant des divinités et dûs à Bryaxis.

On y voyait aussi le célèbre quadrige du soleil[5], l'un des plus remarquables ouvrages de Lysippe.

Quant aux statues dont cette ville était comme peuplée, Pline[6] en porte le nombre à 3000.

1. Strab., XIX, 2; — Lucien, *Amores* xxxviii, p. 388, édit. Didot.
2. Diod., XX, 100. — Aristid., *Orat.* xliii ad Rhod., p. 800, édit. Dindorf.
3. Suét., *Vita Tiber.*, XI.
4. *Hist. nat.*, XXXIV, 18.
5. *Id.*, XXXIV, 8.
6. XXXIV, 17.

Parmi les peintures qui décoraient ses monuments, quelques-unes étaient d'un prix infini. On citait surtout un *Ménandre*, roi de Carie et un *Ancée*, d'Apelles[1]; un *Méléagre*, un *Hercule* et un *Persée*, de Zeuxis[2], et de Protogène un *Cydippe*, un *Tlépolème*, le poëte tragique, *Philiscus en méditation*, un *Athlète*, le roi *Antigone*, la *Mère d'Aristote*. Les derniers ouvrages de ce grand artiste furent un *Alexandre* et le dieu *Pan*; mais ses deux tableaux les plus renommés étaient son *Ialysus* et celui qui représentait un satyre appuyé sur une colonne au haut de laquelle était peinte une perdrix. Strabon[3] raconte que, dès que ce tableau fut exposé, la perdrix attira tellement les regards du spectateur qu'ils ne faisaient aucune attention au satyre, bien qu'il fût d'un travail exquis. Ce qui étonnait le plus, c'était l'effet qu'il produisait sur les perdrix vivantes. Ceux qui en tenaient d'apprivoisées les apportaient; et, à peine les plaçaient-ils en face de la perdrix peinte, qu'elles chantaient. Protogène, voyant que la partie principale de son ouvrage en était devenue l'accessoire, pria les intendants du temple[4] de lui permettre d'effacer de son tableau sa perdrix. Son *Ialysus*[5] lui demanda sept ans de travail; il y mit quatre couches de couleur, afin que, l'une venant à tomber, l'autre fût là pour la remplacer. Il était occupé à achever ce chef-d'œuvre, lorsque Démétrius s'empara du

1. Pline, XXXV, 10.
2. *Id.*
3. XIV, 2.
4. C'était le temple de Bacchus.
5. Cicér., *Orator.*, c. II.

faubourg de Rhodes où était son atelier. Protogène n'en continua pas moins de poursuivre tranquillement son travail au milieu même des ennemis et du tumulte de la guerre. Plutarque[1] rapporte que les Rhodhiens, craignant d'abord que Démétrius ne détruisît ce tableau, lui avaient envoyé des députés pour le supplier de l'épargner. « Plutôt que de détruire un si bel ouvrage, avait répondu ce prince, je brûlerais tous les portraits de mon père. » Pline[2] va même jusqu'à prétendre, ce qui est moins vraisemblable, que Démétrius, par respect pour ce chef-d'œuvre et dans la crainte qu'il ne fût brûlé, s'était abstenu d'incendier la ville, et, par ce moyen, de s'en rendre maître.

« Propter hunc Ialysum, uti cremaret tabulas De-
« metrius rex, cum ab ea parte sola posset Rhodum
« capere, non incendit. »

Plus tard, C. Cassius[3], s'étant emparé de Rhodes, prit ce tableau, qu'il transporta à Rome, où il fut placé dans le temple de la Paix. Il y demeura jusqu'à l'époque de Commode, sous l'empire duquel ce temple fut consumé par un incendie.

Comme ciselures en argent[4], on remarquait principalement à Rhodes, dans le temple de Bacchus, des coupes d'Acragas représentant des bacchantes et des centaures, et de Mys, dans le même temple, un Centaure et des Amours.

En souvenir des secours qu'ils avaient reçus de plu-

1. *Vie de Démétrius*, XXIV.
2. *Hist. nat.*, XXXV, 36.
3. Dion Cassius, XLVII.
4. Pline, XXXIII, 55.

sieurs princes pendant qu'ils étaient assiégés par Démétrius, les Rhodiens, par reconnaissance, leur élevèrent des statues; mais, pour honorer d'une manière toute spéciale Ptolémée, roi d'Égypte, qui s'était montré plus particulièrement dévoué à leurs intérêts et très-généreux à leur égard, ils bâtirent dans leur ville un temple auquel ils donnèrent le nom de *Ptolemœum*[1]. Ce temple était de forme carrée, et chaque côté, long d'un stade, était environné d'un portique.

Vitruve[2] fait mention d'un endroit, à Rhodes, nommé ἄβατον ou *Inaccessible*, désignation dont il rend compte de la manière suivante :

« Artémise, ayant pris Rhodes et après en avoir tué les principaux habitants, y érigea un trophée comme monument de sa victoire. Elle fit faire deux statues d'airain, dont l'une était sa propre image, et l'autre représentait la ville des Rhodiens; la première était figurée imprimant à la seconde des marques flétrissantes. Les Rhodiens, dans l'impossibilité où ils furent plus tard de changer ce trophée de place, ce qui eût été un sacrilége, puisqu'il était consacré, l'environnèrent d'un édifice destiné à recevoir les députés de la Grèce et qui le déroba complétement aux regards, et ils appelèrent cet endroit ἄβατον, c'est-à-dire *Inaccessible*. »

Tous ces monuments et beaucoup d'autres encore dont je n'ai point parlé, ainsi que toutes les merveilles de l'art qui en rehaussaient la magnificence et l'éclat,

1. Diod., XX, 100.
2. *De Archit.*, II, 8.

ont depuis longtemps disparu. Quelques vestiges seuls en subsistent encore çà et là au milieu de la vaste enceinte de la ville antique, qui devait avoir quinze kilomètres de tour et qui est maintenant occupée :

1° Par la ville actuelle de Rhodes;

2° Par les immenses cimetières situés au-delà des remparts;

3° Par les divers faubourgs qui s'étendent en demi-cercle au-delà de ces mêmes cimetières;

4° Par les hauteurs du mont Saint-Étienne, qui jadis constituaient l'acropole de cette belle et grande cité.

Nous allons examiner tour à tour ces différentes parties de sa primitive enceinte, en commençant par décrire d'une manière sommaire les fortifications et les principaux monuments de la ville actuelle de Rhodes.

CHAPITRE X.

ENCEINTE FORTIFIÉE DE LA VILLE ACTUELLE DE RHODES.

La cité moderne de Rhodes s'élève par une pente assez douce autour de son principal port. Son étendue est à peu près le quart de celle qu'occupait jadis la cité antique. On peut évaluer la circonférence actuelle à 4 kilomètres. Les remparts qui délimitent cette enceinte constituent un polygone irrégulier qui affecte cependant une forme demi-circulaire et elliptique. Ils sont flanqués de distance en distance par des tours et des bastions et défendus en outre par plusieurs ouvrages avancés protégeant soit les courtines, soit les bastions, et qui forment, en certains endroits, comme une seconde enceinte très-formidable elle-même.

Les principaux bastions en se dirigeant de l'O. à l'E. par le S., sont ceux dits autrefois de *France* [1], d'*Allemagne*, d'*Auvergne*, d'*Espagne*, d'*Angleterre*, de *Provence* et d'*Italie*. La largeur des fossés, qui sont en partie taillés dans le roc vif, varie entre 30 et 45 mètres, et la profondeur entre 16 et 20. L'escarpe et la contrescarpe sont maçonnées et revêtues de blocs de grès très-réguliers, mais d'une dimension moyenne. Le terre-plein des boulevards est large d'environ 14 mètres et bordé d'une banquette haute de 2, percée de nombreuses embrasures. De vieux et énormes canons, les uns montés sur des affûts et les autres à terre, se voient encore de distance en distance ; quelques-uns seulement sont d'origine et de fabrique turques ; la plupart remontent à l'époque des chevaliers et sont ornés d'armoiries, de devises et d'inscriptions. On remarque aussi des couleuvrines et des mortiers gigantesques, et à côté des tas de projectiles d'une incroyable grosseur en pierre, en marbre ou en métal.

Il paraît que le nombre de ces beaux et curieux spé-

1. Chacune des langues de l'Ordre se partageait ainsi la défense de la place et arborait son enseigne sur un bastion distinct. Le port et les tours qui le protégent étaient ordinairement sous la garde de la langue de Portugal.

cimens de l'artillerie de l'Ordre, marqués aux armes des différentes nations qu'on y comptait, a singulièrement diminué depuis quelques années, attendu qu'une grande partie, m'a-t-on dit, en a été transportée à Constantinople pour être fondue et convertie en monnaie.

Du côté de la mer, trois portes donnent sur le quai de débarquement du grand port. La première, située à l'extrémité méridionale de la courtine qui relie le môle et la tour Saint-Michel au bastion Saint-Paul, est appelée par les Turcs *Tershaneh-Capou* ou porte de l'Arsenal; du temps des chevaliers, elle était connue sous la désignation de porte *Saint-Paul*, parce qu'elle avoisine une tour et un bastion de ce nom. Un bas-relief en marbre est incrusté sur le devant de cette tour; il représente saint Paul tenant un glaive d'une main et de l'autre l'Évangile. Au-dessous et au milieu des deux principaux écussons de l'Ordre, on remarque celui du pape Jules II, surmonté des clefs et de la tiare avec l'inscription suivante: « *Divo Paulo conventus sancti Joannis hospitalis Petrus-D'Aubussonius Rhodi Magister dedicavit.* »

Cette porte fait communiquer le quai du port du Commerce avec la demeure du pacha, autrement dit le Konak, et ensuite avec le chantier de l'Arsenal. On franchit pour arriver au Konak un pont-levis jeté sur le fossé, après avoir passé devant une batterie de canons qui défend la rade.

Les deux autres portes s'appellent, l'une porte de la Marine (*Bahr-Capou*), l'autre porte du Bazar (*Ba-*

zar-Capou.) Celle-ci est l'ancienne porte Sainte-Catherine ; elle est défendue par deux tours fort élégantes qui semblent l'encadrer. Au-dessus de cette porte est une inscription très-effacée, la voici :

« *Reverendus D. F. D'Aubussonius Rhodi magnus Magister hanc portam et turres condidit magisterii anno primo*, 1477. »

Cette même porte est décorée de belles sculptures en marbre blanc qui sont malheureusement mutilées. La figure du centre représente sainte Catherine ; à sa droite est le patron de l'Ordre, saint Jean, avec son agneau, et à sa gauche, saint Pierre, le patron du grand-maître.

Le colonel Rottiers y vit encore en 1825 les ossements d'un énorme requin qui y étaient suspendus.

« Pour peu que l'on se connaisse en ostéologie, dit-il[1], il n'est pas difficile de juger que ce fragment de squelette est celui d'un grand requin dont ces mers abondent. »

Thévenot, qui aborda à Rhodes en 1655, décrit avec quelques détails la tête de ce squelette, regardée longtemps comme celle du dragon tué par Gozon, opinion qu'il partage lui-même[2].

« On entre à main gauche par une grande porte au-dessus de laquelle est la tête du dragon qni est beaucoup plus grosse, plus longue et plus large que celle d'un cheval : elle a la gueule fendue jusqu'aux oreilles avec de fort grosses dents de chaque côté ; jusque tout

1. *Monuments de Rhodes*, p. 236.
2. Thévenot, *Voyage au Levant*, p. 223, édit. in-4.

au haut elle est plate, a les yeux un peu plus gros que ceux d'un cheval, le trou de la narine tout rond ; la peau est tirante sur le gris blanc, peut-être à cause de la poussière qui est dessus et paraît être bien dure. »

Ce même voyageur nous apprend qu'elle était primitivement suspendue à la porte qui conduisait à la retraite du monstre.

En 1831, cette tête n'avait point encore été enlevée de la porte Sainte-Catherine, car il en est question dans M. Michaud[1]. Quelques années plus tard, elle disparut, puisque M. Ross ne la retrouva plus en 1843.

On m'a dit qu'elle avait jetée à la mer.

Du côté de la terre, Rhodes n'a plus depuis longtemps que deux portes; l'une à l'O. est appelée aujourd'hui par les Turcs *Eyri-Capou* ou la porte Oblique, parce que le chemin qui y conduit, soit de la ville, soit de l'extérieur, va en serpentant. C'est l'ancienne porte d'*Amboise*. Au-dessus est un bas-relief représentant un ange aux ailes déployées avec les armoiries d'Amboise ; on y lit la date de 1512, ce qui prouve qu'elle fut achevée la dernière année du magistère d'Emery d'Amboise qui lui laissa son nom.

Pour sortir de la ville par cette porte, on traverse un pont-levis, puis un pont de pierre soutenu par trois arcades. Au-delà de ce pont et quand on a franchi le le fossé, on trouve un chemin qui va en tournant, bordé à droite et à gauche par un puissant parapet en pierre qui remonte, sans doute, au magistère de ce

1. *Correspondance d'Orient*, t. IV, p. 21.

même grand-maître et que soutient une plate-forme ombragée par de beaux platanes.

Cette porte d'Amboise était celle qui des faubourgs donnait entrée dans la cité des chevaliers, séparée, comme je le montrerai bientôt, de la cité des habitants ou de la ville proprement dite, par une enceinte spéciale et intérieure, flanquée de tours.

La seconde porte, située au S. est celle de *Guzel-Capou*, appelée autrefois porte *Saint-Jean* ou encore porte *Koskinou* (*porta di Cosquino*), parce qu'elle conduit au village de ce nom. Au-dessus de cette porte est un bas-relief en marbre, incrusté dans la pierre et représentant saint Jean. Un pont-levis à cette porte, comme à la précédente, interrompt pendant la nuit et rétablit pendant le jour les commmunications entre les faubourgs et la ville. Il est relié au glacis par un pont en pierre à deux arcades.

Cette belle et puissante enceinte est, sans contredit, l'un des plus remarquables monuments de l'architecture militaire au XIVe, au XVe et pendant les premières années du XVIe siècle. Indestructible au temps et aux hommes, elle est encore à peu près telle que les chevaliers l'avaient laissée; car Soliman, qui s'empara de la ville, n'y ajouta aucune fortification nouvelle et il se contenta de quelques réparations dans les endroits qui avaient le plus souffert pendant le siége.

Il serait difficile de faire l'historique exact et fidèle de la construction de ces remparts. Il est très-probable que les chevaliers, en abordant en 1309 dans l'île pour la conquérir, trouvèrent la capitale déjà resserrée dans les limites qu'elle a encore maintenant. Cette enceinte, dans ses fondements et dans son pourtour principal, est donc vraisemblablement Byzantine ; mais elle a été rebâtie à neuf par les chevaliers, flanquée par eux de bastions et fortifiée par de nouvelles tours et par des ouvrages avancés. Les fossés ont été aussi élargis ou creusés plus profondément.

Plusieurs des grands-maîtres qui gouvernèrent l'Ordre s'occupèrent tour à tour d'augmenter ou de perfectionner les fortifications de cette ville ; mais, après le siége qu'elle soutint en 1480, Pierre d'Aubusson surpassa tous ses prédécesseurs par les travaux considérables qu'il entreprit, et ses armoiries, qui se trouvent en beaucoup d'endroits unies à celle de l'Ordre, prouvent qu'il dut faire de nombreuses réparations et même des adjonctions nouvelles, pour couvrir davantage les points reconnus faibles dans le dernier siége. Ainsi, par exemple, les ouvrages avancés et le triple fossé qui défendait le palais des grands-maîtres, les murs élevés qui du côté de la mer enferment la ville et certaines parties du boulevard d'Italie sont dûs à d'Aubusson. Nous avons vu que la porte d'Amboise, avec les ouvrages qui l'avoisinent, ne fut terminée que plus tard, à la fin du magistère d'Emery d'Amboise, en 1512.

Je ne m'arrêterai pas plus longtemps à décrire cette magnifique ceinture de remparts qui témoigne dans ceux qui l'ont conçue et exécutée une grande entente de l'art de fortifier les places, et qui mérite encore maintenant d'attirer l'attention et de fixer les regards, même après tous les progrès que cet art a faits depuis Vauban. J'ajouterai seulement que, s'il est des places fortes plus remarquables que celle-ci, il en est peu, je pense, qui parlent autant à l'imagination, à cause des grands événements qu'elles rappellent. Sans parler du siége immortel que la Rhodes antique a soutenu jadis contre Démétrius, les innombrables assauts que, dans les temps modernes, la Rhodes actuelle a eu à repousser en 1480 et 1522, où l'on vit l'héroïsme d'une poignée de braves tenir si longtemps en échec toutes les forces de l'Empire ottoman, ont attaché en quelque sorte à chacune des pierres de cette enceinte, que tant d'exploits illustrèrent jadis, un souvenir et comme un reflet de gloire qui les ont consacrées à jamais.

Si l'on consulte les *Vues topographiques de* M. de Hammer,[1] on verra que, dans le plan qu'il donne de la ville de Rhodes, il a adopté pour la désignation des divers bastions un système tout opposé à celui que j'ai suivi. M. Ross[2] a déjà remarqué, après Rottiers, que ce savant historien s'était trompé étrangement, en confondant la colline Symbülli avec le mont Philérémos, et que cette supposition erronée étant la base de tout son système avait par conséquent rendu fausses toutes les conséquences qu'il en tire. Le même texte de Fontanus, sur lequel M. de Hammer s'appuie, m'a servi, son point de départ une fois rectifié, pour retrouver le nom véritable de chaque bastion et pour corriger

1. De Hammer, *Topographische Ansichten*, p. 73 et suivantes.
2. Ross., *Reisen auf den griechischen Inseln.*, t. III, p. 89.

aussi quelques erreurs qui ont échappé ici au colonel Rottiers, erreurs qu'il n'aurait certainement pas commises, s'il avait étudié ce texte. Fontanus en effet[1] nous apprend que, pendant le siége de 1522, la défense de la ville avait été partagée de la manière suivante :

« Depuis la tour Franque jusqu'à la porte d'Amboise qui conduit au mont Philérème combattaient les Français : de là à la porte consacrée à saint Georges les Allemands avaient arboré leurs aigles : en troisième lieu venaient les chevaliers d'Auvergne, voisins des chevaliers d'Espagne : après ceux-ci, les chevaliers d'Angleterre occupaient le cinquième bastion; puis les Provençaux défendaient le sixième poste, et le dernier était confié au courage des Italiens qui, dit Fontanus, italien lui-même, étaient les premiers de tous pour la valeur. »

Ce passage me semble décisif, et comme la porte d'Amboise, appelée à tort par Vertot et par de Hammer porte Saint-Ambroise, est située réellement à l'opposite de la place que ce dernier écrivain lui assigne, il en résulte qu'il n'y a qu'à retourner en quelque sorte son plan dont la première donnée est fausse et partant tout le reste pour être dans la vérité ; c'est ce que j'ai fait, quand, au commencement de ce chapitre, j'ai désigné ainsi les sept principaux bastions, en faisant le tour des remparts de l'O. à l'E. par le S.

1° Bastion de France, 2° bastion d'Allemagne, 3° bastion d'Auvergne, 4° bastion d'Espagne, 5° bas-

1. Fontanus, *de bello Rhodio*. — L. II, Romæ, 1524.

tion d'Angleterre, 6° bastion de Provence, 7° bastion d'Italie.

CHAPITRE XI.

PRINCIPAUX MONUMENTS DE LA VILLE ACTUELLE DE RHODES.

J'ai déjà dit qu'à l'époque des chevaliers la ville de Rhodes, partagée naturellement par sa position inclinée autour de son principal port en ville haute et ville basse, était en outre divisée en deux quartiers distincts qui formaient comme deux cités différentes, la cité des chevaliers et celle qu'habitait la population civile, consistant en Grecs et en Juifs.

La première était séparée de la seconde par une enceinte fortifiée et elle occupait vers le N.-O. un tiers environ de la ville tout entière. C'était la cité noble et militaire dont le palais des grands-maîtres était la citadelle. Jetons un coup d'œil rapide sur les principaux monuments qu'elle renferme encore.

I. — *Cité noble ou des chevaliers.*

Bien que les deux cités que je viens de mentionner ne soient plus aujourd'hui distinctes l'une de l'autre, cependant il est facile de reconnaître les limites de celle que nous allons d'abord examiner, et l'on retrouve encore les portes, les tours et une partie du mur qui en déterminait l'enceinte spéciale.

Lorsqu'après avoir abordé au quai de débarquement du port du Commerce on a franchi la porte de la Marine, on rencontre à droite une mosquée appelée par les Turcs mosquée *Kantouri*. C'est une ancienne église chrétienne : couronnée par une tour percée de meurtrières et de créneaux, elle était jadis consacrée à sainte Catherine. Le colonel Rottiers[1] suppose qu'un tombeau mutilé qui s'y trouve et sur lequel on ne peut déchiffer aucune inscription est celui de Marie de Baux, femme de Humbert II, dauphin du Viennois, et qui mourut à Rhodes en 1345. Cette église est le premier temple catholique qui ait été terminé à Rhodes sous le magistère d'Hélion de Villeneuve. On y remarque plusieurs pierres tumulaires avec des inscriptions complétement effacées. Peut-être, comme le pense le colonel Rottiers, servait-elle de sépulture aux chevaliers de la langue d'Angleterre dont elle était la paroisse. La façade est plus moderne et elle est précédée d'un petit portique qui est musulman.

Près de la mosquée *Kantouri*, à droite, est une poudrière et un arsenal, tout rempli de vieilles armures, de cuirasses, de piques, de sabres, d'épées, etc. On y voit aussi de nombreux tas de boulets en métal, en pierre et en marbre. A côté de cet arsenal est la maison qu'habite le colonel de l'artillerie ou *bin-bachi*. Devant la mosquée *Kantouri* s'ouvre la rue dite *des*

1. *Monuments de Rhodes*, p. 279.

Chevaliers, la plus belle et la plus intéressante de Rhodes; mais, avant de nous y engager, considérons en passant, à notre gauche, le vaste bâtiment qui sert aujourd'hui de magasin et quelquefois de caserne, et qui, auparavant, était l'hôpital des chevaliers.

La façade principale, qui donne sur une place de moyenne grandeur, n'est pas régulière, la grande porte d'entrée étant placée d'un côté entre trois arcades et de l'autre entre quatre, ce qui offre à l'œil un aspect disgracieux. Cette porte est, du reste, élégamment sculptée en bois de sycomore; elle est du temps de Villiers de l'Ile-Adam, comme le prouvent les armoiries répétées sur les deux battants et surmontées d'un saint Jean.

Intérieurement, on aperçoit au rez-de-chaussée, autour d'une grande cour carrée, des magasins voûtés dont plusieurs, faute d'entretien, commencent à tomber en ruines. C'est dans un de ces magasins que M. Ross a vu, en 1843, la grande chaîne qui, sous les chevaliers, servait à fermer le port.

« Elle[1] a, dit-il, 750 pieds de long; les anneaux ont la forme d'un ovale; chacun d'eux a 1 pied et demi de longueur. »

Depuis elle a été transportée à Constantinople.

Au premier étage, une magnifique galerie règne au-devant de quatre vastes salles, dont celle qui regarde la place est la plus belle. Les arcades qui soutiennent cette longue galerie carrée, de 117 mètres de pourtour, sont en plein-cintre; elles reposent sur des co-

1. *Reisen auf den griechischen Inseln.*, t. III, p. 82.

lonnes rondes et un peu massives. Les plafonds en sont plats et faits avec de superbes pièces de charpente en bois d'érable blanc ou de sycomore que le temps n'a nullement endommagées. Il en est de même des quatre salles dont j'ai parlé et où les armoiries de l'Ordre se retrouvent partout.

Cet hôpital, regardé par Rottiers comme le couvent des chevaliers, mais qui, à mon avis et d'après la tradition conservée à Rhodes, a plutôt eu la destination que je lui prête, fut commencé vers 1335, sous Hélion de Villeneuve; agrandi dans la suite, il ne fut terminé qu'un siècle plus tard, sous Antoine Fluvian ou de la Rivière, en 1436. La grande porte de la façade principale est d'une époque encore plus récente, puisqu'elle date seulement de Villiers de l'Ile-Adam.

La forme architecturale de ce bâtiment, avec sa cour au centre, ses magasins voûtés au rez-de-chaussée et au premier étage, sa galerie à jour, soutenue par des colonnes à arceaux, est tout à fait orientale. C'est ainsi que sont construits la plupart des khans les plus importants de l'Asie, espèces d'auberges publiques où logent les caravanes sur leur passage; et nul doute que la configuration de cet édifice n'ait été copiée sur le modèle de ces caravansérails.

Entrons maintenant dans la *rue des Chevaliers* : c'est la mieux bâtie, la plus droite et l'une des plus larges de la ville. Elle la traverse dans toute sa largeur, depuis la mosquée *Kantouri*, près de la porte de *la Marine*, jusqu'à l'ancienne église patronale de Saint-Jean et au palais des grands-maîtres. Elle est bordée, à droite et à gauche, d'un trottoir étroit, composé de dalles de marbre, la plupart antiques et dont quelques-unes portent des inscriptions qui ont été relevées par M. Hedenborg. Comme elle est encore à peu près telle que l'ont construite les chevaliers, elle est pleine d'intérêt pour ceux qui veulent avoir une idée exacte de l'architecture civile au XIVe et au XVe siècle, et dans les premières années du XVIe. On y remarque les différents prieurés de l'Ordre : vers le bas, celui d'Angleterre; plus avant, celui d'Italie; ensuite, celui de France; et, plus haut encore, ceux d'Espagne, de Portugal et d'Allemagne, avec les différents écussons qui les distinguent sculptés sur des plaques de marbre blanc; mais le plus élégant, sans contredit, de ces prieurés est celui de France.

Les dates et les armoiries qu'on voit sur la façade montrent qu'il avait été presque entièrement détruit pendant le siége de 1480 par les bombes et les autres projectiles de l'ennemi, et qu'il fut reconstruit par d'Aubusson et après lui achevé par Emery d'Amboise.

L'édifice est surmonté des armes de France sculptées sur une grande plaque de marbre avec la légende « *Voluntas Dei est* »; au bas, et des deux côtés « *Montjoie sainct Denis* » avec le millésime 1495. Sur une autre plaque de marbre on reconnaît les armes de d'Aubusson au-dessous d'un chapeau de cardinal, dignité dont ce grand-maître avait été revêtu par le pape Innocent VIII, le 9 mai 1488, pour sa belle défense de Rhodes.

Les moulures qui entourent les portes et les fenêtres

9

ont été exécutées avec soin; les croisées en pierre représentent exactement une croix, comme leur nom l'indique, forme qui fut adoptée à l'époque des croisades et qu'on retrouve ensuite jusqu'au XVIIe siècle. Les gouttières sont façonnées en têtes de crocodiles et de gracieuses tourelles en encorbellement font saillie sur la partie supérieure de la façade. Le toit est plat et entouré d'un petit mur d'appui crénelé.

Les divers prieurés et les autres hôtels qui les avoisinent, et qui sont bâtis dans le même style, sont habités depuis longtemps par des familles turques, dont quelques-unes végètent dans la misère et n'ont ni les moyens ni le goût nécessaires pour entretenir les belles demeures où le hasard les a placées. La plupart de ces édifices ne se sont si bien conservés que grâce à la solidité de leur construction primitive. Extérieurement, on a ajouté aux fenêtres de plusieurs d'entre eux des balcons fermés en treillis pour empêcher le soleil et surtout les regards de s'introduire du dehors dans l'intérieur des chambres. Du reste, l'insouciance habituelle des Turcs qui laissent, il est vrai, tout dépérir, mais qui n'altèrent guère non plus par des modifications et des rajeunissements modernes les monuments du passé, fait que la Rhodes d'aujourd'hui a gardé fidèlement le cachet et le caractère qu'elle présentait à l'époque des chevaliers, remarque qui s'applique surtout à la rue qui porte encore leur nom.

Au sommet de cette rue qui va toujours montant, mais d'une pente peu rapide, on arrive, en tournant à droite, au palais des grands-maîtres. Il s'élevait sur une surface assez étendue et formait dans la cité noble une véritable forteresse intérieure. Actuellement, cet immense édifice commence à tomber en ruines de toutes parts. Le dernier tremblement de terre de 1851 l'a violemment ébranlé, et plusieurs pans considérables de murs se sont écroulés. Il contenait de nombreuses salles, une chapelle et de magnifiques souterrains. Ces souterrains voûtés devaient servir de magasins d'approvisionnements et aussi, en cas de siége, de lieu de refuge pour les femmes et les enfants.

Dans la grande salle d'audience, dont la voûte est défoncée, on voit encore debout deux colonnes à chapiteaux ioniques. « Aux jours solennels, dit Rottiers[1], lorsque tout l'Ordre allait complimenter le grand-maître, les prieurs et les commandeurs se réunissaient près de la colonne de droite et les chevaliers se groupaient autour de celle de gauche, tandis que les grands dignitaires de l'Ordre se tenaient rangés de chaque côté du grand-maître. »

Il est probable que ce palais, maintenant inhabitable, a dû souffrir singulièrement lors du dernier siége de 1522 et qu'une grande partie des dégradations qu'on y remarque datent de cette époque; le temps et surtout les tremblements de terre ont fait le reste.

La porte d'entrée est flanquée de deux petites tours; elle est ornée de moulures assez fines, mais qui disparaissent presque sous l'épaisse couche de chaux dont on les a recouvertes.

1. *Monuments de Rhodes*, p. 149.

Un triple fossé et des ouvrages avancés protégent ce palais du côté de l'O.; vers le N. il a pour défense les remparts et les fossés de l'ancien boulevard de France. Depuis longtemps silencieux et désert, il a vu s'évanouir pour toujours sa splendeur d'autrefois; tel qu'il est cependant, et malgré l'aspect désolé qu'il présente, il frappe encore le regard d'étonnement, et les souvenirs qui s'éveillent en foule sous les pas, quand on le parcourt, semblent pour un instant redonner quelque vie à ses salles muettes et délabrées. L'imagination se représente aussitôt les dix-huit grands-maîtres qui l'habitèrent tour à tour et dont plusieurs furent à la fois des hommes de guerre éminents et d'habiles administrateurs. Elle croit encore y voir errer les ombres de ces nobles champions de la chrétienté qui, pour l'honneur de la France, appartiennent presque tous à notre patrie. Mais deux noms surtout éclipsent tous les autres et viennent s'offrir les premiers à la pensée; ce sont ceux de Pierre d'Aubusson et de Villiers de l'Ile-Adam, l'un qui eut la double gloire de sauver Rhodes en 1480 et de réparer ensuite tous les désastres qu'elle avait subis, l'autre qui, moins heureux mais non moins grand peut-être, sut longtemps, à force d'héroïsme, arrêter, en 1522, l'innombrable armée de Soliman et suspendre la chute de cette importante place. Dernier hôte chrétien de ce palais, Villiers de l'Ile-Adam fut contraint de l'abandonner à son vainqueur le 1er janvier 1523, et depuis lors cette belle demeure n'a plus été réparée; elle n'offre plus même en certains endroits qu'un amas de décombres, du milieu desquels elle ne se relèvera sans doute jamais.

A gauche du palais des grands-maîtres et y tenant était la Loge de saint Jean, dont il ne subsiste plus que quelques débris. La grande salle du conseil touchait à la cathédrale avec laquelle elle communiquait par une porte aujourd'hui murée : pendant le dernier siége, le toit de cette salle fut défoncé par les projectiles énormes que l'ennemi lançait contre la ville ; actuellement, elle est entièrement détruite, à l'exception d'un gros pilier dont la base est encore debout.

Le colonel Rottiers dit avoir trouvé au milieu de ces décombres l'inscription antique suivante, sur une pierre qu'il a transportée au musée de Leyde :

ΞΗΝΩΝΝΑΟΥΜΟΥ
ΑΡΑΔΙΟΣΠΡΟΞΕΝΟΣ
ΔΙΙΣΩΤΗΡΙ

« Xénon, fils de Naumos, d'Aradus, proxène, à Jupiter Sauveur. »

On pourrait inférer de cette inscription que l'emplacement de la Loge de saint Jean était jadis occupée par un temple consacré à Jupiter Sauveur.

La cathédrale ou église de Saint-Jean, transformée en mosquée par Soliman après sa conquête, a une aprence extérieure assez modeste. Sa façade principale est triangulaire et d'une grande simplicité. Elle regarde le couchant. La porte de cette façade est en bois de sycomore bien ciselé. On sait que le sycomore est un bois qui non-seulement se façonne et se sculpte avec facilité, mais encore qui est très-durable et presque incorruptible : en Palestine, on en faisait jadis un très-grand usage pour la charpente. Cet arbre n'est pas rare encore maintenant dans l'île de Rhodes; i. abonde aussi sur la côte voisine d'Asie.

On entre également dans la cathédrale de Saint-Jean par deux autres portes latérales, faites de même en bois de sycomore, l'une au N. et l'autre au S. du transsept.

D'après les mesures prises par le colonel Rottiers[1], cet édifice est long de 150 pieds et large de 52. L'enfoncement qui forme la croix de l'église ou le transsept en a 76. Le grande nef ou nef centrale est séparée des deux nefs latérales par 8 colonnes en granit, 4 de chaque côté. Ces colonnes, ainsi que le fait observer le même voyageur, ont presque toutes des chapiteaux différents. Il est très-probable qu'elles ont été enlevées aux ruines d'un ancien temple ou portique et que primitivement elles ont été transportées à Rhodes d'ailleurs; car je ne sache pas que dans l'île entière il y ait une seule carrière de granit. Le chœur se termine par trois absides. La toiture est soutenue par une charpente composée de fort belles poutres parsemées d'étoiles d'or sur un fond d'azur, mais ces étoiles sont en partie effacées. Les nefs sont recouvertes de nattes. Les tombeaux des grands-maîtres qui y avaient été ensevelis ont disparu; car l'histoire nous apprend qu'après la prise de Rhodes les janissaires, violant les clauses de la convention qui venait d'être signée, forcèrent une des portes de la ville, y commirent toutes sortes d'ex-

1. *Monuments de Rhodes*, p. 301.

cès et déchaînèrent principalement leur fureur contre l'église de Saint-Jean.

« Ils raclèrent les peintures à fresque représentant les saints, brisèrent les statues, ouvrirent les tombeaux des grands-maîtres, renversèrent les autels, traînèrent les crucifix dans la boue et mirent au pillage les ornements sacrés[1]. »

Cependant au milieu de la nef centrale on voit encore la pierre tumulaire qui indique l'endroit où furent placés les restes de Fabricius Carretti, le dernier grand-maître qui ait été inhumé dans cette église. Voici l'inscription qui recouvre cette pierre et qui a déjà été reproduite par Rottiers et par M. Ross.

R^MVS. ET ILL^MVS. D. F. FABRICIVS. DE CAR
RECTO. MAGNUS. RHODI MAGI
STER. VRBIS INSTAVRATOR. ET
AD PVBLICAM VTILITATEM
PER SEPTENNIVM RECTOR.
HIC IACET ANNO
M. D. XXI.

L'épithète de *urbis instaurator* que nous lisons ici nous prouve que Pierre d'Aubusson et Émery d'Amboise n'eurent pas le temps ou les ressources nécessaires pour achever les réparations devenues indispensables après le siége de 1480 et que Fabricius Carretti eut l'honneur de les terminer, et mérita ainsi le titre qui est gravé dans son épitaphe.

En examinant le pavé avec soin, on découvre plu-

1. De Hammer, *Hist. des Ottomans*, t. V, p. 39.

sieurs autres pierres sépulcrales avec des armoiries en partie effacées. Deux vitraux ont seuls échappé à la dévastation; l'un représente les armoiries de l'Ordre et l'autre celles de Jean-Baptiste des Ursins, grand-maître qui mourut en 1476.

Dépouillée de toutes les décorations intérieures dont la piété des chevaliers l'avaient ornée, cette basilique, devenue mosquée, fut pendant longtemps interdite aux chrétiens; le colonel Rottiers prétend même être le premier qui y ait pénétré depuis la conquête de Soliman. Aujourd'hui, on peut y entrer assez facilement en se faisant accompagner d'un cavas du pacha et moyennant une légère rétribution donnée à l'iman qui en est le gardien.

Devant la façade principale, à quelques pas de distance, s'élève une tour isolée de forme carrée qui, primitivement, renfermait les cloches et servait en même temps à la défense de la cathédrale. La plate-forme supérieure de cette tour était autrefois armée de fauconneaux : elle était aussi surmontée d'une flèche qui fut détruite à coups de canons par les Turcs, lors du dernier siége, et que depuis ils ont remplacée par un minaret élancé.

Non loin de là est la tour dite de l'*Horloge*, ainsi appelée parce qu'elle porte un grand cadran; de construction toute récente, elle a été bâtie, il y a trois ans et demi, sur les fondements d'une tour qui dépendait du palais des grands-maîtres et qui, minée par de profondes crevasses, avait été complétement renversée par le tremblement de terre de 1851.

Indépendamment de la rue des Chevaliers qui traversait dans toute son étendue la cité noble, d'autres rues latérales, généralement fort étroites et bordées de maisons qui, de distance en distance, se relient entre elles par des arcades cintrées ou ogivales, aboutissent toutes directement ou indirectement à cette grande voie centrale.

II. — *Cité proprement dite, habitée par la population civile.*

En dehors de la cité des Chevaliers, s'étendait au S. et à l'O. la ville du commerce et de l'industrie, occupée par la bourgeoisie et par les artisans. Il est probable qu'alors comme maintenant les Juifs, avant d'être chassés par Pierre d'Aubusson, vers la fin de son magistère, habitaient un quartier séparé ou ghetto dans la basse ville.

Presque toutes les maisons de cette seconde cité, comme de la première, datent de l'époque des chevaliers : elles sont bâties en terrasses avec une cour intérieure, à la manière orientale; quelques-unes ont un petit jardin, au milieu duquel se dresse ordinairement, comme une colonne, un vieux palmier contemporain des anciens habitants de ces maisons. Plusieurs respirent encore, jusque dans leur état de délabrement actuel, une certaine élégance et sont ornées extérieurement de moulures et de câbles sculptés qui encadrent les portes et les fenêtres.

Les rues et les ruelles, en s'entre-croisant, forment une espèce de labyrinthe qui égare facilement celui qui s'y engage sans guide. Le silence le plus profond règne dans la plupart d'entre elles. On croirait qu'elles sont inhabitées. Les femmes turques, en effet, vivent retirées chez elles et invisibles; quant aux hommes, ils passent une partie de la journée soit dans les cafés qui avoisinent le port, soit dans les boutiques du bazar où le bruit, le commerce et la vie se concentrent.

Parmi les mosquées qu'on rencontre, je citerai les quatre suivantes, qui m'ont paru les plus dignes d'être signalées :

1° Celle de *Soliman*. Elle est précédée d'un portique de huit colonnes en marbre blanc dont les fûts sont antiques. On croit que, primitivement, cette mosquée était l'église des Saints-Apôtres. A la porte d'entrée, on admire deux charmantes colonnettes en marbre, sculptées avec beaucoup d'art et où l'on voit représentés des heaumes et des haches d'armes entremêlées de jolies têtes d'anges, la plupart mutilées par les Musulmans. Ces élégants trophées et ces figurines délicieuses sont, sans doute, l'œuvre de quelque sculpteur italien du xve siècle.

A gauche du portique de cette mosquée est une fontaine entourée de colonnes également antiques et où les Musulmans font leurs ablutions avant de pénétrer dans le lieu saint.

2° La mosquée *Mustapha*. Elle est, comme celle de *Soliman*, précédée d'un portique et d'une fontaine dont les colonnes en marbre sont de même antiques, et elle a dû remplacer aussi une église chrétienne.

Non loin de là est un établissement de bains publics

qui était autrefois une chapelle des Pères Franciscains. Plusieurs grands-maîtres y avaient leur sépulture et le colonel Rottiers[1] nous raconte qu'il a découvert lui-même, près de cet édifice, le tombeau de Robert de Julliac transformé en réservoir. Les armoiries de ce grand-maître se montraient au centre et celles de l'Ordre figuraient aux deux côtés. L'épitaphe en latin occupait le haut du tombeau dans toute sa longueur; elle était sculptée en caractères gothiques avec les abréviations usitées à cette époque.

La voici restituée et complète.

Hic jacet in Christo religiosus et pater Ordinis frater Robertus de Julliaco, quondam magister sacræ domus hospitalis sancti Joannis Hierosolymitani, qui obiit die XXIX, mense julii, anno Domini MCCCLXXVII[2]. *Cujus anima requiescat in pace.*

3° La mosquée dite *de Fer*, à cause des gros barreaux en fer qui en défendent les fenêtres. C'est la chapelle de l'ancien couvent de Saint-Augustin.

4° La mosquée *Ibrahim*, précédée d'un portique et d'une fontaine.

En redescendant vers la ville basse pour se rendre dans le quartier juif, on traverse les bazars. Ils n'ont rien de la grandeur et de la beauté de ceux de Smyrne et de Constantinople et de quelques autres villes de

1. *Monuments de Rhodes*, p. 248.

2. S'il n'y a point eu ici une erreur commise par le colonel Rottiers, car je ne fais que transcrire l'épitaphe telle qu'il l'a lui-même copiée, il faut remarquer que cette dernière date contredit celle qu'on assigne généralement à la mort de Robert de Julliac, laquelle, d'après la plupart des historiens de l'Ordre, serait arrivée vers le milieu d'août de l'an 1376.

l'Empire turc. C'est un assemblage de boutiques mesquines et ordinairement en bois, où des Grecs, des Turcs et des Juifs débitent les différentes denrées et marchandises les plus nécessaires à la vie. Toutes ces boutiques ferment au coucher du soleil ; car, les rues n'étant pas éclairées, chacun rentre chez soi quand le jour commence à s'éteindre. D'ailleurs les chrétiens doivent alors, comme je l'ai dit, quitter la ville.

Le quartier juif est traversé d'O. en E. par une large rue dont les maisons remontent en majorité, ainsi que dans le quartier turc, à l'époque des chevaliers. Deux d'entre elles, surtout, méritent de fixer l'attention; l'une était la maison de justice de l'Ordre ou la châtellenie, et l'autre celle de l'ancienne amirauté où se faisait l'appel des marins qui devaient s'embarquer sur les galères de l'Ordre. Elles sont ornées de cordons sculptés et de moulures finement exécutées. On y voit aussi, du moins à la première, quelques figures sculptées avec soin sur des plaques de marbre blanc et, entre autres, un ange qui ombrage de ses ailes deux écussons.

Non loin de la maison de l'amirauté, aujourd'hui résidence d'une famille juive, on aperçoit les ruines d'une grande église, jadis consacré à saint Marc et dont il ne subsiste plus que quelques pans de murs : la grande nef est actuellement un jardin qui appartient à un turc, et le chœur est la propriété d'un juif. En l'examinant, j'y ai trouvé quelques armoiries à moitié effacées et des restes de peintures murales très-dégradées.

Plus loin, vers l'E. et attenants aux remparts, sont les débris d'une autre église, que j'ai déjà mentionnée et dont on ne distingue plus également que trois ou quatre arceaux gothiques, dans un jardin appartenant à un juif : ce sont les vestiges de Sainte-Marie-de-la-Victoire, l'une des trois églises que construisit d'Aubusson, après le fameux siége de 1480 et en reconnaissance de l'éclatante victoire qu'il avait remportée sur l'armée de Messih-Pacha, grand-visir de Mahomet II.

Les juifs ont dans leur quartier deux synagogues, propres et bien tenues, et administrées chacune par un rabbin.

Ce quartier, plus qu'aucun autre, est encore jonché çà et là de ces énormes boulets de marbre ou de pierre que Soliman avait lancés dans la ville lors du siége de 1522 et dont quelques-uns ont au moins 50 centimètres de diamètre.

Tels sont les ports, les fortifications et les principaux quartiers et monuments de la ville actuelle de Rhodes.

Tous les édifices antiques ont, comme on le voit, disparu, et l'on chercherait en vain, dans la cité moderne, quelques restes reconnaissables de la physionomie que la cité ancienne présentait; les ports seuls ont dû conserver à peu près leur forme primitive, et j'ai remarqué plus haut que les soubassements des môles qui en délimitent l'enceinte sont certainement helléniques. On retrouve aussi, en beaucoup d'endroits de la ville, des dalles de marbre, des fragments de colonnes ou même des colonnes entières, enlevées à d'anciens monuments grecs et qui, ensuite, ont servi à décorer des portiques, des fontaines et des églises chrétiennes, transformées plus tard en mosquées musulmanes.

Il n'est pas rare non plus d'y rencontrer de petits autels votifs ou tumulaires en marbre gris ou blanc, de 70 centimètres à 1 mètre de hauteur, ornés de guirlandes et de têtes de béliers ou de veaux sculptées et que les Turcs ont placés comme des bornes près de leurs maisons. Examinons maintenant les autres parties de la cité antique, situées aujourd'hui en dehors des remparts et qui, jadis, étaient renfermées dans sa vaste enceinte.

CHAPITRE XII.

CIMETIÈRES ET FAUBOURGS DE LA VILLE ACTUELLE DE RHODES. MONT SAINT-ÉTIENNE.

Cimetières. — D'immenses cimetières s'étendent autour des remparts, et d'innombrables tombes musulmanes remplissent presque tout l'intervalle qui est compris entre les fossés de la ville et les faubourgs. Ces tombes s'avancent jusqu'au haut des glacis dont elles occupent les pentes, et de là elles débordent dans un vaste espace ombragé, de distance en distance, par des bouquets de platanes, de peupliers blancs, de térébinthes, de cyprès et de sycomores. Là reposent les cent mille hommes que perdit Soliman, soit par la maladie, soit par le fer, dans les assauts meurtriers qu'il donna à la ville : beaucoup de tombes, en effet, qui peuplent cette nécropole remontent à cette époque. Elles consistent en une petite enceinte rectangulaire avec deux pierres levées verticalement, l'une à la tête et l'autre aux pieds du mort.

Une foule de débris antiques y abondent, tels que plaques de marbre, fragments de colonnes, stèles funèbres, qui ont été, à leur partie supérieure, façonnées en turbans et sur lesquelles ont été gravées quelques inscriptions turques, et notamment des versets du Koran.

Près du port de l'Arsenal, on remarque également un assez grand nombre de tombes musulmanes, et vis-à-vis le lazaret est un enclos fermé qui contient plusieurs coubbeh ou coupoles funéraires, du milieu desquelles s'élève une mosquée célèbre consacrée à l'un des santons les plus en honneur à Rhodes, nommé Amurath-Reiss. Les Musulmans d'aujourd'hui qui habitent cette ville continuent toujours à enterrer ceux d'entre eux qui meurent à côté des anciens conquérants de l'île et quelquefois dans les mêmes tombeaux. Car, bien qu'en Turquie les morts doivent garder éternellement la place qu'ils ont une fois reçue, et qu'on regarde comme un véritable sacrilége la violation des sépultures, quelque anciennes qu'elles soient, cependant il arrive à la longue que, contrairement à cet usage consacré par la Religion, des générations nouvelles succèdent dans les mêmes tombes à d'autres qui sont éteintes depuis longtemps; autrement les cimetières s'étendraient indéfiniment et finiraient par absorber complétement l'espace réservé aux vivants.

Si les cimetières de Smyrne, de Constantinople et surtout de Scutari, avec leurs noirs ombrages de cyprès gigantesques et les nombreuses colombes qui les habitent et qui voltigent en gémissant d'arbre en arbre, font naître dans l'âme de celui qui les parcourt et qui s'égare sous leurs sombres allées une sorte de religieuse tristesse, dans la nécropole de Rhodes, c'est une impression différente que l'on éprouve : ici, rien de mystérieux et de lugubre; mais tout semble raconter encore le fameux siége de 1522. On reconnaît dans certains mouvements du terrain des restes de tranchées; ailleurs on rencontre des collines factices sur lesquelles les généraux de Soliman avaient établi leurs canons et leurs mortiers pour battre en brèche les remparts et foudroyer la ville : plus au S. les hauteurs du mont Saint-Etienne rappellent l'emplacement qu'occupait Soliman lui-même et d'où il pouvait voir et diriger les opérations de ses troupes. Et quand on considère ensuite les moindres plis du sol dans cette plaine onduleuse hérissés de pierres tumulaires jusqu'au bord des fossés de la place, le sentiment qui se présente aussitôt à l'esprit de l'Européen est celui d'une admiration profonde pour la longue et énergique défense des chevaliers qui eurent la consolation, en succombant, d'avoir terrassé tant d'ennemis et de n'avoir livré qu'un tombeau autour de leurs remparts aux trois quarts des assiégeants.

Faubourgs. — Les faubourgs dont la ville est environnée au-delà des cimetières se divisent en trois faubourgs principaux qui, eux-mêmes, se subdivisent en neuf paroisses grecques, plus une paroisse catholique ou latine. Ces faubourgs sont connus sous les noms de Néo-Maras, Cato-Maras et Apano-Maras. On leur donne également la dénomination commune de Varousia.

I. — *Faubourg Néo-Maras*, appelé aussi *Néokhori.*

Le faubourg Néo-Maras ou Néokhori, comme son nom l'indique[1], est le faubourg le plus moderne. Il date seulement de deux cents ans, et même la plupart des maisons qui le composent sont d'une époque beaucoup plus récente.

Il est situé au N.-O. du Kastro ou de la ville turque et renferme une population de 800 habitants, dont 120 catholiques du rit latin. C'est dans ce faubourg que résident le consul d'Angleterre et les vice-consuls ou simples agents consulaires des diverses autres puissances qui entretiennent avec l'île de Rhodes des relations de politique et de commerce.

J'ai déjà parlé, dans un précédent chapitre, du couvent latin de Sainte-Marie-de-la-Victoire, paroisse de la petite population catholique de Néo-Maras, et

1. Νεομάρας vient du mot grec *νέος*, nouveau, et de *μάρας*, qui me paraît un mot turc dérivé du grec par corruption ; par exemple, de *μέρος*, partie, quartier, et il a la même signification que Νεοχωρί, ou *nouveau bourg.*

qui est placée sous la protection immédiate et officielle du vice-consul de France.

Les Grecs ont une paroisse sous le vocable de saint Dimitri, avec une école mutuelle.

A l'extrémité S. de ce faubourg, près d'une colline factice recouverte de quelques tombes, on remarque un pan de mur en gros appareil, évidemment hellénique et qui semble sur ce point un débris de l'ancien mur d'enceinte de la ville.

II. — *Cato-Maras.*

Pour se rendre du faubourg *Néo-Maras* à celui de *Cato-Maras* ou le *Bas-Maras*, il faut s'avancer vers le S. et principalement vers l'E., en traversant un cimetière turc et en passant ensuite au pied d'une hauteur couronnée par trois moulins à vent. Ce monticule mérite d'être visité, parce qu'on y retrouve la trace d'une voie antique taillée dans le roc et les vestiges d'un mur hellénique construit avec des blocs puissants et rectangulaires. Les Turcs, en 1480 et en 1522, profitèrent de cette colline pour y établir une batterie de siége, destinée à foudroyer en face, à une distance d'environ 350 mètres, les ouvrages avancés du palais des grands-maîtres et ce palais lui-même.

De là, en continuant à marcher dans un chemin bordé de tombes musulmanes, on arrive bientôt au faubourg Cato-Maras, qui s'étend de l'O. à l'E. au S. de la ville, au pied du mont qui jadis formait l'acropole de l'ancienne Rhodes. Ce faubourg renferme six paroisses : 1° *Sainte-Anastasie;* 2° *Saint-Nicolas;* 3° *Saint-Georges;* 4° *Saint-Nicolas-le-Brûlé*, ainsi nommé en souvenir d'un incendie qui dévora cette église; 5° la *Sainte-Mère-de-Dieu;* 6° la *Métropole.* C'est dans la circonscription de cette dernière paroisse que réside l'archevêque, dont la juridiction s'étend sur l'île de Rhodes et sur toutes celles qui l'entourent dans l'ancienne mer d'Icare, comme Khalki, Casos, Scarpanto, Stampalia, Tilos, Nisyros, Simi, Calymnos, Leros et Nikaria.

A l'époque où je visitai l'île, il était parti pour Patmos, sa patrie; car il est sorti du couvent de cette île célèbre qui a le privilége de voir souvent ses moines passer de leurs cellules aux siéges les plus élevés de l'Église grecque. Il est aidé et, en son absence, remplacé par un grand-vicaire qui a le rang d'évêque et auquel les Grecs donnent le titre de Δεσπότης. C'est dans cette paroisse aussi que sont les deux écoles grecques les plus importantes de l'île; l'une est mutuelle, l'autre est dite hellénique, parce qu'on y enseigne le grec ancien.

III. — *Apano-Maras.*

Un troisième faubourg, celui d'*Apano-Maras*, ou le *Haut-Maras*, domine le précédent. Il occupe les pentes septentrionales du mont Saint-Étienne et contient deux paroisses, celle de *Saint-Anargyre* et celle de *Saint-Jean-le-Précurseur*. Un grand nombre de débris antiques attirent l'attention dans ce dernier faubourg; mais ils ont été tellement dénaturés et déplacés qu'il est presque impossible de retrouver les vestiges et la forme d'un seul monument hellénique.

On estime à 5,000 âmes la population des trois faubourgs que je viens de mentionner; elle est presque exclusivement grecque, à l'exception des 120 catholiques latins de Néo-Maras et de quelques familles turques qui préfèrent au séjour de la ville celui des faubourgs.

Lors des deux siéges de 1480 et de 1522, Néo-Maras n'existait pas encore. Quant à Cato-Maras et à Apano-Maras, ils étaient déjà bâtis, du moins en partie.

Ils furent naturellement abandonnés par leurs habitants qui se réfugièrent dans la ville forte à l'approche des ennemis, et nous savons que, pour empêcher les Turcs de s'y établir et de s'y fortifier, d'Aubusson et à son exemple plus tard Villiers de l'Ile-Adam donnèrent l'ordre d'abattre toutes les maisons et tous les arbres qui environnaient la ville. Cet ordre ne fut probablement pas complétement exécuté, car ces faubourgs possèdent encore des maisons qui doivent remonter à l'époque des chevaliers. Quand l'île fut tombée au pouvoir des Turcs et que les hospitaliers de Saint-Jean eurent été contraints de s'exiler de cette terre qu'ils avaient illustrée par leur valeur et couverte de monuments, les vainqueurs, en gardant pour eux la ville et en défendant aux chrétiens d'y résider, forcèrent les Grecs qui n'avaient pas suivi les destinées de leurs anciens maîtres de se retirer dans les faubourgs, dont les maisons détruites furent alors relevées et qui durent s'agrandir considérablement par suite de la population nouvelle qui y affluait.

Mont Saint-Étienne, ancienne Acropole de Rhodes.

La ville antique comprenait, indépendamment du Kastro actuel, les cimetières et les trois faubourgs dont je viens de parler. Son acropole embrassait en outre les hauteurs du mont Saint-Étienne, connu également sous le nom de mont Smith, en souvenir de l'amiral anglais ainsi appelé qui, en 1799, s'établit quelque temps dans un maison située sur le sommet de ce mont, pour observer de là les mouvements de la flotte française, lors de la fameuse expédition d'Égypte.

Ce plateau atteint vers l'O., son élévation la plus grande, qui n'est, du reste, que de 90 mètres au-dessus de la mer. De ce côté, les pentes du mont sont presque inaccessibles pendant l'espace d'un kilomètre de longueur : elle sont hérissées de blocs énormes de rochers dont la plupart semblent menacer ruine sur les flancs escarpés où ils sont comme suspendus; et d'autres, détachés de leur base par des tremblements de terre, ont déjà roulé jusqu'au rivage. Vers le N. au contraire et vers l'E., ce mont présente une inclinaison beaucoup plus douce. Il s'abaisse en quelque sorte par des terrasses successives dues à la fois à la nature et à la main de l'homme. Aujourd'hui toute la superficie de cette antique et immense acropole est occupée par des jardins mal entretenus et que délimitent de petits murs construits avec toutes sortes de débris déplacés et entassés pêle-mêle. Au milieu de ces jardins, on aperçoit des maisons qui datent presque toutes du temps des chevaliers et qui leur servaient jadis de villas. Depuis qu'elles sont tombées entre les mains des Turcs, ceux-ci ont laissé se dégrader ces jolies et gracieuses demeures, dont quelques-unes sont complétement détruites et jonchent le sol de leurs ruines. Une végétation confuse et désordonnée a succédé aux magnifiques vergers qui embellissaient ces lieux. De vieux caroubiers, des térébinthes, des oliviers et des figuiers y forment encore en certains endroits des bosquets où chantent et s'ébattent de nombreux oiseaux. Je n'oublierai pas non plus de signaler quelques hauts palmiers qui s'élèvent çà et là. Ces divers enclos renferment des vestiges, mais à peine reconnaissables, d'anciens édifices, soit privés, soit publics et dont les restes dispersés ne permettent plus de reconstruire, même par la pensée, dans leur forme primitive, les monuments qu'ils composaient. Une des ruines les mieux conservées qui aient frappé mes yeux dans l'un de ces vergers consiste en un vaste *temenos* ou enceinte sacrée dont le pourtour existe encore, au moins dans une partie des assises inférieures qui sont très-remarquables : les blocs rectangulaires qui le constituent sont gigantesques et plusieurs ont une longueur de 5 mètres et une largeur proportionnée. Ce péribole est carré et il mesure 60 pas sur chaque face. Il appartient certainement à quelque monument religieux dont je ne puis indiquer le nom, aucune inscription ne nous l'ayant révélé jusqu'ici.

Dans un autre jardin, trois ou quatre tambours de colonnes de marbre sont les seules traces d'un temple consacré à Apollon Pythien, comme le prouve une inscription trouvée sur place par M. Hedenborg.

Ailleurs, les débris d'un troisième temple consistent en quelques fragments de colonnes et d'entablement.

Ces fragments, qu'au premier abord j'avais pris pour du marbre, n'étaient en réalité que du grès qui, revêtu d'une couche extérieure de stuc, rivalisait jusqu'à un certain point, par sa surface polie et luisante, avec l'éclat des plus beaux marbres.

Sur ce même plateau, plusieurs chambres sépulcrales taillées dans le roc m'ont offert à peu près les mêmes caractères que beaucoup de celles que j'avais observées en Palestine et en Syrie. Elles sont à plafond voûté ou plat, de forme soit carrée, soit oblongue, et elles renferment un plus ou moins grand nombre d'excavations pratiquées à l'entour comme des espèces de fours, où les corps étaient déposés. Comme l'acropole de Rhodes était remplie de temples et de bois sacrés, il est probable que ces tombeaux étaient affectés à la sépulture des principaux ministres du culte, dont les cendres reposaient ainsi, après leur mort, près des sanctuaires qu'ils avaient desservis pendant leur vie.

En somme, le mont Saint-Étienne, avec ses nombreuses villas à moitié ruinées et ses enclos multipliés, ne présente presque rien de l'aspect qu'il offrait jadis. Sa physionomie première a tellement changé qu'il est difficile de se faire une idée de ce qu'elle pouvait être, lorsque, couvert de portiques et de temples qu'environnaient des champs et des bois sacrés, il étalait à la fois aux regards les merveilles réunies de l'art et de la nature. De la partie supérieure de ce mont on descendait graduellement, par une suite de plate-formes habilement ménagées, sur le vaste espace qu'occupent aujourd'hui les faubourgs et les cimetières, et, de là, une pente douce conduisait aux différents ports, autour et au-dessus desquels s'élevait cette ville magnifique, déclarée par Strabon la plus belle de l'antiquité. La situation, en effet, et la disposition générale de Rhodes étaient admirables, et je comprends très-bien les éloges mérités d'un géographe aussi sérieux et même les emphatiques exagérations du rhéteur Aristide, lorsque je contemple du haut du mont Saint-Étienne, acropole réellement incomparable, le superbe panorama qui se déploie encore aujourd'hui devant les yeux et qui devait être singulièrement dépassé par celui dont ils étaient frappés autrefois.

En redescendant de ce plateau, arrêtons-nous un instant sur l'emplacement de l'ancienne église consacrée au saint dont ces hauteurs portent le nom et qui s'élevait sur le penchant septentrional du mont. Elle existait encore en partie en 1826, époque à laquelle le colonel Rottiers la visita.

« A l'intérieur, dit-il[1], ses murs offraient des traces d'anciennes peintures à fresque. Au-dessus des pilastres qui soutenaient le dôme on voyait assez distinctement les quatre Évangélistes et, sur une autre partie du mur, nous trouvâmes les restes d'une As-

1. *Monuments de Rhodes*, p. 341.

somption. Lors de l'arrivée des chevaliers, cette église était déjà délaissée par les Grecs depuis le séjour des Sarrazins, et Hélion de Villeneuve l'ayant fait restaurer, elle fut consacrée au culte romain. Elle a servi d'hôpital pour les officiers turcs blessés pendant les deux siéges, et aujourd'hui les dominateurs de Rhodes l'ont abandonnée à la destruction du temps. »

Cette destruction est actuellement achevée et j'ai déjà dit qu'on avait transporté les matériaux de cette église à Néomaras et qu'on les avait employés pour bâtir la chapelle et le couvent latin de Sainte-Marie-de-la-Victoire.

Je n'ai pu savoir ce qu'était devenu le fragment de la pierre regardée par Rottiers comme étant celle qui formait le couvercle du tombeau de Gozon.

Avant de terminer ce chapitre, je signalerai l'emplacement présumé de deux temples helléniques dans le faubourg Néomaras : l'un aurait occupé une partie du jardin actuel de M. Hedenborg et aurait débordé dans un jardin voisin. M. Hedenborg suppose, à cause de plusieurs débris de statues qu'il a déterrés en défonçant le sol de son jardin, que les gros blocs rectangulaires dont il a retrouvé près de là des assises entières, pourraient bien avoir appartenu à l'enceinte sacrée du fameux temple de Bacchus qui était, nous le savons, un véritable musée de peinture et de sculpture. L'autre temple paraît avoir été le sanctuaire consacré à Esculape dont il est question dans un passage de Diodore de Sicile[1], où il est parlé d'une inondation

1. L. XIX, c. XLV.

considérable qui affligea la ville de Rhodes et principalement le quartier du Digma, du temple de Bacchus et de celui d'Esculape.

Si le temple de Bacchus était situé à l'endroit que lui assigne, avec quelque probabilité, M. Hedenborg, il faut chercher le Digma aux alentours de la propriéte de ce savant. Ce Digma, comme son nom l'indique [1], était une place publique où on étalait des marchandises : il y en avait également une à Athènes qui portait la même dénomination. Quant au temple d'Esculape, il devait être voisin de celui de Bacchus, et il est permis d'en reconnaître les débris dans quelques tronçons de colonnes et autres fragments de marbre qu'on remarque près d'une tannerie, à l'extrémité méridionale du faubourg Néomaras.

Tous les monuments de l'ancienne Rhodes ont, comme on le voit, disparu entièrement, à l'exception de quelques faibles vestiges qu'on en découvre encore çà et là. Il faut en dire autant de l'immense mur d'enceinte qui environnait cette grande cité. Malgré la hauteur de ce mur et l'étendue de son pourtour, qui devait être de 15 kilomètres, c'est à peine si aujourd'hui il est possible d'en suivre la trace et d'en retrouver cinq à six pans un peu considérables sur toute la ligne de cette vaste circonférence.

Les tours élevées qui le flanquaient ont de même été rasées si complétement qu'on n'en distingue plus les fondements. Cette disparition totale de tant de puissants ouvrages étonne au premier abord; mais

1. Δεῖγμα, montre, échantillon.

si l'on réfléchit aux transformations successives qu'a subies le sol de la Rhodes antique, on comprend que les matériaux de son mur d'enceinte et les débris de ses monuments ont été, à l'époque du bas Empire et au moyen age, une mine toute naturelle où l'on a sans cesse puisé pour construire la Rhodes byzantine, et plus tard la Rhodes des chevaliers. Les Turcs et les Grecs l'exploitent encore maintenant tous les jours, quand ils ont quelque construction nouvelle à élever.

Avant de quitter définitivement cette ville pour explorer l'intérieur de l'île, décrivons en peu de mots deux des plus remarquables environs qui avoisinent les faubourgs et qui devaient être, pour les Rhodiens d'autrefois, comme ils le sont encore pour ceux d'aujourd'hui un rendez-vous de plaisir et un but de promenade, je veux parler de Symbülli et de Sondourli.

CHAPITRE XIII.

ROUTE DE NÉOMARAS A SYMBULLI. — PONT ET NÉCROPOLE ANTIQUES. — BEAUTÉ DU SITE DE SYMBULLI. — TOMBEAUX CREUSÉS DANS LE ROC.

Symbülli est un site charmant, à trois-quarts d'heure environ vers le S.-E. du faubourg Néomaras. Son nom est dérivé d'un nom turc signifiant jacinthe; en grec, on lui donne quelquefois celui de Rhodini. Il se peut également, comme le remarque M. Ross [1], que la dénomination de *Symbülli* ait une origine hellénique et qu'elle vienne du mot συμβολή (rencontre), à cause des eaux vives qui se rencontrent en cet endroit comme à une sorte de confluent. Dans ce cas, le nom actuel de *Symbülli*, qu'on regarde généralement comme un mot turc, n'en aurait que l'apparence et serait peut-être le nom primitif, légèrement altéré, que portait jadis ce lieu. Quelle que soit l'opinion qu'on adopte sur ce point, toujours est-il que les deux dénominations de *Symbülli* et de *Rhodini* indiquent déjà, par elles-mêmes, la beauté et les charmes de cette colline, ornée de roses et de jacinthes et rafraîchie par des sources et des eaux courantes.

Pour s'y rendre, on peut suivre plusieurs routes différentes; nous allons prendre aujourd'hui la plus longue, parce qu'elle nous offrira plusieurs choses dignes de notre intérêt et que nous examinerons chemin faisant.

Vingt-cinq minutes au-delà de Néo-Maras dans la direction S.-E.-E., on arrive, après avoir traversé le faubourg Cato-Maras, à un pont jeté sur un ravin qui porte à la mer les eaux de Symbülli. Ce pont est l'un des restes les plus remarquables de l'ancienne ville. Il consiste en deux arches construites avec de magnifiques blocs rectangulaires, parfaitement réguliers et qui reposent à sec les uns sur les autres. L'arche principale occupe presque à elle seule par ses deux piliers toute la largeur du ravin. Les soubassements en sont un peu

1. *Reisen auf den griechischen Inseln*, p. 90.

rongés par les eaux qui, lors des pluies torrentielles de l'hiver, coulent impétueusement dans le lit sablonneux qu'elles se sont creusé ; mais le reste de cette construction est si bien conservé qu'on la croirait achevée d'hier, et elle compte sans doute 2000 ans. La seconde, bâtie avec la même élégance et également intacte, est établie sur l'une des berges du ravin ; elle est moitié moins élevée que la précédente.

Après avoir franchi ce pont, on se trouve bientôt au milieu d'une ancienne nécropole. Si l'on suit le bord de la mer vers le S., on reconnaît qu'une très-longue bande de rochers qui court le long du rivage a été percée de toutes parts pour être taillée en une foule de chambres sépulcrales. Plus près de la mer encore on remarque des salines. Ce sont de petits compartiments creusés sur la surface de rochers plats et à fleur d'eau, qui sont inondés par les vagues, quand le vent d'E. les pousse de ce côté. Lorsque la mer se retire, ces réservoirs factices restant pleins, l'eau qui les remplit s'évapore peu à peu aux rayons du soleil et y laisse le sel qu'elle contenait en dissolution.

Mais revenons vers la nécropole que j'ai signalée tout à l'heure et considérons-la un instant.

L'entrée d'un très-grand nombre des excavations sépulcrales qu'elle renfermait est actuellement obstruée par des amas de pierres ou de terre ou par de hautes broussailles. Beaucoup d'autres ont été détruites ; cependant on en distingue encore plus d'une centaine qu'il est facile d'examiner. La forme de ces excavations varie; tantôt ce sont de simples fours pratiqués dans le roc avec une voûte, soit surbaissée, soit cintrée, soit même aiguë vers le centre, avec une sorte d'arête longitudinale : quelquefois aussi, ces fours, au lieu d'être voûtés, sont rectangulaires. Ce sont là des tombeaux particuliers. Mais il en est de plus vastes et qui étaient destinés à des familles entières, consistant en de véritables chambres funèbres taillées artistement dans le roc, carrées ou arrondies en voûtes, ornées de moulures et revêtues intérieurement de stuc, pour donner à la surface des parois l'apparence et le poli du marbre. A l'extérieur, on voit au-dessus de la porte de plusieurs de ces chambres l'emplacement des plaques de marbre qui y étaient jadis encastrées et où étaient probablement gravés les noms des morts qui reposaient dans ces caveaux. Ceux-ci étaient placés dans des sarcophages en marbre ou en pierre, occupant l'intérieur de la chambre sépulcrale, ou bien on les glissait dans les fours oblongs, creusés en nombre plus ou moins considérable et souvent sur deux rangs de hauteur au-dedans de ces mêmes chambres; quelques-unes d'entre elles sont précédées d'un vestibule. On sait que les anciens aimaient à se réunir quelquefois en famille près des tombeaux de leurs aïeux; or ces vestibules devaient servir de salles pour les repas funèbres, coutume qui remonte à la plus haute antiquité et qui est encore pratiquée en Orient par plusieurs peuples, entre autres, par les Mahométans et par les Juifs.

En s'éloignant de cette nécropole pour gravir les collines qui se rattachent au mont Saint-Étienne à l'E., on arrive, au bout de quinze minutes de marche, au délicieux plateau de Symbülli. La nature semble avoir pris plaisir à l'orner. Plusieurs gigantesques platanes y forment, avec de beaux peupliers, un des plus admirables ombrages qui puissent embellir un site. Sous cette voûte verdoyante qu'anime le chant des oiseaux et que les rayons du soleil ne peuvent percer coulent deux fontaines dont l'eau est d'une telle fraîcheur et d'une telle limpidité qu'on la vient chercher d'assez loin. Tous les jours, des ânes et des mulets en transportent de grandes jarres pleines à la ville : tous les jours aussi elle attire, durant la belle saison, soit des Grecs, soit des Turcs qui la savourent en quelque sorte à loisir assis nonchalamment sous les vieux arbres dont les vastes rameaux les protégent contre la chaleur. La source qui alimente ces deux fontaines devait, sans contredit, être connue des anciens, et j'inclinerais à croire que c'est là le *fons Inessa* dont il est question dans un passage de Vibius Sequester[1]. Quoiqu'il en soit, la construction de ces fontaines ne dénote point une origine antique; les matériaux seuls qu'on a mis en œuvre le sont pour la plupart. Elles remontent très-probablement à l'époque des chevaliers : des inscriptions turques paraissent y avoir été ajoutées après coup et dans un temps postérieur à leur fondation.

L'une d'entre elles est décorée de jolies colonnettes de marbre, sur le fût desquelles on a sculpté avec délicatesse des grenades, les unes ouvertes, les autres fermées. A côté est une estrade pavée en petits cail-

1. Vibius Sequester, p. 102.

loux noirs et blancs, espèce de mosaïque très-commune à Rhodes. Cette estrade environne un bassin carré et rempli d'eau qu'avoisine une longue bande de rochers taillés par la main de l'homme et qui, au S., ferment le plateau de Symbülli; à l'O. et au N. règne un ravin large et profond, extrêmement pittoresque et dont les berges abruptes sont hérissées de broussailles, d'arbustes et même d'arbres élevés qui entremêlent ensemble leurs rameaux et leur verdure. Au fond du ravin, des touffes de lauriers-roses croissent au milieu d'un lit sablonneux qui est presque toujours à sec pendant l'été. D'énormes blocs de rochers qui ont roulé jusque dans ce lit semblent n'avoir pu être détachés des flancs de la colline que par un violent tremblement de terre ou par un affaissement des couches inférieures du sol. Ce ravin est le même que celui sur lequel, plus près de la mer, est jeté le beau pont antique que j'ai mentionné, et le méandre sinueux qu'il décrit égare agréablement le regard qui ne se lasse pas d'en admirer les charmants détours.

Pour compléter la beauté du site de Sumbülli, qu'on se figure une élégant aqueduc en pierres de taille, dont les gracieuses arches traversent le ravin vers le N. et vont porter à la ville de Rhodes les eaux de cette colline. Il est généralement attribué aux chevaliers, et en effet il offre tous les caractères d'une construction de cette époque; toutefois les assises inférieures sont probablement beaucoup plus anciennes, ce qui permet de supposer qu'il n'a été que réparé par les chevaliers. Dans tous les cas, il semble une imitation, sous forme réduite, de ces magnifiques aqueducs, aux proportions gigantesques que les Romains avaient élevés sur tant de points de leur vaste empire.

S'il faut en croire une vieille tradition qui ne repose peut-être pas sur des fondements bien solides, mais que le voyageur admet volontiers, parce qu'elle sourit à l'imagination, ce serait sur ce plateau enchanteur que le célèbre orateur Athénien, Eschine, aurait enseigné l'éloquence. On n'ignore pas que, vaincu par Démosthènes dans le procès qu'il avait intenté à Ctésiphon, et n'ayant point obtenu la cinquième partie des suffrages, cet orateur fut contraint de s'exiler de sa patrie, et qu'il choisit Rhodes pour le lieu de son bannissement.

L'éloquence était déjà en honneur dans cette île lorsqu'il y débarqua. Il y fonda une école qui porta son nom et qui contribua puissamment à préserver les Rhodiens du mauvais goût et de l'emphase asiatiques. Or, d'après la tradition que je viens de rapporter, ce serait sur la colline de Symbülli qu'il aurait commencé à naturaliser à Rhodes cette éloquence, à la fois grande, simple et noblement austère, pure et harmonieuse dans ses formes, sobre d'ornements et belle d'une beauté, qui s'adresse à l'esprit plutôt qu'aux sens, pour tout dire en un mot, l'Atticisme. On aime à se représenter ces lieux agréables prêtant leurs ombrages aux leçons de l'illustre rhéteur d'Athènes et retentissant des applaudissements qui accueillirent la lecture de sa harangue contre Ctésiphon et des transports d'admiration plus vifs encore qu'excita celle qu'il eut le courage de faire lui-même de l'immortel discours de son rival.

Cette école, fondée par un maître si habile, jouit pendant plusieurs siècles d'une grande célébrité et elle attira à Rhodes tous ceux qui voulaient se perfectionner dans l'art si difficile de la parole. Cicéron lui-même, César et Pompée et une foule d'autres Romains de la première distinction quittèrent Rome pour venir écouter les rhéteurs Rhodiens, dont le plus illustre était alors Apollonius Molon, que le grand orateur Romain[1] proclame avec reconnaissance son maître et celui aux leçons duquel il devait le plus.

Aucune preuve, je le répète, ne démontre victorieusement que l'école que je viens de nommer ait été réellement placée sur le plateau de Symbülli; mais comme rien ne prouve non plus le contraire, que c'est en outre une tradition encore répandue et qui n'offre par elle-même rien d'invraisemblable, attendu que ce plateau devait toucher à l'acropole de l'ancienne ville, nous laisserons volontiers ce site gracieux en possession de sa gloire et de ses souvenirs, et nous nous garderons bien d'en chasser les ombres des rhéteurs fameux auxquels on associe son nom et celles des disciples plus célèbres encore qui accoururent de Rome pour les entendre.

A partir de Symbülli vers le S., le sol, dans une étendue considérable, a été profondément creusé et l'on aperçoit plusieurs vastes carrières dont les galeries souterraines ont été pratiquées dans une roche

1. Cicéron, *Brutus*, c. XCI.

calcaire très-tendre. Quelques-unes, après avoir été exploitées d'abord dans le but unique d'en extraire des pierres, ont servi ensuite de catacombes, et j'ai trouvé dans deux ou trois d'entre elles des débris d'urnes cinéraires et plusieurs caveaux funèbres à moitié détruits.

Non loin de ces carrières, un joli bouquet de pins s'élève sur une colline verdoyante, et près de là on remarque, au milieu d'autres chambres sépulcrales, toutes creusées dans le roc, les ruines d'un véritable monument funèbre du plus grand intérêt et qui, avec celui de Lindos, est le plus important que j'aie rencontré dans l'île de Rhodes. Je vais le décrire avec quelques détails, afin de pouvoir en donner au moins une faible idée.

Qu'on se figure un bloc énorme de rocher taillé carrément par la main de l'homme, ayant environ 28 mètres de longueur sur chaque face et 4 et demi de hauteur, et surmonté, en outre, d'un tertre pyramidal en terre. Sur chacune des faces régnaient 21 demi-colonnes, engagées dans l'épaisseur de la masse rocheuse, du sein de laquelle elles avaient été tirées, ce qui, en tout, formait un pourtour de 80 demi-colonnes de 40 centimètres de diamètre et séparées l'une de l'autre par un écartement de 1 mètre. On n'y observe ni cannelures ni bases : quant à leur chapiteau, j'ignore quel en était le style, car elles sont toutes mutilées à leur sommet.

La face nord de ce monument est seule assez bien conservée, ce qui permet de juger de la forme et de la grandeur du monument tout entier; les trois autres, en effet, ont été brisées, et le rocher semble avoir été fendu par un tremblement de terre; la face sud, principalement, n'existe plus, et de gros quartiers de roc décorés encore de leurs demi-colonnes gisent renversés dans un petit ravin qui avoisine ce tombeau et au fond duquel ils ont roulé.

On montait sur la plate-forme du monument par des degrés ménagés dans le roc et qui sont la plupart détruits.

Le tertre pyramidal en terre qui la couronnait a aussi en partie disparu : ce qui en reste est actuellement hérissé d'épaisses broussailles.

On a construit, au-devant de la face nord, un petit mur d'enceinte en pierre, mais tout moderne et qui sert à renfermer des troupeaux : quand on l'a franchi, on pénètre par une porte d'entrée rectangulaire, aujourd'hui presque entièrement brisée, dans un vestibule oblong taillé dans le roc; et de là, on passe par une autre porte, également mutilée et qu'entouraient d'élégantes moulures, dont celles d'en haut subsistent encore, dans une belle chambre sépulcrale de forme carrée. Les parois en ont été revêtues d'une couche de stuc. Le plafond est traversé, vers le centre, d'une sorte de poutre ménagée dans le roc; il est voûté, mais légèrement triangulaire. A droite et à gauche, plusieurs fours à cercueils, cinq d'un côté et trois de l'autre, s'enfoncent dans les parois latérales de cette chambre : ils ne sont pas tous de la même largeur ni travaillés avec le même soin : la forme qu'ils affectent est celle d'un long rectangle recouvert d'un toit aigu, forme qui prédomine dans les plus anciens tombeaux de la Grèce et que j'ai eu l'occasion d'observer aussi dans un grand nombre de ceux de la Palestine.

Il est probable que ce vaste monument funèbre renfermait d'autres chambres sépulcrales; mais aujourd'hui c'est la seule qui subsiste : très-dégradée elle-même et remplie d'immondices, on l'a transformée actuellement en étable.

A quelle époque faut-il rapporter la fondation de ce tombeau, et en l'honneur de qui a-t-il été élevé? Ce sont-là deux questions qu'il m'est impossible de résoudre, faute de documents certains, et les inscriptions qui auraient pu nous éclairer sur ce point manquent totalement. Tout ce qu'il est permis de conjecturer, d'après l'inspection du monument, c'est qu'il paraît contemporain de l'époque la plus florissante de Rhodes. Son style est gréco-asiatique, comme celui de beaucoup de tombeaux de l'Asie Mineure.

Rottiers pense, je ne sais sur quel fondement, que ce monument avait été jadis un temple consacré à Cérès.

« Dimitri me conduisit, dit-il[1], à l'emplacement où avait jadis existé un temple de Cérès taillé carrément dans le roc. Le temps l'avait totalement détruit; mais on pouvait juger, par quelques débris, que sa façade et peut-être son intérieur avaient été revêtus de marbre. Il me montra, un peu plus loin, un trou en forme de cône, pratiqué dans le roc où l'on éteignait

1. *Monuments de Rhodes*, p. 201.

les flambeaux qui avaient brûlé devant l'autel de Cérès pendant la cérémonie des mystères.

S'il ne s'agit pas dans ce passage de Rottiers du monument que j'ai décrit, j'ignore celui auquel ce voyageur fait allusion; car, aux environs de Symbülli, il n'y en a aucun autre qui puisse se rapporter à la description qu'il donne d'un monument *taillé carrément dans le roc*. Si, au contraire, c'est bien le même que j'ai signalé, l'erreur de Rottiers est inexplicable, et il faut qu'il se soit contenté d'apercevoir la façade sans pénétrer dans l'intérieur du vestibule et de la chambre dont j'ai parlé; autrement il n'aurait pas un seul instant hésité à y reconnaître un ancien tombeau de famille ; les divers fours à cercueils qu'il renferme ne laissent aucun doute à ce sujet.

M. le docteur Ross n'a point visité ce tombeau. Il raconte[1] que, derrière Symbülli, on le conduisit à d'anciennes carrières, « où il y a, dit-il, quelques tombeaux creusés dans le roc, dont l'un porte le nom superbe de tombeau des Ptolémées (*la tomba dei Tolomei*), parce qu'on y a découvert une monnaie d'un Ptolémée; mais mes compagnons ne réussirent pas à le trouver. Tous ces espaces étaient en dedans de l'ancien mur d'enceinte de la ville. »

On voit que M. Ross ne s'est pas donné la peine de réfuter la désignation du *tombeau des Ptolémées*, sans doute parce qu'il la regardait comme tout à fait arbitraire et comme ne reposant que sur une preuve bien faible, celle de la découverte d'une médaille frappée

1. *Reisen auf den griechischen Inseln*, p. 91.

au coin d'un Ptolémée dans l'intérienr de ce monument. Effectivement une pareille désignation est plus que hasardée; elle supporte à peine l'examen.

L'histoire nous apprend, il est vrai, que, lors du fameux siége de Rhodes par Démétrius, Ptolémée, fils de Lagus, roi d'Egypte, envoya aux Rhodiens 300 000 artabes, (138 000 kectolitres) de blé et de légumes, et que ceux-ci, par reconnaissance, lui élevèrent ensuite un temple appelé *Ptolemæum* : nous savons aussi que plus tard un autre Ptolémée, le troisième du nom (Évergète), se signala par ses bienfaits envers la ville de Rhodes, à laquelle le tremblement de terre de 222 avant J.-C. venait de faire subir d'immenses désastres; mais que l'un ou l'autre de ces princes ou bien quelque autre monarque Égyptien du même nom se soit fait enterrer à Rhodes, et qu'on ait érigé ce tombeau en son honneur, c'est là une chose peu vraisemblable et qu'à moins de preuves plus convaincantes que celles que l'on tire de la médaille en question il est difficile d'admettre. M. Ross a donc raison de ne pas perdre son temps à combattre cette supposition, mais, d'un autre côté, il a tort lui-même, lorsqu'il ajoute : « tous ces espaces étaient en dedans de l'ancien mur d'enceinte. » Il me parait au contraire certain, bien que les traces de cet ancien mur soient presque effacées et qu'il soit impossible de les suivre exactement, que ces carrières, ces catacombes et cette nécropole n'étaient pas comprises dans le périmètre de la cité antique : je ne crois pas même que la colline Symbülli en ait fait partie. Qui ignore en effet que les

Grecs n'avaient pas l'habitude d'enfermer les cimetières dans l'intérieur des villes? Et si nous avons trouvé plusieurs tombeaux sur le plateau de l'ancienne acropole de Rhodes, ces tombeaux, comme je l'ai dit, étaient probablement réservés aux prêtres qui, par exception, pouvaient être quelquefois inhumés près des temples qu'ils desservaient : mais ici, ce ne sont pas quelques tombeaux isolés; ce sont des catacombes et une véritable nécropole. Car, outre le grand tombeau que j'ai décrit, il y a en cet endroit une foule d'autres, également creusés dans le roc, qui presque tous sont mutilés et brisés; les uns très-simples et n'offrant rien de remarquable; les autres, au contraire, décorés de petits frontispices et ornés de moulures finement exécutées, mais qui la plupart sont très-dégradées.

CHAPITRE XIV.

PETIT ATABYRIS, SORTE DE SUCCURSALE DE LA GRANDE MONTAGNE DE CE NOM. — SONDOURLI. — FONTAINES ANTIQUES. — RESTES DE DEUX ANCIENS SANCTUAIRES CONSACRÉS PROBABLEMENT JADIS AUX NYMPHES. — QUELQUES VILLAS EN RUINES. — CHAUSSÉE ANTIQUE, RÉPARÉE A L'ÉPOQUE DES CHEVALIERS.

Un autre site ravissant qui, dès l'antiquité, de même que celui de Symbülli, devait être pour les habitants de Rhodes un but de promenade favori, est celui qui aujourd'hui porte le nom Turc de *Sondourli*. J'ignore quel pouvait être celui qu'on lui donnait autrefois. Il est éloigné du faubourg Néo-Maras d'environ 4 kilomètres vers le S.-O. Deux routes y conduisent, l'une qui longe la crête occidentale du mont Saint-Etienne, puis celle d'un autre plateau un peu plus élevé, pour descendre ensuite dans la vallée de Sondourli; l'autre, qui cotoie le rivage et tournant à gauche au bout de trois quarts d'heure de marche, mène par une pente assez douce à cette même vallée. Prenons d'abord la première route.

Après avoir gravi le mont Saint-Étienne, autrement dit le mont Smith, et en avoir suivi le bord occidental dans toute sa longueur, on arrive à une espèce d'échancrure, et c'est là, à mon avis, qu'il faut placer au S.-O. l'extrême limite du mur d'enceinte. Cette coupure est comme une sorte de fossé naturel qui, en cet endroit, sépare le mont Saint-Étienne d'un autre plateau qui le surpasse d'environ 15 à 20 mètres de hauteur. Ce dernier plateau paraît avoir été jadis, du côté de la mer, entouré d'un mur dont on distingue encore les vestiges l'espace de 400 pas. Les pentes sont moins abruptes et moins rocheuses que celles du mont Saint-Étienne. Dans l'antiquité, il s'appelait Atabyron ou Atabyris, de même que la montagne la plus haute de l'île. Appien[1] nous apprend qu'il y avait également un temple de Jupiter Atabyrius et que ce fut du haut de ce mont que Mi-

1. *De bello Mithridatico*, XXVI et XXVII.

thridate, quand il assiégea Rhodes, donna à ses troupes, au moyen de feux allumés, le signal d'un assaut général par terre et par mer. Ceux qui ont cru qu'il s'agissait ici dans cet historien du grand mont Atabyron, situé au centre de l'île, se sont étrangement trompés. Comment croire en effet que, pour attaquer la ville, Mithridate ait fait donner le signal de l'assaut d'une distance de 40 kilomètres au moins? Mais une autre raison péremptoire qui empêche d'admettre cette opinion, c'est que des feux allumés sur le grand mont Atabyron n'auraient été aperçus ni de sa flotte, ni de son armée de terre, attendu que le plateau qui nous occupe en ce moment leur en eût dérobé la vue. Ce petit Atabyron, jadis sorte de succursale et de dépendance de la grande montagne de ce nom, est actuellement désert et envahi par des broussailles et de hautes herbes. J'y ai en vain cherché les débris du temple de Jupiter Atabyrius et de la demeure habitée par le collége des prêtres atabyriastes, collége dont l'existence nous a été révélée par une inscription trouvée à Rhodes près de l'hôpital des chevaliers de Saint-Jean et qui a été reproduite par M. Ross, dans son *Recueil d'inscriptions grecques inédites*[1]. Les seuls vestiges antiques reconnaissables que j'aie remarqués sur ce plateau sont ceux du mur dont j'ai fait mention et qui me paraît être celui que les soldats de Mithridate eurent à forcer, comme le rapporte Appien[2], avant de s'emparer de cette hauteur qui, com-

1. *Inscript. ined. III*, N° 282.
2. *Loco citato*.

mandant l'acropole de la ville, était pour eux un point très-important à occuper.

Arrivé à l'extrémité méridionale du petit Atabyron, on aperçoit à ses pieds une belle vallée qui s'arrondit en demi-cercle et qui s'abaisse comme par étages successifs jusqu'à la mer.

En descendant dans cette vallée, l'un des premiers objets que l'on rencontre est une fontaine recouverte d'une chapelle qui semble byzantine. Quant au petit canal souterrain qui amène les eaux de la fontaine, c'est évidemment un ouvrage antique. A côté de cette chapelle, le sol est jonché de plusieurs débris de plaques de marbre et de tronçons de colonnes qui, très-probablement, sont les restes d'un ancien sanctuaire consacré aux nymphes.

Si l'on continue à s'avancer à travers de hauts cyprès mêlés de pins, on parvient bientôt à une place qu'ombragent trois vieux platanes, et près de là coule une autre fontaine dont les eaux dérivent d'un petit canal voûté, d'origine antique, avec des réparations plus modernes. Quelques ruines, consistant en fragments d'entablement et de colonnes de marbre mutilées, avoisinent cette deuxième fontaine qui, comme la première, était peut-être jadis dédiée aux nymphes et consacrée par un sanctuaire.

Trois ou quatre villas, aujourd'hui complétement délabrées et qui paraissent dater de l'époque des chevaliers, avaient été construites dans ces lieux charmants. Plusieurs bosquets d'orangers, de citronniers et de grenadiers s'élèvent encore à l'entour, et çà et là quelques vieux palmiers embellissent cette solitude.

La vallée de Sondourli s'abaisse, vers la mer, par des pentes assez douces, et on descend jusqu'au rivage par une jolie route bordée de larges pierres qui servent de trottoir et qui sont presque toutes antiques. Le milieu de la chaussée est pavé avec des galets et de petits cailloux de différentes couleurs, agencés ensemble et qui forment une espèce de mosaïque, qu'on retrouve partout dans l'île de Rhodes et que, pour mon compte, je regarde comme une tradition des temps helléniques, perpétuée d'âge en âge dans cette île jusqu'à l'époque actuelle.

Avant d'atteindre la plage, on passe devant quatre à cinq misérables cabanes, où vivent loin des hommes une dizaine de malheureux lépreux. Il est à remarquer que, dans la plupart des îles grecques asiatiques, chaque centre de population un peu important est obligé de reléguer ainsi à l'écart quelques infortunées victimes de ce mal contagieux et incurable qui, de l'Orient où il existe encore, principalement en Palestine et en Syrie, pousse ses ravages jusque dans les îles les plus salubres de la Grèce.

Quel nom, dans l'antiquité, portait cette gracieuse vallée de Sondourli? je ne puis le dire d'une manière positive; mais, peut-être, faut-il voir là l'*Elysion* dont il est question dans l'*Etymologicum Magnum*.

« Λέγεται δὲ Ἠλύσιον καὶ ἱερὸν πεδίον περὶ Ῥόδον. »

Ce champ sacré, surnommé Elysien, aux environs de Rhodes, ne serait-ce pas, par hasard, le bassin supérieur de Sondourli, où nous avons signalé les débris de deux sanctuaires antiques et que, pour la beauté de son site, la fraîcheur de ses ombrages et l'agrément de ses deux sources, les anciens avaient pu comparer poétiquement à l'Elysée lui-même, ce séjour fortuné des bienheureux dans l'autre vie?

Poursuivons maintenant nos explorations, et parcourons pas à pas l'intérieur de l'île dont nous connaissons actuellement la capitale et les deux environs les plus remarquables.

CHAPITRE XV.

DESCRIPTION DES PRINCIPALES LOCALITÉS DE L'INTÉRIEUR DE L'ÎLE, EN COMMENÇANT PAR LA CÔTE ORIENTALE. — ASGOUROU. — RUINES DU MONASTÈRE SAINT-ÉLIE. — KOSKINOU. — KALITHIÆS. — ERIMOKASTRON. — APHANDOU. — PSITOS. — ARKHIBOLI.

Pour comprendre les détails que je vais donner dans ce chapitre et dans ceux qui suivront, je prierai le lecteur de vouloir bien consulter la carte anglaise de Spratt, que j'ai reproduite fidèlement, à quelques modifications près qui m'ont paru nécessaires, et qui est, sans contredit, la plus exacte et la plus complète de toutes celles qu'on a faites jusqu'ici de l'île de Rhodes. Je parcourrai, tour à tour, chacun des 47 villages qui sont épars, soit dans l'intérieur, soit sur les côtes de l'île, m'arrêtant de préférence à ceux qui rappellent des souvenirs antiques ou qui, par les débris qu'ils offrent aux regards du voyageur, méritent une attention plus particulière.

Je suivrai, dans cette description, l'itinéraire que j'ai adopté moi-même dans mon exploration, et, partant de Néo-Maras avec mon lecteur, je le promènerai d'abord tout le long de la côte orientale pour le ramener ensuite au point de départ par la côte occidentale, après avoir en même temps rayonné en tous sens dans le cœur même du pays.

Asgourou. — Si l'on quitte Néo-Maras pour parcourir l'île en commençant par la côte orientale, quand on a franchi, au-delà de Cato-Maras, le beau pont antique que j'ai décrit plus haut et passé au milieu de la vaste nécropole dont j'ai également parlé, on traverse bientôt un torrent peu large et peu profond, appelé *Agrullidi*, et qui coule à 3 kilomètres et demi de distance de Néo-Maras. Le long de ses bords on remarque une ligne assez étendue de grandes pierres helléniques qui sont les restes d'un long mur antique.

Deux kilomètres plus loin, serpente un autre ruisseau appelé *Kaour potamos*. Des lauriers-roses, des myrtes, des lentisques et des agnus-castus en bordent les rives. Son eau peu abondante en été ne tarit cependant jamais complétement et fait tourner plusieurs moulins.

A droite de la route que nous suivons, à une distance d'environ deux kilomètres, dans une belle et riche campagne, sont disséminées une centaine de maisons, la plupart habitées par des Turcs et dont la réunion constitue le village d'Asgourou.

Ruines du monastère Saint-Elie. — Plus loin, vers le S., et en se rapprochant de la mer, au-delà d'un torrent très-profondément encaissé en quelques endroits et dont les berges escarpées sont couvertes de pins, de cyprès et de sapins, on trouve, sur le sommet d'une montagne rocheuse, les ruines d'un petit monastère consacré jadis à saint Élie. Il se composait d'une chapelle et de six à sept maisons voûtées ne contenant chacune qu'une seule pièce. Dans le sanctuaire de cette chapelle, c'est-à-dire dans l'hagion, j'ai aperçu un autel tumulaire antique, en marbre gris avec l'inscription suivante :

ΦΙΛΩΤΕΡΑ
ΚΑΒΑΛΙΣΤΑ.

Cette montagne, complétement déserte, n'a d'autres habitants que de nombreuses abeilles qui vont butinant parmi les touffes de thym sauvage dont elle est comme revêtue. Elle s'avance à l'E. dans la mer, en forme de promontoire. A la pointe qui la termine est un rocher qui offre, jusqu'à un certain point, l'image d'un bœuf et qui, à cause de cette apparence, a reçu le nom de Bodi[1], dénomination qu'il a communiquée au promontoire lui-même. Deux petites anses avoisinent cette pointe, à droite et à gauche.

De là au village de Koskinou il y a trois kilomètres de distance vers l'O.

1. Βόδι, pour βόδιον, diminutif de βοῦς, bœuf; on prononce plus souvent *vodi.*

Koskinou. — Le village ou, pour mieux dire, le bourg de Koskinou, est l'un des plus considérables de l'île, car il renferme 280 maisons, c'est-à-dire 280 familles ou environ 1400 habitants, tous Grecs. Il est situé sur un plateau qui, vers le S., s'arrête brusquement devant une vallée abrupte, au fond de laquelle roule un torrent qui porte le même nom. Les habitants de Koskinou sont ou carriers ou muletiers; actifs et entreprenants, ils jouissent d'une certaine aisance relative; aussi les maisons y sont-elles généralement mieux bâties que celles de plusieurs autres communes de l'île. Elles n'ont d'ailleurs qu'un rez-de-chaussée et consistent en une seule chambre divisée quelquefois par deux ou trois compartiments en bois et qui n'a pour tout ornement qu'une nombreuse vaisselle en faïence ou en porcelaine, appendue aux quatre murs : car c'est là, comme je l'ai dit, l'espèce de luxe qui paraît le plus recherché dans l'île de Rhodes. Deux églises, l'une dédiée à saint Georges, et l'autre à la Vierge Conductrice (Παναγία Ὁδηγητρία), sont les paroisses du bourg. Du reste, une localité aussi importante et l'une même des plus populeuses de l'île n'a aucune école; les papas des deux paroisses se contentent d'apprendre à lire à quelques enfants.

Aux environs de Koskinou, on m'a montré plusieurs chambres sépulcrales antiques, taillées dans le roc, des cavernes artificielles et de vastes carrières occupant une grande étendue du mont Dracon. Ce mont, qui sépare Trianda de Koskinou, a été profondément creusé et le long de ses flancs et sur son plateau supérieur. Il est presque entièrement composé d'énormes blocs de grès. L'ouverture de ces immenses excavations date très-probablement de la fondation de la capitale. En effet, quand il fut question de jeter les fondements de cette grande ville, l'architecte Hippodamus, chargé de diriger les travaux, dut chercher tout à l'entour dans les collines et dans les montagnes voisines les matériaux les plus propres aux gigantesques constructions qu'il méditait, et c'est alors sans aucun doute qu'on exploita les carrières de Symbülli et qu'on ouvrit en même temps celles du mont Dracon.

La dénomination de ce mont[1] se rattache peut-être aux antiques traditions du pays sur l'existence des serpents monstrueux qui, dans l'origine, auraient infesté l'île de Rhodes, à moins qu'elle ne remonte pas au-delà du moyen âge et qu'elle n'ait pour point de départ la légende merveilleuse du fameux dragon tué par le chevalier Dieudonné de Gozon.

Au pied de la montagne coule un torrent du même nom et dont les bords sauvages et escarpés, ombragés çà et là par de beaux arbres, présentent un aspect des plus pittoresques. Dans certains endroits les berges en ont été taillées à pic par la main de l'homme. Ce ravin s'élargit vers Koskinou, et il forme, au S. de ce bourg, la vallée profonde et boisée dont j'ai parlé plus haut.

Un assez grand nombre de grandes pierres helléniques éparses çà et là et qui servent le plus ordinairement à délimiter maintenant les propriétés, plusieurs autels

1. Δράκων, dragon, serpent.

tumulaires en marbre bleuâtre et les chambres sépulcrales que j'ai mentionnées indiquent que le bourg de Koskinou est antique, et tout porte à croire qu'il a gardé sa dénomination primitive. Nous savons qu'en Lydie il y avait une ville que Strabon[1] appelle Κοσκινία et Pline[2] *Coscinus*.

Le mot κόσκινον signifie crible. L'étymologie de Koskinou viendrait-elle de ce que le sol aux environs de ce bourg est en quelque sorte percé comme un crible, par suite des excavations qu'on y a pratiquées pour en extraire des pierres à bâtir, ou de ce que les habitants étaient jadis renommés pour la fabrication des cribles, ou bien Koskinou serait-il une colonie de la ville Lydienne, citée par Strabon et par Pline et qui lui aurait communiqué son nom?

Kalithiæs. — Deux heures de distance au moins séparent le bourg de Koskinou de celui de Kalithiæs. Après avoir franchi le torrent de Dracon, on contourne une montagne couverte de pins et de cyprès, puis on traverse au bout d'une demi-heure un autre torrent, sur un pont dont l'arche unique est en ogive très-aiguë et qui très-vraisemblablement est un ouvrage des chevaliers.

Quelques centaines de pas plus au S. on rencontre un troisième torrent qui coule dans un lit très-large et se dessèche complétement en été. De superbes touffes de lauriers-roses remplissent la vallée où il s'étend. Celle-ci est dominée par des hauteurs aux quelles mon

1. XIV, p. 191, édit. Tchn.
2. *Hist. nat.*, V, 29.

guide donnait le nom de *Franco-Vouno* ou montagne des Francs.

Quatre kilomètres au-delà est un petit monastère dont la chapelle est sous le vocable de la *Panagia-Eleousa* ou Notre-Dame-de-la-Miséricorde. Elle est desservie par un vieux moine qui vit là paisible et solitaire. De magnifiques chênes vélanèdes, les plus beaux que j'aie vus dans l'île, croissent à l'entour.

Enfin on arrive à *Kalithiæs*. Ce village, comme son nom l'indique, est situé dans une jolie position. Il est habité par 110 familles grecques. Les campagnes environnantes sont très-fertiles et parsemées de gros oliviers et de grands chênes vélanèdes.

Erimokastron. — Au S. du village, un torrent s'est creusé un lit très-escarpé entre deux collines; une fois parvenu dans la plaine, il se divise en deux branches; son nom est *Potos* et la vallée qu'il arrose avant de se jeter à la mer porte celui de *Psalido-Cambo* parce qu'elle a la forme d'une grande paire de ciseaux ouverte[1]. Près de l'embouchure de ce torrent se dresse une montagne solitaire, hérissée de roches gigantesques. Son plateau supérieur, là où il est accessible, c'est-à-dire du côté de la terre, est environné d'un mur épais de deux mètres et construit sans ciment avec de gros blocs de dimensions et de formes différentes, entassés les uns sur les autres. L'emplacement d'une porte est encore visible. Du côté de la mer, on ne découvre aucune trace de mur : là en effet il était inutile, car la pente du mont est

1. Ψαλίς, ciseaux, et κάμβος, plaine.

presque verticale. Le pourtour de cette enceinte fortifiée mesure environ 450 pas. L'intérieur en est actuellement embarrassé par un fourré presque inextricable d'arbousiers, de lentisques et de chênes-verts.

A quelle époque remonte cette espèce de citadelle, appelée encore aujourd'hui par les habitants Erimokastron[1] ou le *château solitaire?*

Les renseignements de l'histoire ou de la tradition nous manquent complétement à ce sujet. Mais, à en juger par l'aspect tout primitif de cette enceinte, ce genre de construction cyclopéenne à grand appareil polygonal dénote une antiquité très-reculée.

Aphandou. — Après avoir franchi les deux bras du torrent qui sillonne la vallée de Psalido-Cambo, laquelle est plantée de vignes et d'oliviers et produit en outre du blé, de l'orge et du tabac, on trouve, à 3 kilomètres au S., un autre cours d'eau bordé de lauriers-roses, et bientôt, à travers un bois d'oliviers, on parvient à Aphandou. Ce village est entouré de trois côtés par des hauteurs qui semblent le cacher; de là probablement la dénomination qu'on lui a donnée[2]. Il se compose d'une centaine de maisons habitées par autant de familles grecques. Le territoire qu'il possède s'étend jusqu'au bord de la mer et consiste en une belle et riche vallée, partagée entre les habitants par de petits murs ou par des haies et où l'on admire de jolis ver-

1. Ou plutôt *Erimokastro* (Ἐρημοκαστρό), par la suppression du ν final.

2. Ἀφάνδου pour Ἀφάντου, *invisible*. Les Grecs modernes adoucissent souvent la prononciation du τ, qui se change alors en δ.

gers plantés d'oliviers, de figuiers, de grenadiers, de mûriers et de vignes.

Le sol, déjà très-fertile par lui-même, le devient encore davantage au moyen de nombreuses irrigations.

A quelques minutes du village, dans un jardin, on m'a montré les vestiges d'une tour carrée actuellement détruite et dont les fondations, encore visibles, indiquent une construction soit de l'époque des chevaliers, soit même de l'époque byzantine. Cet endroit a retenu le nom de Kastro. Près de là sont les ruines d'un autre édifice qui date du moyen âge, et un peu plus loin s'élève une petite chapelle qui semble avoir été construite sur l'emplacement et avec les matériaux d'un sanctuaire antique. On y remarque plusieurs fûts d'anciennes colonnes de marbre, et à l'entour apparaissent encore enfoncés dans la terre d'autres fragments de marbre et de grandes pierres helléniques.

Le village occupe lui-même la place d'une localité antique, comme le prouvent les médailles et les pierres taillées que l'on a trouvées plus d'une fois en creusant le sol, et il est à présumer que cette localité portait jadis la même dénomination qu'aujourd'hui, dénomination résultant de sa position entre des hauteurs qui la dérobent à la vue.

Psitos. — D'Aphandou à Psitos il y a deux grandes heures de marche, en se dirigeant vers le N.-O.-O., à travers des montagues incultes ou dont quelques pentes seulement sont cultivées, et qui sont déchirées par de nombreux ravins que les eaux ont creusés. Psitos est situé dans une vallée arrosée par un torrent nommé *Vasouli*. C'est un village où l'on ne compte qu'une soixantaine de maisons. Il est environné de jardins où une végétation très-active se déploie aux regards. Les restes d'une ancienne tour carrée, ont les assises inférieures existent encore et que les habitants désignent toujours par le nom de *Kastro*, sont très-certainement de la même époque que ceux de la tour, également ruinée, du village précédent.

Psitos est exclusivement habité par des familles grecques; il en est de même d'*Arkhiboli*, qu'on rencontre 7 kilomètres plus au S.

Arkhiboli.—Le sentier qui conduit à ce village est très-accidenté : il monte et descend tour à tour. Il faut franchir successivement deux torrents, dont l'un, profondément encaissé, s'appelle *Koutzouras*, et l'autre, du nom de *Loutanis*, se répand en plusieurs lits dans une vallée couverte de sycomores, de platanes et de caroubiers et principalement de touffes gigantesques de lauriers-roses. Au-delà de cette vallée, on gravit une montagne couronnée de jeunes pins et de cyprès, puis, en redescendant, on aperçoit, sur un monticule rocheux, le village d'Arkhiboli, assemblage de 35 maisons groupées autour d'une église. Chaque famille a son jardin planté de figuiers, de grenadiers, de mûriers et d'oliviers.

La petitesse de ce village contraste avec le nom pompeux qu'il porte[1], et l'on pourrait peut-être s'ima-

1. *Arkhiboli* a pour étymologie ἀρχὴ et πόλις. Le mot s'écrit en grec Ἀρχίπολι, et se prononce Ἀρχίβολι, par l'adoucissement du π.

giner que ce n'est plus là que le faible reste d'une localité antique importante ; mais aucunes ruines et aucune tradition n'autorisent cette conjecture. M. Ross[1] écrit le nom de ce village sans aspiration, Arkiboli (Ἀρκιβόλη), à la place d'Arkhiboli (Ἀρχίπολι). L'étymologie alors en serait différente; mais je crois que ce savant s'est trompé, et je maintiens le mot tel que je l'ai écrit; car c'est ainsi que l'ai entendu prononcer.

CHAPITRE XVI.

ARCHANGÉLO. — MALLONA. — RUINES CONNUES AUJOURD'HUI SOUS LE NOM DE CAMIROS. — MASSARI. — KALATHOS.

Archangélo.—D'Arkhiboli à Archangélo la distance est de 6 kilomètres et demi dans la direction du S.-E. On commence par escalader péniblement des hauteurs boisées, pour redescendre ensuite dans une vallée qu'ombragent de jolis bouquets de pins élancés et qui est dominée au N. et au S. par deux montagnes hautes de 500 mètres. La première s'appelle *Hyampeli* et la seconde *Niso;* elles sont toutes les deux inhabitées et incultes, principalement la dernière, qui n'offre aux regards qu'une masse énorme de rochers entassés et dont

Le ς final est supprimé, suppression très-commune parmi les Grecs modernes pour un grand nombre de mots.

1. Ross, *Reisen auf den griechischen Inseln*, p. 112.

le nom Niso (Νῆσο)[1] lui vient sans doute de ce qu'elle apparaît au-dessus des vallées qui l'environnent comme une île montagneuse et escarpée au milieu de la mer.

La vallée qui court entre ces deux montagnes, de boisée et onduleuse qu'elle est d'abord, se change en une plaine unie et dépouillée d'arbres, quand on est près d'arriver à Archangélos.

Archangélos, qu'on prononce plus habituellement Archangélo, est l'un des villages les plus importants de l'île. Il se compose de 300 maisons habitées par autant de familles grecques. Une église à moitié ruinée et un grand puits datent de l'époque byzantine. La paroisse actuelle, réparée tout récemment, est assez vaste et entretenue avec soin. Ce bourg est commandé, à l'E., par un monticule escarpé et rocheux, sur le plateau duquel est assis un petit fort long de 120 pas et large de 50. La façade principale regarde le village; là était la porte d'entrée, aujourd'hui détruite; là aussi se voient encore maintenant, encastrées dans le mur, des armoiries consistant en deux croix, l'une simple et l'autre ancrée. Ce fort existait déjà quand les chevaliers s'emparèrent de l'île; mais il fut alors réparé par eux. Abandonné depuis longtemps, il commence à tomber en ruines; à l'intérieur, tout est démoli et bouleversé.

A droite du bourg, c'est-à-dire au S., le mont Archangélo présente ses flancs abruptes et ses cimes pyramidales dont la plus haute à 775 mètres d'élé-

1. Νῆσο pour Νῆσος, île.

vation. L'une d'entre elles s'appelle Saint-Élie, et on y a construit une petite chapelle en l'honneur de ce prophète.

Dans la direction de la mer, à l'E., un kilomètre au-delà d'Archangélo, on a signalé à mon attention plusieurs tombes antiques creusées dans le roc et à côté les débris d'une chapelle byzantine. En continuant à m'avancer vers le rivage à travers des champs inclinés en pente douce, j'ai remarqué une quantité considérable de pierres, de briques et de tessons épars, occupant un vaste espace, surnommé pour cette raison *Keramidi* et qui était certainement habité jadis. On peut inférer de ces ruines que le bourg primitif était sur le bord de la mer et qu'il avait une petite marine, grâce à deux criques que la côte offre en cet endroit. Plus tard, il se sera reculé dans l'intérieur, pour échapper sans doute aux dévastations des pirates qui, de temps à autre, y opéraient des descentes. J'ignore quel était le nom de cette localité antique; quant à celui d'Archangélo, il date évidemment de l'ère chrétienne.

J'ai fait la connaissance dans ce bourg d'un papas fort intelligent et qui paraît exercer beaucoup d'influence dans la contrée. Il a fondé, près de la paroisse dont il est le curé, une école qu'il dirige lui-même et qui est fréquentée par trente à trente-cinq enfants. Ce fait mérite d'être noté dans une île où, en dehors des faubourgs de la capitale, l'instruction des enfants est si complétement négligée.

Un autre détail, que je signalerai en passant, c'est

l'élégant costume que portent les femmes d'Archangélo lors des grandes fêtes de l'année. Il consiste en une jupe de soie rouge et une petite veste de velours noir ornée de broderies en fils d'or. Sur leur tête elles jettent un léger voile blanc : une ceinture de soie rouge est nouée autour de leur taille qu'elle dessine. Ce gracieux habillement, qui leur sied à merveille, surtout lorsqu'elles sont encore jeunes et que le hâle du soleil n'a point trop desséché la fleur de leur teint, est dû en grande partie au travail de leurs mains ; car beaucoup d'entre elles s'occupent pendant l'hiver au dévidage de la soie et à des ouvrages de broderie.

Mallona. — Entre Archangélo et Mallona l'intervalle est de 5 kilomètres. La direction que l'on suit est celle du S.-S.-O. Le chemin serpente autour d'une montagne sur les flancs de laquelle on trouve les restes d'une chaussée antique; puis l'on entre dans une riche et verdoyante vallée arrosée par un torrent qui se divise en plusieurs ruisseaux : le sentier qui mène à Mallona est étroit et bordé de lentisques, de myrtes, de chênes-verts, d'arbousiers et de genêts épineux. De beaux vergers couvrent une grande partie de la vallée et sont plantés d'arbres fruitiers de toutes sortes; la vigne y prospère aussi très-bien. On la laisse grimper jusqu'au faîte des arbres, ou bien, taillée assez bas, elle rampe à terre.

Mallona est un village de 120 maisons. Les habitants, tous Grecs, paraissent jouir d'une certaine aisance, grâce à l'excellence du terroir qu'ils cultivent.

Remarquons le rapport qui existe entre la dénomination de ce village et celle des bourgs antiques de *Malon* dans l'île de Chypre [1] et de *Mallos* en Cilicie [2].

Ruines dites de Camiros. — 6 kilomètres au S.-E. de Mallona, des ruines importantes avoisinent le bord de la mer. On rencontre en premier lieu une nécropole antique occupant une plate-forme rocheuse dont la surface a été creusée en un grand nombre de petits compartiments séparés qui imitent des espèces d'auges rectangulaires. Tous ces tombeaux ont été fouillés, et les pierres qui leur servaient de couvercles ont été brisées pour la plupart. On distingue aussi plusieurs chambres sépulcrales et des fours à cercueils, identiques, pour la forme, à ceux qui abondent près de l'ancienne capitale.

A 300 pas au N. de cette nécropole, deux grandes citernes antiques et des espèces de silos creusés en entonnoirs renversés et revêtus intérieurement d'un ciment très-puissant m'ont présenté tous les caractères des excavations de même nature en Palestine et en Phénicie.

Au S., la plaine, jusqu'à la mer et jusqu'à l'embouchure d'un large torrent dont le lit se dessèche pendant l'été, est couverte d'une quantité énorme de pierres éparses ou amoncelées, débris d'anciennes constructions entièrement démolies et rasées. A 200 pas d'une petite baie qui, autrefois, servait de port et qui est protégée contre les vents du S. par un banc de rochers demi-circulaire et constituant une

1. Diod, XIII, 3.
2. Strabon, XIV, p. 231. Tchn.

sorte de môle naturel, j'ai déchiffré sur une plaque de marbre brisée, près de laquelle gisaient quelques tronçons de colonnes, une liste de prêtres chargés de l'entretien d'un temple en l'honneur de Neptune Équestre : Ποσειδᾶνος Ἵππίου. Il y avait donc en cet endroit un sanctuaire consacré à ce dieu, sanctuaire dont les dimensions étaient peu étendues, à en juger par le diamètre de ces fragments de colonnes. Tout le monde sait que l'épithète d'Équestre ou de Ἵππιος est souvent donnée par les anciens à Neptune, pour avoir, suivant la fable, fait sortir de terre le premier cheval, de même que Minerve en fit jaillir l'olivier. Comme la ville dont nous foulons maintenant les vestiges était maritime, il est tout naturel qu'elle ait érigé un temple à la grande divinité de la mer.

Au N. de la baie que j'ai mentionnée, un mont isolé, ressemblant à un immense cône tronqué, fait saillie dans la mer en forme de promontoire, et ses parois latérales sont presque partout flanquées de roches énormes et perpendiculaires. Il peut avoir 1100 mètres de circonférence à sa base et 400 à son sommet : sa hauteur est d'environ 150 mètres. Il est couronné par les ruines d'une forteresse qui occupe, sans aucun doute, l'emplacement d'une acropole antique et qui date elle-même de l'époque des chevaliers ou du moins qui a été réparée par eux, comme l'indiquent les armoiries qu'on voit encore encastrées dans les murs. Une seule porte donne accès dans l'intérieur de cette forteresse. Pour y monter, on gravit un escalier en pierre dont les degrés ont été ménagés sur la pente d'une longue chaussée maçonnée, qui s'élève en tournant jusqu'au sommet du mont. Une fois parvenu sur le plateau supérieur, on se trouve environné d'une enceinte de hautes murailles épaisses de deux mètres et munies, de distance en distance, de tours rondes à demi-renversées. Au-dedans, c'est un bouleversement confus et un véritable chaos de pierres entassées appartenant à des constructions jetées à terre. On reconnaît cependant encore les traces d'une chapelle, celles d'un bâtiment qui semble avoir été la demeure du gouverneur de la place et les restes d'une vingtaine de petites maisons écroulées qui devaient servir d'habitations aux soldats. On remarque aussi plusieurs magasins voûtés taillés dans le roc ou maçonnés et surtout une magnifique citerne parfaitement conservée, profonde de 7 mètres et en mesurant 12 sur chaque face.

Si les débris antiques qui autrefois devaient exister sur cette acropole ont entièrement disparu, c'est qu'ils auront été employés comme matériaux de construction, lorsque la forteresse fut bâtie.

Quel était jadis le nom de cette localité? Les habitants lui ont gardé celui de Camiros, et Hamilton[1] pense que ce sont là les ruines de l'une des trois anciennes cités de l'île. Il fait observer que l'épithète de *blanche* donnée par Homère[2] à Camiros (ἀργινόεντα Καμεῖρον) s'accorde très-bien avec l'apparence des lieux. Mais, comme le montre M. Ross,[3] l'assertion de

1. *Asia Minor*, t. II, p. 53.
2. *Iliad. II*, v. 656.
3. *Reisen auf den griechischen Inseln*, p. 110.

ce voyageur est erronée, attendu que, d'après le témoignage positif de Strabon, Camiros doit se chercher sur la côte occidentale de l'île et non point sur sa côte orientale. Néanmoins, j'avouerai que, contrairement à l'opinion de M. Ross, qui croit qu'Hamilton a mal entendu ce qu'on lui disait et que l'ignorance du grec moderne l'a égaré, les habitants des villages voisins donnent bien réellement le nom de Camiros à la localité que nous venons d'examiner. Ceci pourrait faire supposer que dans l'antiquité il y avait deux villes du même nom dans l'île de Rhodes, l'une sur la côte orientale, c'est-à-dire celle dont il s'agit en ce moment, et l'autre sur la côte occidentale, dont nous parlerons bientôt et qui avec Lindos et Ialysos se partageait la suprématie de l'île et était la Camiros citée par Homère, par Thucydide, par Pline, par Strabon, etc.

Si la dénomination assignée par les habitants à cet endroit se fonde sur une tradition véritable, il faut admettre cette conjecture comme certaine; sinon, nous devons, jusqu'à nouvel ordre et jusqu'à plus amples recherches, nous abstenir de donner un nom à ces ruines et constater seulement que c'était un bourg très-important dominé par une acropole fortifiée ayant deux ports, l'un au N. et l'autre à l'E., avec une nécropole à l'O., et s'étendant lui-même jusqu'à la mer dans une belle et fertile plaine arrosée par un torrent.

Massari.—3 kilomètres et demi à l'O. de ces ruines est un petit village appelé Massarin et plus souvent Massari. Pour l'atteindre, on a à traverser deux torrents; l'un, celui que j'ai déjà nommé et qui sillonne la partie septentrionale de la plaine où ces débris sont dispersés, l'autre qui va se jeter à la mer au S. du précédent, sous le nom de *Fleuve-Noir*, (Μαυρὸς ποταμός), après avoir parcouru la partie centrale de la plaine.

Massari ne contient que 40 maisons, mais le territoire en est très-fertile et produit du blé, du vin, de l'huile et différents fruits.

Au S. de ce village, coule le torrent *Gadoura*, l'un des plus considérables de l'île; son lit est très-large et n'est rempli que pendant l'hiver : à l'époque des grandes chaleurs, ce n'est plus qu'un faible ruisseau. Il en est question dans Bondelmonte[1] : « In medio insulæ Artamita mons cum flumine Gadora patescunt. »

Ce mont Artamita n'est autre chose, ainsi que je le montrerai bientôt, que le mont Atabyron, au pied oriental duquel est un village nommé Artamitis.

20 minutes au-delà de ce torrent, la terre est couverte de débris, misérables restes d'un ancien bourg détruit, dont le nom même a disparu.

3 kilomètres plus loin, au pied du mont *Kalathos*, est un hameau du même nom et qui consiste en une quinzaine de maisons dont trois sont habitées par des Turcs et les autres par des Grecs ; quelques jardins l'environnent.

Vers le bas des dernières pentes du mont Kalathos, s'étend une plage très-sablonneuse, sillonnée par un torrent qui va se jeter dans une large baie.

1. Bondelmonte, *Liber Insularum Archipelagi*, p. 73.

Puis, en se dirigeant vers le S.-E., on suit une voie antique taillée en escalier dans le roc vif, et dont les degrés usés et glissants sont difficiles à monter, mais surtout dangereux à descendre. Là où le rocher manque, on a placé des marches en pierre que le temps a désunies et qui branlent presque toutes sous le pied des hommes et des mulets. C'est ainsi que l'on arrive à Lindos, ayant d'un côté la mer, à sa gauche, et de l'autre, à sa droite, une âpre montagne appelée *Krana*.

CHAPITRE XVII.

LINDOS. — DESCRIPTION DU BOURG ACTUEL. — RUINES DE L'ANCIENNE VILLE ET DE L'ACROPOLE QUI LA DOMINAIT. — UN MOT SUR L'HISTOIRE DE CETTE LOCALITÉ IMPORTANTE.

Lindos, appelée vulgairement aujourd'hui Lindo par le retranchement du ς, retranchement si fréquent dans le grec moderne, est située dans une sorte de presqu'île qui projette deux promontoires principaux vers la mer, l'un au N., connu sous le nom de *Milianos*, et l'autre au S., sous celui de *Lindo*. Du côté de la terre, sa largeur est de 5 kilomètres que remplit du N. au S. la masse du mont Krana[1], mont nu et stérile et d'une hauteur moyenne de 400 mètres.

Le bourg actuel de Lindo occupe une vallée étroite qui s'étend du N.-O. au S.-E., et qui est comprise

1. De κράνον, crâne; d'où κραναός, âpre et stérile.

entre les dernières pentes du mont Krana à l'O. et la colline escarpée sur laquelle est assise la citadelle à l'E. Cette vallée domine elle-même la mer de 60 mètres, et elle s'abaisse au N. et au S. vers deux baies dont l'une, celle du N., est vaste et formait jadis le grand port de Lindos[1]; l'autre, celle du S., est beaucoup plus petite et ne pouvait recevoir dans son sein, par une passe fort étroite, que de faibles embarcations. L'entrée de la première est un peu abritée contre les vents d'E. par deux ilots qui s'élèvent au N.-E. Dans sa partie méridionale, cette baie est accessible au vent soufflant du S.-E. Aussi était-elle défendue de ce côté par une digue dont on distingue encore les vestiges quand la mer est calme. Le bassin de ce port naturel est limité au N. par un promontoire à l'extrémité duquel on aperçoit les ruines d'une tour du moyen âge et celles d'une petite chapelle consacrée à Hagios Milianos, ce qui a fait donner à ce promontoire le nom qu'il porte. Au S., il est borné par un autre promontoire d'un développement moindre que le précédent, mais beaucoup plns élevé et dont la partie culminante formait l'acropole de Lindos. Une vallée demi-circulaire règne au bas de cette antique acropole ; la cité primitive, à l'époque de sa splendeur, l'occupait tout entière : aujourd'hui le bourg de Lindo n'en remplit que la partie moyenne.

A l'entrée de ce bourg, un magnifique platane om-

1. Ce port est probablement celui dont parle Lycophron vers 924 sous le nom de Θέρμυδρον, et Apollodore II, § II, sous celui de Θερμύδραι, comme étant celui où aborda Hercule dans l'île de

brage une fontaine publique ; puis l'on s'engage dans des rues étroites bordées de maisons qui datent, la plupart, du temps des chevaliers ou qui ont été construites postérieurement sur le modèle de celles-ci. Des arcades aiguës, ici comme à Rhodes, font par intervalle l'office d'arcs-boutants qui rejoignent les maisons entre elles d'un côté de la rue à l'autre et les soutiennent ainsi mutuellement. Un grand nombre d'entre elles sont à moitié détruites ; quelques-unes même n'offrent plus que des substructions que le temps et les hommes font disparaître de plus en plus. 120 seulement sont actuellement habitées par une centaine de familles grecques et une vingtaine de familles turques. Ces demeures sont presque toutes bâties avec une certaine régularité et ornées de moulures aux portes et aux fenêtres. Plusieurs sont précédées de vestibules et de cours pavées avec ce petit cailloutage en mosaïque que nous avons déjà eu l'occasion de remarquer en tant d'endroits différents dans l'île de Rhodes. Le plafond des chambres est composé de belles poutres de sycomore ou consiste en une multitude de petits compartiments carrés de bois peint.

L'église qui sert de paroisse aux Grecs passe pour fort ancienne. L'intérieur en est décoré complétement de peintures, mais généralement assez grossières, qui représentent divers sujets tirés soit de l'ancien, soit du nouveau Testament.

Rhodes. Cette dénomination lui venait sans doute d'une source d'eaux thermales qui l'avoisinait. J'ai oublié de m'informer si elle existait encore.

Quant à la cité antique, elle n'a d'autres traces que celles de trois monuments dont le plus remarquable est un magnifique tombeau creusé dans le roc, à l'O. de la ville. Les habitants l'appellent vulgairement *Franco-Ecclesia*, et ils prétendent que c'était autrefois un sanctuaire chrétien. Leake[1] voit là le temple de Minerve Lindia, mais Hamilton[2] et après lui M. Ross[3] ont montré très-nettement que c'était un ancien tombeau. On le reconnaîtra du reste, de manière à ne pas en douter, rien qu'à la courte description que je vais en donner.

Qu'on se figure un portique dorique taillé dans les parois d'une montagne rocheuse et formé de 12 demi-colonnes engagées dans le roc même du sein duquel elles ont été tirées, avec un entablement orné de triglyphes que surmonte un petit fronton. Ce portique a 4 mètres 70 centimètres de hauteur et 22 mètres de longueur.

Par l'effet d'un tremblement de terre, il est aujourd'hui en partie brisé et éboulé. Une porte avait été pratiquée au centre, qui permettait de pénétrer dans la chambre sépulcrale. Au-dessus du fronton régnait une sorte d'attique consistant en une bande large de 1 mètre 40 centimètres, ménagée horizontalement dans la montagne sur laquelle on avait placé quatre autels tumulaires en marbre gris-bleu : ils sont actuellement, avec les bases qui les supportaient, renversés à terre ainsi que la

1. Leake, *Asia Minor*, p. 223.
2. Hamilton, *Asia Minor*, t. II, p. 55.
3. Ross, *Reisen auf den griechischen Inseln*, p. 73.

plus grande partie de la façade, le rocher s'étant fendu et écroulé par le milieu et ayant entraîné dans sa chute les quatre autels qu'il soutenait. Ces autels ont 95 centimètres de diamètre et 80 de hauteur. Ils sont ronds et ornés de quatre têtes de bœufs sculptés qui se relient les unes aux autres au moyen d'une guirlande élégamment exécutée.

A droite et à gauche de ce portique, aux deux extrémités N. et S., le rocher forme une avance taillée et aplanie au marteau, et une niche rectangulaire pratiquée dans les parois de l'une de ces saillies contenait sans doute jadis une statue.

La chambre sépulcrale est elle-même aux trois quarts détruite ; elle devait renfermer une douzaine de fours à cercueil ; deux seulement subsistent encore presque intacts ; un troisième est à moitié brisé : les autres le sont entièrement.

En l'honneur de quel personnage fut creusé ce beau tombeau, c'est ce qu'aucune inscription jusqu'ici n'a pu nous révéler. Tout ce qu'on peut supposer, c'est qu'il fut construit pour l'une des familles les plus importantes de Lindos, à une époque où cette ville était encore florissante.

D'autres excavations funèbres que l'on remarque sur les flancs de la même montagne indiquent que la nécropole de Lindos était située de ce côté ; et si l'on n'en distingue pas un plus grand nombre, cela tient à ce que l'éboulement de plusieurs gros rochers en a dû faire disparaître une partie.

Le second des trois monuments dont j'ai fait mention, c'est le péribole, c'est-à-dire l'enceinte d'un temple antique. Les vestiges de ce péribole se voient encore au S. du bourg actuel. Il formait un rectangle, long d'environ 40 mètres, sur 23 de large. Les assises inférieures qui le délimitent ont encore en certains endroits une hauteur de 2 mètres. Elles consistent en blocs rectangulaires d'une grandeur inégale et d'un marbre gris-bleu, espèce très-commune dans cette contrée. L'intérieur de l'enceinte sacrée est maintenant occupé par une petite chapelle sous l'invocation de saint Étienne et par un cimetière dont plusieurs pierres sépulcrales sont d'anciennes dalles de marbre qui ont appartenu à ce temple, lequel est d'ailleurs complétement détruit.

A quelle divinité ce sanctuaire était-il jadis consacré? Hamilton[1] pense que ce pourrait bien être le fameux temple de Minerve Lindia, plusieurs fois mentionné chez les anciens.

Au premier abord, cette opinion paraît vraisemblable; car, sur une plaque de marbre brisée, qui se trouve en cet endroit, on lit une inscription mutilée, copiée par Hamilton, n° 298 et reproduite ensuite avec plus d'exactitude par M. Ross[2].

Dans cette inscription il est question d'un sacrificateur de Minerve Poliade et de Jupiter Polieus, divinités qui sont associées ensemble comme protectrices de la ville et qui l'étaient également à Athènes et dans l'île d'Ios.

1. Hamilton, *Asia Minor*, t. II, p. 56.
2. Ross, *Inscript. ined.*, N° 271 A. B.

Non loin de là, une base carrée en marbre grisâtre offre une autre inscription qui n'a pas manqué non plus d'être relevée par Hamilton[1] et par M, Ross[2]. La voici.

ΞΕΝΑΡΧΟΣΕΞΑΚΕΣΤΟΥΙΕΡΑΤΕΥΣΑΣ
ΑΠΟΛΛΩΝΟΣΠΥΘΑΕΩΣ
ΚΑΙΑΠΟΛΛΩΝΟΣΟΛΙΟΥ
ΑΡΤΕΜΙΔΟΣΤΑΣΕΝΚΕΚΟΙΑΙ
ΘΕΟΙΣ

Ξέναρχος Ἐξακέστου ἱερατεύσας
Ἀπόλλωνος Πυθαέως
Καὶ Ἀπόλλωνος Ὀλίου
Αρτέμιδος τᾶς ἐν Κεκοίᾳ
Θεοῖς.

Si l'inscription précédente semble faire croire que ce temple était consacrée à Minerve Poliade et à Jupiter Polieus, de celle-ci on pourrait conclure qu'il était dédié à Apollon Pythien et Ὄλιος et à Diane ou Artémis ἐν Κεκοίᾳ. L'épithète de ὅλιος donnée ici à Apollon signifie *Apollon qui fait périr, Apollon exterminateur des monstres*, à moins qu'on n'aime mieux, avec M. Ross, reconnaître dans le mot ὅλιος un terme identique à celui de οὔλιος dont le sens est : *qui guérit, qui sauve des maladies et des fléaux*; double attribut qui convient également bien à cette divinité. Quant au surnom de ἐν Κεκοίᾳ ajouté au nom d'Artémis, je me range volontiers au sentiment de M. Ross

1. Hamilton, N° 299.
2. Ross, *Inscript. ined.*, N° 272.

qui le dérive d'une localité ainsi appelée soit à Rhodes, soit ailleurs.

Pour concilier et accorder entre elles ces deux inscriptions, devons-nous en induire que ce temple avait quatre autels en l'honneur de ces quatre divinités, formant deux groupes séparés, Jupiter Polieus et Minerve Poliade d'une part, et de l'autre Apollon Pythien et Olios et Diane ἐν Κεχοίᾳ? Je n'oserais le dire ; mais ce que je puis affirmer avec certitude, c'est que le célèbre temple de Minerve Lindia n'était point là, comme l'avait pensé Hamilton, mais qu'il s'élevait sur le plateau de l'acropole. M. Ross avait deviné juste, lorsqu'il écrivait cette ligne[1]. « Il est plus probable que ce temple était situé sur la hauteur du château que je n'ai pu gravir. » Cette conjecture se serait tournée pour ce savant en conviction, s'il avait pu, comme moi, examiner cette ancienne acropole.

Le troisième monument, qui a été signalé par Hamilton et que n'a pu retrouver M. Ross, est un théâtre antique taillé dans le roc sur la pente S.-O. de la colline escarpée qui constituait cette acropole. On compte encore 16 rangs de gradins, dont 6 rangs supérieurs et 10 inférieurs, les premiers séparés des seconds par une précinction ou espèce de palier demi-circulaire comme le théâtre lui-même et large de deux mètres. Le diamètre de ce théâtre est d'environ 28 mètres. Les gradins supérieurs sont seuls assez bien conservés; les autres sont dégradés ou cachés par des éboulements du sol. L'orchestre et la scène sont couverts de débris.

1. *Reisen auf den griechischen Inseln*, p. 75.

Tels sont les seuls monuments helléniques dont il existe encore quelques ruines à Lindo ; peut-être qu'à l'époque des chevaliers on en voyait d'autres qui furent alors démolis et dont les matériaux servirent à la construction du bourg actuel.

Gravissons maintenant le plateau de l'acropole qu'Hamilton ne put visiter en 1838 et dont l'accès fut également interdit à M. Ross en 1843. Comme la garnison turque qui occupait cette citadelle l'a évacuée depuis quelques années, j'en ai trouvé les portes ouvertes ou plutôt enlevées, et rien ne m'a empêché de tout considérer à loisir.

Le Kastro de Lindo, comme l'appellent les habitants, est assis, à l'E. du bourg, sur un monticule rocheux, inaccessible de tous les côtés, excepté vers l'O., et dominant la mer au milieu de laquelle il fait saillie d'une hauteur de 170 mètres. L'entrée de la forteresse est tournée vers le bourg. Pour y arriver, on gravit d'abord une pente assez raide, puis on monte un grand escalier en pierre, à l'extrémité duquel on a à franchir une première porte qui est celle d'une enceinte inférieure. 50 marches plus haut, se présente une deuxième porte ; elle ouvre sur une plate-forme longue de 120 pas et large de 30, environnée d'un mur crénelé, et renfermant dans son sein deux vastes citernes ou plutôt deux magasins voûtés et souterrains. Plusieurs autres grands escaliers, également en pierre, interrompus par des paliers, par des corridors et par trois portes, conduisent enfin sur le plateau supérieur. Quand on a dépassé la dernière porte, on aperçoit à droite et à gauche deux tronçons de belles colonnes antiques de marbre blanc, près desquelles les gardes se tenaient autrefois en faction, et l'on se trouve bientôt en face du bâtiment qu'habitaient les gouverneurs de la place. Cet édifice date évidemment de l'époque des chevaliers dont les armoiries se voient encore encastrées dans les murs de la façade. L'intérieur des appartements a subi les ravages du temps et surtout des Turcs. Des peintures à fresque qui décoraient le dessus des cheminées ont été ou entièrement effacées ou dégradées : toutefois un écusson avec des fleurs de lys, plusieurs croix sculptées et des moulures élégantes ornent encore quelques pièces. Les croisées en pierre et découpées avec soin représentent fidèlement une croix.

Une chapelle voisine et à moitié détruite, que les habitants de Lindo continuent toujours d'appeler chapelle de Saint-Jean, avait trois nefs et trois absides demi-circulaires. Les dimensions en étaient peu considérables : elle avait 25 pas de long sur 16 de large. L'intérieur est rempli de débris entassés, parmi lesquels quelques-uns accusent un travail antique.

Non loin de cette chapelle, vers la droite, est une magnifique citerne rectangulaire mesurant 15 pas de long et 10 de large : les assises inférieures en sont helléniques et formées de pierre de taille très-régulières.

A mesure qu'on s'avance, de nouvelles ruines s'offrent à la vue : une trentaine de petites maisons, où logeaient les soldats chargés de défendre la citadelle, sont presque toutes en partie renversées. En les examinant, on reconnaît aussitôt qu'elles ont été bâties avec des matériaux antiques, et l'œil y découvre, entre autres débris, des plaques de marbre mutilées et de beaux fragments de colonnes ou d'architraves rompues.

Mais, vers l'angle S.-E. du plateau, des ruines plus remarquables encore attirent les regards. Car on s'aperçoit que cinq à six étroites habitations ont été construites sur l'emplacement d'un temple hellénique, et l'on distingue même un pan considérable de mur, parfaitement conservé, ayant appartenu à la cella. Les blocs qui le composent sont tous d'une dimension égale, à joints très-réguliers et agencés ensemble avec la plus grande symétrie. Ce temple, autant qu'il est possible de juger de son étendue au milieu des pierres et des blocs de marbre qui encombrent le sol et des constructions modernes qui occupent en partie son enceinte, n'avait qu'une médiocre grandeur qui ne dépassait pas 20 mètres de long sur 9 de large. Le pan de mur encore intact est un reste du côté occidental de la cella; du côté opposé ou oriental il subsiste aussi quelques assises inférieures sur le bord extrême du plateau, assises qui ont été surmontées d'autres plus modernes. La cella était divisée en deux compartiments; du moins, je le suppose, d'après certains vestiges de fondations que j'ai observés.

Au pronaos on remarque la base d'une colonne et la place d'une seconde.

Voici maintenant quelques inscriptions que j'ai trouvées sur l'emplacement de ce temple; quoique mutilées et incomplètes, elles jetteront, je l'espère, une lumière nouvelle sur cet antique sanctuaire.

Dans l'une des petites maisons à une seule chambre qui ont été bâties en cet endroit, une base en marbre blanc, engagée dans un mur et ayant servi autrefois à porter une statue, m'a offert les mots suivants.

ΙΛΩΤΕΙΝΑΝΑΥΤΟΚΡΑΤΟΡΑΚΑΙΣ.......

Le reste manque.

Πλωτεινὰν αὐτοκράτορα Καίσ....

Sur une base ronde également en marbre blanc qui soutenait de même une statue, j'ai lu l'inscription que voici :

ΝΙΚΟΣΙΔΑΜΟΣ
ΙΕΡΑΤΕΥΣΑΣΑΘΑΝΑΣ
ΛΙΝΔΙΑΣΔΙΟΣΓΟΛΙΕΩΣ
ΤΙΜΟΧΑΡΙΣΕΛΕΥΘΕΡΝΑΙΟΣ
ΕΓΟΙΗΣΕ

Νικοσίδαμος ἱερατεύσας Ἀθάνας Λινδίας Διὸς Πολιέως·
Τιμόχαρις Ἐλευθερναῖος ἐποίησε.

A quelques pas de là, sur une plaque de marbre, se lit le mot :

ΜΕΣΣΑΛΕΙΝΑΝ.......

Μεσσαλειναν....

Sur une autre base de marbre qui portait deux statues sont deux inscriptions qui se répondent :

L'une est celle-ci :

ΛΙΝΔΙΟΙ
ΑΓΗΣΙΣΤΡΑΤΟΝ
ΓΟΛΥΚΡΕΟΝΤΟΣ
ΝΙΚΩΝΤΑΟΛΥΜΓΙΑ
ΓΑΙΔΑΣΓΑΛΑΝ
ΓΡΑΤΟΝΛΙΝΔΙΩΝ

Λίνδιοι Ἀγησίστρατον Πολυκρέοντος νικῶντα Ὀλύμπια παῖδας πάλαν, πρᾶτον Λινδίων.

La seconde inscription qui fait face à la précédente ne présente aucun sens, parce qu'elle est très-incomplète, le marbre ayant été brisé en cet endroit.

Ailleurs, une belle plaque de marbre contient ces mots :

ΑΘΑΝΑΛΙΝΔΙΑΚΑΙΔΙΙΓΟΛΙΕΙ
ΛΙΝΔΙΟΙΤΗΝΛΑΜΓΡΟΤΑΤΗΝΤΗΝ
ΓΑΤΡΙΔΑΤΗΝΚΑΛΗΝΡΟΔΟΝ.....

Ἀθάνᾳ Λινδίᾳ καὶ Διὶ Πολίει Λίνδιοι τὴν λαμπροτάτην τὴν πατρίδα, τὴν καλὴν Ῥόδον....

La fin de l'inscription est trop mutilée pour que je la rapporte ici.

Sur un fragment de marbre gris-bleu on lit :

ΟΝΟΜΑΣΤΟΣΓΟΛΥΚΡΑΤΟΣ
ΙΕΡΑΤΕΥΣΑΣ
ΑΘΑΝΑΙΑΣΛΙΝΔΙΑΣ
ΚΑΙΔΙΟΣΓΟΛΙΕΩΣ

Ὀνομαστὸς Πολύκρατος (*sic*) ἱερατεύσας Ἀθαναίας Λινδίας καὶ Διὸς Πολιέως.

D'autres débris de marbre m'ont présenté encore

les noms de Minerve Lindia et de Jupiter Polieus accouplés ensemble.

Ces diverses inscriptions trouvées sur l'emplacement ou dans le voisinage du temple dont j'ai décrit les ruines prouvent d'une manière qui me semble incontestable que c'était là le célèbre sanctuaire de Minerve Lindienne. Hamilton s'était donc trompé en le plaçant au pied de l'acropole, et la conjecture de M. Ross, qui inclinait plutôt à penser qu'il était au sommet de cette même acropole, est entièrement confirmée par l'examen des lieux.

On a pu remarquer avec moi, dans plusieurs des inscriptions que je viens de reproduire, le rapprochement de Minerve Lindia et de Jupiter Polieus; cela prouve, à mon avis, que ce temple, dans l'enceinte duquel j'ai cru observer les traces de deux compartiments distincts, était consacré en même temps à Minerve Lindia et à Jupiter Polieus. Ces deux divinités étaient l'une et l'autre protectrices de la cité de Lindos; mais la divinité principale qu'on y adorait comme la véritable patrone de la ville était Minerve, dont le nom, dans toutes les inscriptions que j'ai pu découvrir, précède celui de Jupiter Polieus; il est probable que le contraire aurait eu lieu s'il en eût été autrement.

La fondation de ce temple remonte à l'origine même de Lindos. A l'époque, en effet, où les fils de Cercaphus, Ialysus, Camirus et Lindus, régnaient dans l'île de Rhodes, qu'ils avaient partagée en trois régions et où chacun d'eux avait bâti une ville appelée de son nom particulier, Danaüs, fuyant de l'Égypte, aborda à Lindos avec ses filles. Bien accueilli par les habitants, il y construisit le temple de Minerve et y plaça la statue de la Déesse. Diodore[1] qui nous donne ces détails, ajoute que trois de ses filles moururent à Lindos et qu'avec les autres il fit voile vers Argos.

D'autres auteurs, au nombre desquels nous citerons Strabon[2], attribuent la fondation de ce temple non à Danaüs lui-même, mais à quelques-unes de ses filles dont les noms sont indiqués dans un passage de la chronique de Paros[3]; elles s'appelaient Amymone, Hélice et Archédice et avaient été désignées par le sort ainsi que deux ou trois autres qui nous sont restées inconnues, le marbre étant mutilé en cet endroit et leurs noms ayant disparu. Quant à la statue de la Déesse, elle était de bois[4], de même que beaucoup d'idoles égyptiennes et que la première statue de Junon à Samos.

A quelque temps de là[5], Cadmus aborda aussi dans l'île de Rhodes, et il consacra à la Minerve de Lindos, entre autres offrandes, un magnifique bassin d'airain dans le style ancien avec une inscription en lettres phéniciennes.

Vers l'an 600 avant J.-C., le temple primitif de Danaüs ou de ses filles fut reconstruit par le Lindien Cléobule[6], l'un des sept sages de la Grèce et l'ami de

1. V, 58.
2. L. XIV, c. II.
3. *Chron. Par.*, *Epoch.*, 9.
4. Callim., *Fragm.* CV, édit. Ernesti.
5. Diod., l. V, c. LVIII.
6. Diog. Laërt., t. I, p. 89.

Solon. Alors la statue en bois de la Déesse fut remplacée par une statue de marbre, ouvrage des deux artistes Dipœnus et Scyllis [1].

Une cinquantaine d'années après, le roi d'Égypte, Amasis [2], enrichit ce temple de deux statues et d'une cuirasse de lin merveilleuse en souvenir, sans doute, de la première fondation de ce monument par Danaüs.

Cette cuirasse, au dire de Pline [3], était formée de fils composés chacun de trois cent soixante-cinq brins.

Plutarque, dans la *Vie de Marcellus* [4], raconte que cet illustre romain plaça dans le temple de Minerve à Lindos des statues et des tableaux qu'il y avait apportés de Syracuse.

Suivant Athénée [5], on admirait dans ce même temple diverses peintures de Parrhasius, et un Hercule de Zeuxis y est cité par Pline [6]. Au temps de cet écrivain [7], on y voyait aussi plusieurs chefs-d'œuvre de Boëthus qui excellait à ciseler l'argent.

Une note de Démétrius Triclinius sur la septième ode olympique de Pindare, en l'honneur de Diagoras, nous apprend que cette ode célèbre avait été gravée en lettres d'or dans le sanctuaire de Minerve Lindienne.

Quelques-unes des inscriptions que j'ai relevées montrent que, sous les empereurs romains, les Lindiens y érigèrent des statues à Plotine et à Messaline.

1. Cedren., *Compend. hist.*, p. 265.
2. Hérod., l. II, 182.
3. XIX, 2.
4. *Vie de Marcellus*, c. XLII.
5. *Athénée*, XV.
6. XXXV, 10.
7. *Id.*, XXXIII, 55.

Sous Théodose[1], la statue de Minerve fut transportée à Constantinople et placée à côté de la Junon de Samos et de la Vénus de Cnide. Le temple de la Déesse fut bientôt après détruit, et dans les siècles qui suivirent les débris en furent dispersés ou employés pour des constructions plus récentes.

Le plateau que nous venons de parcourir a environ 850 mètres de pourtour : son élévation, son escarpement et les murailles infranchissables qui l'entourent en ont fait à différentes époques un point militaire important.

Sous les chevaliers, il appartenait aux grands-maîtres de Rhodes et portait le nom de *Castello di Lindo*. Ce fut là que le premier des grands-maîtres de cette île, Foulques de Villaret, courut se réfugier en 1317, dans la crainte d'être traîné devant le Conseil, pour y rendre compte de sa déplorable administration. Il s'y retrancha fortement, et de là il protesta contre tout ce qu'on pourrait décider contre lui et fit appel au souverain pontife.

Si à cette époque, c'est-à-dire sept ans à peine après la prise de l'île de Rhodes, le château de Lindo offrait déjà un asile sûr, à l'abri duquel Foulques de Villaret pouvait braver les décisions de l'Ordre tout entier, il est à croire que cette forteresse existait avant l'arrivée des chevaliers dans l'île, ou bien ceux-ci s'empressèrent de profiter d'une position militaire si avantageuse et d'y construire le château actuel : dans tous les cas, l'hôtel où demeurait le gouverneur

1. Zonaras, *Annal.*, t. III, p. 44.

de la place a été certainement bâti par eux, ainsi que la chapelle de Saint-Jean; et ils ont dû également réparer le mur d'enceinte, s'ils n'en ont pas jeté les fondements.

Ce plateau, inabordable de trois côtés, l'est surtout du côté de l'E. : là en effet il se dresse comme une muraille gigantesque, et le rocher nu et vertical repose sur une plate-forme demi-circulaire à laquelle on arrive par un sentier étroit et difficile. On y trouve trois anciennes grottes creusées par l'homme dans le roc vif et qui jadis semblent avoir été consacrées à quelque divinité païenne. Aujourd'hui elles sont le refuge d'innombrables corneilles qui volent par nuées à l'entour. Cette plate-forme, limitée à l'O. par les flancs orientaux et perpendiculaires du Kastro, surplombe à l'E. au-dessus de la mer d'une hauteur de 100 mètres.

L'histoire de Lindos[1] se borne à quelques faits que je vais rappeler sommairement. Fondée par Lindus, l'un des fils de Cercaphus, à une époque qui se perd dans la nuit des temps moitié fabuleux et moitié historiques, cette ville naissante reçut bientôt une colonie égyptienne à l'arrivée de Danaüs, et c'est alors, comme nous l'avons vu, que fut bâti le fameux temple de Minerve, dû à ce prince ou à ses filles.

S'il faut en croire les marbres de Paros[2], la venue

1. Bochart (*Geographia sacra*, p. 396) dérive le mot *Lindos* du mot phénicien *Limda*, qui signifie *pointe*; *quasi mucro*, dit-il, *aut aculeus*. — Si cette étymologie est fondée, ce nom aurait été donné à la ville à cause de sa position sur une presqu'île qui avance dans la mer comme un promontoire.

2. *Chron. Par. Epoch.*, VII.

de Cadmus en Grèce aurait précédé celle de Danaüs, tandis que Diodore de Sicile[1] la met après. Toujours est-il que ces deux étrangers auraient abordé dans l'île de Rhodes, l'un arrivant d'Egypte et l'autre de Phénicie, vers la fin du XVIe siècle avant J.-C. et environ trois siècles avant la guerre de Troie.

L'an 1292 avant J.-C., Tlépolème, fils d'Hercule, établi à Argos, forcé de s'expatrier pour un meurtre involontaire, émigra avec une nombreuse troupe d'Argiens, et, d'après la prescription de l'oracle de Delphes, il se réfugia dans l'île de Rhodes où il rebâtit et agrandit les trois villes de Lindos, Camiros et Ialysos. Homère nous apprend que ce guerrier amena de Rhodes au secours des Grecs qui assiégeaient Troie neuf vaisseaux montés par les belliqueux Rhodiens, lesquels, ajoute le poëte, habitaient cette île, divisés en trois villes, Lindos, Ialysos et la blanche Camiros.

« Τληπόλεμος δ'Ἡρακλείδης, ἠΰς τε μέγας τε,
« Ἐκ Ῥόδου ἐννέα νῆας ἄγεν Ῥοδίων ἀγερώχων·
« Οἵ Ῥόδον ἀμφενέμοντο διὰ τρίχα κοσμηθέντες,
« Λίνδον, Ἰηλυσσόν τε καὶ ἀργινόεντα Κάμειρον. »

Le même poëte[3] nous raconte ailleurs la mort de Tlépolème sous les murs de Troie, dans le combat qu'il osa tenter avec le vaillant Sarpédon, fils de Jupiter.

Un peu après la guerre de Troie, Althémène[4], fils de Cisus, quitta l'Argolide, à la suite d'une querelle avec ses frères, et accompagné d'une troupe de Doriens,

1. V, 58.
2. *Iliade*, II, 653 et suiv.
3. *Id.*, II, v. 628 et suiv.
4. Conon. apud Meurs., *Rhod.*, c. VI.

auxquels se joignirent quelques Pélasges, il alla aborder en Crète, puis à Rhodes. A partir de cette époque, les Doriens commencèrent à prédominer dans cette île dont ils occupèrent les trois villes. Ils s'établirent aussi dans l'île de Cos et sur le continent asiatique, à Cnide et à Halicarnasse : c'est alors que se forma la confédération qui prit le nom d'Hexapole dorique et qui se composait des six villes suivantes, Lindos, Ialysos, Camiros, Cos, Cnide et Halicarnasse.

Des trois cités Rhodiennes il est probable que Lindos était la plus importante comme ville forte et ville commerçante, attendu qu'elle avait une acropole imprenable, un port principal assez vaste, et qu'en outre son territoire étant très-rude avait forcé ses habitants à chercher ailleurs que dans la culture du sol un but à leur activité et un moyen de vivre et de s'enrichir. En effet, les environs de Lindos ne sont que pierres et rochers. Dans l'antiquité, Philostrate[1] s'exprime ainsi quand il en parle. « La région la plus âpre de l'île de Rhodes est occupée par les Lindiens. La terre produit à la vérité des raisins et des figues; mais elle ne peut être labourée, et elle est impraticable aux chars. » Aujourd'hui la vigne et le figuier, qui autrefois y prospéraient, y sont devenus rares; il en est de même de l'olivier qu'on n'y voit plus qu'en petit nombre et d'un aspect chétif, et qui jadis, s'il faut ajouter foi à une épigramme de l'Anthologie grecque[2], y donnait des fruits supérieurs en qualité à ceux des oliviers de l'Attique.

1. Philostr., *Icon.*, II, 24.
2. *Anthol. græc.*, XV, II.

Cette épigramme, pour le dire en passant, dont le texte est assez corrompu, mais dont le sens général est cependant très-clair, nous fournit une nouvelle preuve de la position du temple de Minerve sur le haut de l'acropole de Lindos :

« Ἐν τῷ Κάστρῳ τῆς Λίνδου ἐν τῷ ἄκρον....
« Ἐσσὶ μὲν ἀρχαίης Λίνδου κλέος, Ατρυτώνη. »

« Sur le sommet de la citadelle de Lindos, tu es, ô Minerve, la gloire de cette antique cité. »

Remarquons ici l'emploi du mot Κάστρον dans le sens que les Grecs modernes lui donnent, c'est-à-dire de citadelle.

Parmi les anciennes divinités auxquelles les Lindiens rendaient un culte tout particulier, nous devons citer en premier lieu cette déesse. A la différence des autres peuples, ils lui offraient des sacrifices sans feu et journaliers. Pindare, dans sa septième olympique, nous apprend que les Rhodiens furent les premiers à saluer la naissance de Minerve par des honneurs divins, « lorsque, sous les coups de la hache de Vulcain, cette déesse s'élança, en poussant un cri redoutable, du sommet de la tête de Jupiter son père; mais ajoute le poëte, un oubli soudain se répandit comme un nuage dans leur esprit et égara leur pensée. Ils montèrent à l'acropole sans porter avec eux les semences de la flamme, et, y érigeant un sanctuaire entouré d'un bois sacré, ils offrirent des sacrifices sans feu. »

« Τεῦξαν δ'ἀπύροις ἱεροῖς
« Ἄλσος ἐν ἀκροπόλει[1]. »

1. Pind., *Od. Olymp.* VII, v. 88.

Bien que Pindare ne désigne pas ici nominativement les Lindiens, cependant c'est à eux évidemment qu'il fait allusion dans ce passage, et l'acropole dont il parle est celle de Lindos.

Pour les récompenser de leur empressement à honorer sa fille, « Jupiter, continue le poëte, versa sur les Rhodiens, du sein d'un nuage d'or, d'abondantes richesses ; et la déesse aux yeux bleus, de son côté, leur accorda la gloire de surpasser tous les mortels dans les arts ; leurs rues étaient peuplées de statues qui semblaient vivantes et animées, et leur renommée était immense. »

Au moment où Pindare exaltait en vers si admirables l'opulence et le génie artistique de l'île à laquelle appartenait Diagoras, la ville de Rhodes n'existait point encore, et cet éloge du poëte doit nous donner par conséquent une haute idée de la splendeur et de la magnificence des trois villes qui se partageaient alors l'empire de l'île, et principalement de celle de Lindos, dont Minerve était plus spécialement la protectrice et la divinité tutélaire. D'ailleurs, plusieurs siècles avant Pindare, Homère[1] avait déjà chanté la richesse des Rhodiens.

« Καί σφιν θεσπέσιον πλοῦτον κατέχευε Κρονίων. »

C'est même probablement à ce vers de l'Iliade qu'il faut faire remonter l'origine de la fable merveilleuse de cette pluie d'or que Jupiter aurait répandue sur l'île, fable qui, nous venons de le voir, a été reproduite

1. *Iliad.* II, v. 670.

par Pindare, dans des vers dignes du grand poëte qu'il semble imiter ici :

« .... Κείνοισι μὲν ξαν-
-θὰν ἀγαγὼν νεφέλαν,
πολὺν ὗσε χρυσόν[1]. »

Il n'entre pas dans mon sujet d'exposer tout ce qui concerne le culte de Minerve à Lindos. Ce développement m'entraînerait trop loin ; et puis, cette question a déjà été traitée fort au long dans une savante dissertation de Heffter[2] qui a composé un ouvrage spécial sur la religion des anciens Rhodiens. L'auteur, dans la seconde partie de cet ouvrage, intitulée : *Le culte de Minerve à Lindos,* examine ce culte en détail, discute tous les textes anciens, énumère les nombreux et divers attributs de cette déesse qu'il incline d'abort à confondre, comme c'est l'opinion générale, avec la *Neith* égyptienne appelée par les Grecs eux-mêmes la *Minerve de Saïs,* Ἀθηνᾶ Σαΐτις[3], du nom de la ville où elle était adorée, mais qu'il croit devoir, et peut-être à tort, en distinguer ensuite : en un mot, c'est une étude pleine d'érudition sur ce point et à laquelle je ne puis mieux faire que de renvoyer le lecteur.

Je le prierai également de vouloir bien consulter la première partie de ce même ouvrage, s'il désire connaître les particularités singulières que présentait le culte d'Hercule à Lindos et se rendre compte, autant qu'il est possible, du mythe étrange raconté sur ce héros

1. Pind., *Olymp.* VII, v. 89 et seq.
2. Heffter, *Die Götterdienste auf Rhodus im Altherthume, Zerbst,* 1827-1833.
3. Pausanias, II, 36, 8.

par Apollodore[1], par Conon dans Photius[2], par Philostrate[3] et surtout par Lactance[4]. « A Lindos, dit ce père de l'Eglise, il y a des sacrifices en l'honneur d'Hercule qui sont bien différents de tous les autres rites usités ailleurs ; car, au lieu de se servir de bonnes parolés, εὐφημία, comme disent les Grecs, on célèbre ces sacrifices au milieu des injures et des imprécations, et c'est violer la cérémonie que de laisser échapper, même par mégarde, pendant qu'elle a lieu, un seul mot favorable. Voici la raison que l'on en donne, si toutefois il peut y en avoir une pour des choses si puériles. Hercule, ayant débarqué en cet endroit et pressé de la faim, aperçut un laboureur qui travaillait et il lui demanda de lui vendre un de ses bœufs. Celui-ci refusa, alléguant que toute l'espérance de sa récolte reposait sur ses deux bœufs. Hercule eut recours alors à sa violence ordinaire, et parce qu'on ne voulait pas lui donner l'un de ces bœufs, il les prit l'un et l'autre. Cependant l'infortuné laboureur, à la vue de ses bœufs immolés, se vengea par des malédictions de l'injustice qui lui était faite; ce qui réjouit fort notre héros, en homme facétieux et plaisant qu'il était. En effet, tandis qu'il préparait le repas à ses compagnons et qu'il dévorait les bœufs d'autrui, les plaintes amères et les imprécations du pauvre paysan n'excitaient de sa part que des moqueries et de grands éclats de rire.

Plus tard, lorsque les honneurs divins furent dé-

1. Apollodor., II, 5, 11
2. Conon. apud Photium, *Narrat.* XI.
3. Philostr., *Icon.*, II, 24.
4. Lactant., *Inst. Div.*, I, 21.

cernés à Hercule, par admiration pour sa force et son courage, les Lindiens lui dressèrent un autel, qu'il appela lui-même βούζυγον, *le joug des bœufs*, et sur lequel il fallait immoler une paire de bœufs, en souvenir de ceux qu'il avait enlevés au laboureur. Quant à celui-ci, Hercule en fit son prêtre et il lui recommanda de célébrer toujours ses sacrifices avec les mêmes imprécations dont il l'avait accablé autrefois, parce que, disait-il, il n'avait jamais mangé avec plus de plaisir. » De là le proverbe grec Λίνδιοι τὴν θυσίαν, pour signifier un sacrifice fait sans respect et avec blasphème.

Sans m'arrêter à discuter l'explication ingénieuse que propose Heffter pour faire comprendre et jusqu'à un certain point pour justifier cette légende bizarre, en voyant dans les malédictions qui accompagnaient ce sacrifice une sorte d'expiation pour l'immolation du bœuf, animal sacré chez les plus anciens peuples, je me bornerai à remarquer que depuis longtemps il ne reste plus aucune trace à Lindos de l'antique sanctuaire d'Hercule, et il serait même difficile de dire dans quelle partie de la la ville il était situé.

J'hésiterai beaucoup moins sur la place que l'on doit assigner au temple d'Apollon Telchinien dont l'existence nous est attestée par un passage de Diodore[1].

En effet ne serait-il pas permis de supposer que cet antique sanctuaire, bâti par les Telchines et qui renfermait une statue d'Apollon surnommé Telchinien, occupait l'endroit même où nous avons signalé les

1. V, 55.

ruines d'un péribole hellénique et où se lisent encore sur une base de marbre les noms d'Apollon Pythien et d'Apollon Olios ?

Macrobe[1] nous apprend qu'à Lindos ce même Dieu était révéré sous le titre de λοίμιος, parce qu'on lui attribuait la cessation d'une épidémie.

Nous savons aussi par Strabon[2] qu'il y avait chez les Lindiens un lieu appelé τὰ Σμίνθια, c'est-à-dire consacré à Apollon surnommé Σμινθεύς (*destructeur des rats*). En Troade Apollon[3] était également adoré sous le même titre dans la ville de Σμίνθη qu'il avait délivrée des rats qui l'infestaient, et laquelle, d'après la remarque des scholiastes d'Homère, tirait son étymologie du mot σμίνθος, rat.

Si les rues de Lindos, à l'époque de Pindare, étaient ornées de statues qui semblaient vivantes, dit le poëte, et si l'art de la statuaire était alors répandu et perfectionné à ce point dans cette ville, il est probable que celui de l'architecture ne l'était pas moins, et que les sanctuaires consacrés aux différentes divinités que je viens d'énumérer et à celles dont je n'ai point parlé et qui y avaient des autels, répondaient par leur beauté, principalement le temple de Minerve Lindienne, à l'éclat et à l'opulence de cette cité.

De nombreuses colonies furent fondées par les Rhodiens, du xe au vi[e] siècle avant l'ère chrétienne, à une époque par conséquent bien antérieure

1. *Saturn.*, I, 17.
2. XIII, I, § 48.
3. *Iliad.* I, v. 39.

à la fondation de leur capitale[1]. Les plus importantes sont : Rhodes, (Rosas) en Espagne, occupée plus tard par les Marseillais ; Parthénope qui devint ensuite Naples, dans le pays des Opiques, c'est-à-dire en Campanie ; Salapie en Apulie, Sybaris en Lucanie, les îles Gymnasiennes ou Baléares, Rhoda et Rhodanusia près des bouches libyques du Rhône qui, suivant quelques auteurs, leur dut son nom ; Soli en Cilicie, Gagæ en Lycie, Téos en Ionie, et plusieurs autres établissements en Carie et dans la plupart des îles qui avoisinent Rhodes. Lindos dut contribuer puissamment pour sa part à l'envoi et à la fondation de ces diverses colonies. Il en est une surtout que je n'ai point encore citée et qui lui appartient d'une manière toute spéciale, c'est celle de Géla en Sicile, qui à son tour devint la mère-patrie d'Agrigente. « Antiphème de l'île de Rhodes et Entime de Crète, dit Thucydide[2], amenèrent des colons à Géla et bâtirent cette ville en commun, quarante-cinq ans après la fondation de Syracuse (690 av. J.-C.). Le nom de la ville lui vint du fleuve Gélas. Le quartier qui fut le premier environné d'un mur se nomme Lindie et les institutions doriques furent imposées aux habitants. Cent-huit ans environ après, une colonie de Géla alla se fixer à Agrigente, ainsi appelée à cause du fleuve Acragas. » Pour créer tant de villes et tant de comptoirs d'un bout de la Méditerranée à l'autre, depuis l'Espagne jusqu'à l'Egypte où, sous le règne d'Amasis, ils s'éta-

1. Meursius, c. XVIII.
1. Thucyd., VI, 4. — Hérod., VII, 153.

blirent à Naucratis, il fallait que les Rhodiens possédassent dès les temps les plus reculés une marine puissante et un commerce très-étendu. La ville de Lindos, entre autres, était renommée pour l'excellence et la forme particulière de ses navires, surnommés πλοῖα λινδικά, vaisseaux lindiens ; ses marins justifiaient cet ancien proverbe usité parmi les Rhodiens et par lequel ils se vantaient que chacun d'eux était capable de conduire un navire : Ἡμεῖς δέκα Ῥόδιοι, δέκα ναῦς, *dix Rhodiens, dix navires.*

Au nombre des gloires littéraires de Lindos, nous devons mentionner en première ligne Cléobule, l'un des sept sages de la Grèce et qui florissait vers la fin du VIIe siècle. Diogène de Laërte[1], qui nous a laissé quelques renseignements sur la vie de cet homme célèbre, nous apprend que, suivant certains auteurs, il rapportait son origine à Hercule, qu'il était remarquable pour sa force et sa beauté et qu'il étudia la philosophie égyptienne. Ce fut lui, nous l'avons déjà dit, qui reconstruisit le vieux temple de Minerve fondé par Danaüs. Poëte aussi bien que philosophe, il composa trois mille vers de chants lyriques (ᾄσματα) et de griphes (γρῖφοι, filets de pêcheur), espèces d'énigmes ou questions captieuses qu'on se faisait un jeu de proposer pendant le repas. Diogène de Laërte nous a conservé quelques-unes de ses énigmes et de ses sentences : il nous a transmis également une lettre qu'il aurait écrite à Solon pour l'engager à venir à Lindos, où il serait à l'abri de la tyrannie de Pisistrate,

1. Diog. Laërt, I, 6.

Cléobule mourut à l'âge de soixante-dix ans et l'on mit sur son tombeau l'inscription suivante :

Ἄνδρα σόφον Κλεόβουλον ἀποφθίμενον καταπενθεῖ
Ἥδε πάτρα Λίνδος, πόντῳ ἀγαλλομένη.

« Le sage Cléobule n'est plus : Lindos, sa patrie, déplora sa perte, Lindos qui brille au milieu de la mer. »

Lorsque Cicéron découvrit en Sicile, dans la nécropole de Syracuse, le tombeau d'Archimède, oublié et inconnu déjà des Syracusains eux-mêmes, son émotion fut profonde, et il ressentit en même temps je ne sais quelle joie orgueilleuse d'avoir pu révéler, tout étranger qu'il était, aux compatriotes de ce grand homme la place où reposaient ses cendres. Tels et aussi vifs eussent été les sentiments que j'aurais éprouvés s'il m'eût été donné de retrouver, au milieu de la nécropole de l'ancienne Lindos, le marbre funéraire sur lequel était gravée cette inscription et de contempler le lieu où fut enseveli l'ami de Solon et l'un des sages de l'antique Grèce. Mais les tombeaux mêmes subissent la loi du destin, dit un poëte[1], et périssent à leur tour :

« Quando quidem data sunt ipsis quoque fata sepulchris, »

et celui de Cléobule, dont Lindos devait s'enorgueillir après avoir été, sans doute, respecté longtemps et protégé par la vénération publique contre les injures des hommes et des siècles, a disparu peut-être depuis l'antiquité elle-même.

Le sage Lindien laissa une fille digne de lui, appe-

1. Juvénal, *Sat.* X.

lée Cléobuline, et qui, comme son père, composa des énigmes en vers hexamètres.

Anthéas, également de Lindos et qui se vantait d'être proche parent de Cléobule, est mentionné par Athénée [1] comme auteur de comédies et de plusieurs autres ouvrages.

Un autre poëte de Lindos antérieur à Cléobule, Pisinus, est indiqué par Clément d'Alexandrie [2] comme l'auteur véritable d'une héracléïde attribuée ordinairement à Pisandre de Camiros.

D'après un passage de Suidas [3], cette même ville revendiquait l'honneur, que lui disputaient Camiros et Athènes, d'avoir plus tard donné le jour au prince des poëtes comiques grecs, je veux dire Aristophane.

Parmi les prosateurs nés dans cette cité, Suidas [4] nous a transmis le nom de l'historien Evagoras.

La prospérité de Lindos dut décroître rapidement, à partir du jour où fut fondée la ville de Rhodes qui attira à elle la puissance, le commerce, l'industrie et la richesse. Toutefois, à la différence de Camiros et d'Ialysos qui perdirent dès lors toute importance, elle resta encore pendant longtemps une place considérable. A l'époque des chevaliers, elle fut rebâtie presque entièrement, ainsi que sa citadelle, et pouvait alors renfermer 2500 habitants. S'il en faut croire le témoignage de Dapper [5], elle ne cessa pas même, depuis la

1. *Athénée*, l. X.
2. Clemens Alex., *Stromat. VI.*
3. Suidas, au mot Ἀριστοφάνης.
4. *Id.*, au mot Εὐαγόρας.
5. Dapper, *Descript. de l'Archipel*, p. 92.

conquête de l'île par les Turcs, de conserver l'apparence d'une petite ville, et cet auteur nous atteste que, jusqu'à la fin du XVIIe siècle, elle était habitée par des chrétiens fort riches qui faisaient un grand commerce et avaient de très-bons navires.

Aujourd'hui ce commerce n'existe plus, la population de cette ville a été réduite à celle d'un simple village, et c'est à peine si, à de rares intervalles, quelques petites barques abordent dans la baie silencieuse et déserte qui formait l'ancien port.

Poursuivons maintenant notre exploration et dirigeons-nous vers la partie la plus méridionale et la plus inconnue de l'île de Rhodes, vers celle qui n'a été visitée ni par Hamilton, ni par M. Ross.

CHAPITRE XVIII.

PYLONA. — LARTOS. — LAERMA. — SKLIPIO. — VATI. — GENNADI. — MESANAGROS. — LACHANIA. — MONASTÈRE DE ZOODOKOS-PIGI-ES-TO-PLIMMYRI. — RUINES D'IXIA.

A trois quarts-d'heure à l'O. de Lindos, des broussailles recouvrent sur un plateau qui domine la baie de Kalathos, les ruines d'un ancien village entièrement détruit. Parmi ces débris, quelques fragments de plaques de marbre mutilées ont peut-être appartenu à un sanctuaire antique.

Pylôna. — Trois kilomètres et demi au-delà vers le S.-O., le petit village de Pylôna (Πυλῶνα) est situé dans une vallée fertile et consiste en 13 maisons dont 10 habitées par des Grecs et 3 par des Turcs. Des jardins environnent ce hameau.

Lartos. — A 25 minutes de Pylôna, vers l'O., est le village de Lartos, assemblage de 70 maisons autour d'une église : la population en est uniquement grecque. Le blé, l'orge, l'huile et le tabac y forment les produits principaux du sol.

Un peu au S. du village, on aperçoit, sur une colline, les ruines d'un Kastro de l'époque des chevaliers, long de 70 pas et large de 20. Il était flanqué de tours, actuellement démolies. Ce petit château dominait et défendait toute la vallée de Lartos, qui se prolonge du N.-O. au S.-E. jusqu'à la mer, et au milieu de laquelle croissent de beaux oliviers, sur les bords d'un torrent nommé *Laerma.*

Laerma. — Huit kilomètres séparent Lartos de Laerma. On franchit, pour y arriver, plusieurs montagnes couvertes de pins. Un concert non interrompu de cigales, perchées sur les rameaux de ces arbres et qui m'accompagna jusqu'à Laerma, me rappelait ces vers d'Anacréon[1] ou plutôt anacréontiques.

Μακαρίζομέν σε, τέττιξ,
Ὅτι δενδρέων ἐπ' ἄκρων,
Ὀλίγην δρόσον πεπωκὼς,
Βασιλεὺς ὅπως ἀείδεις.

« Que tu es heureuse, ô cigale, toi, qui sur la cime

1. Anacréon, *Ode* XLIII.

des arbres, après avoir bu quelques gouttes de rosée, chantes comme une reine. »

On n'ignore pas que les anciens trouvaient un charme particulier dans le chant de la cigale. Homère[1], par exemple, compare à ce chant l'éloquence des orateurs qui haranguent le peuple.

.... Ἀλλ' ἀγορηταὶ
Ἐσθλοὶ, τεττίγεσσιν ἐοικότες, οἵτε καθ' ὕλην
δενδρέῳ ἐφεζόμενοι ὄπα λειριόεσσαν ἱεῖσι.

« Excellents orateurs, ils ressemblaient aux cigales qui dans la forêt, perchées sur les arbres, font entendre un cri harmonieux. »

Et dans l'ode que je viens déjà de citer, nous lisons quelques vers plus bas.

Θέρεος γλυκὺς προφήτης,
Φιλέουσι μέν σε μοῦσαι,
Φιλέει δὲ Φοῖβος αὐτὸς,
Λιγυρὴν δ' ἔδωκεν οἴμην.

« Douce messagère de l'été, tu es chère aux Muses, chère à Apollon lui-même, qui t'a donné une voix mélodieuse. »

C'est principalement au milieu du jour, et quand le soleil est le plus ardent, que la cigale remplit l'air de ses cris perçants :

« Sole sub ardenti resonant arbusta cicadis[2]. »

Mais laissons de côté les poëtes qui ont l'heureux don de tout embellir et de transformer en une suave harmonie le refrain éternel et assourdissant de la ci-

1. *Iliad.* III, v. 150 et seq.
2. Virg., *Eclog.*, II, v. 13.

gale, et hâtons-nous d'atteindre Laerma. C'est toutefois un assez triste village, composé d'une quarantaine de maisons mal bâties et habitées par de pauvres paysans Grecs qui cultivent péniblement la pente des montagnes au sein desquelles ils vivent. M. Ross[1] conjecture que le mot Laerma vient de λᾶς, pierre, et Ἑρμῆς, Mercure. Si ce village est situé sur l'emplacement d'une localité antique consacrée jadis à Mercure et tirant son nom de quelque statue de pierre en l'honneur de ce dieu, aucune ruine n'est là pour l'attester, et les traditions des bons villageois de ce lieu ne remontent pas si haut dans le passé.

Sklipio. — Entre Laerma et Sklipio on compte au moins 9 kilomètres d'intervalle dans la direction du S. Le sentier traverse d'abord des montagnes arides et dénudées, et ensuite il serpente au milieu d'une forêt de pins et de cyprès au centre de laquelle coule un torrent nommé *Alona*. Quand on approche de Sklipio, la culture commence à se montrer.

Ce village est construit sur le penchant d'une montagne et renferme 80 maisons, une église et deux chapelles. A l'entour croissent des caroubiers, des oliviers, des figuiers et des mûriers. Les champs voisins, au pied de la montagne, produisent du blé et de l'orge.

Sklipio, autrement dit Asklipio, est un mot évidemment formé de Ἀσκληπιεῖον, dénomination qui semble indiquer qu'il y avait autrefois en ce lieu un temple consacré à Esculape, le dieu de la médecine. Ayant cependant interrogé le papas de l'endroit et plusieurs

1. Ross, *Reisen auf den griechischen Inseln*, p. 112.

autres habitants, pour savoir si en fouillant le sol ils ne trouvaient pas quelquefois des débris antiques, ils m'ont répondu qu'ils n'en avaient jamais découvert, mais que, près de la mer et non loin de l'embouchure du torrent, appelé *Sklipianos potamos*, qui arrose la belle vallée au N.-O. de laquelle est situé le village actuel, on distingue, au milieu des broussailles, les ruines d'un ancien bourg depuis longtemps abandonné. Effectivement des débris sont épars au lieu indiqué, et une chapelle semble y avoir été bâtie sur l'emplacement et avec quelques matériaux provenant d'un sanctuaire antique.

Quant au village de Sklipio, s'il ne contient aucunes ruines de l'antiquité, on y remarque celles d'un Kastro datant de l'époque des chevaliers. Il s'élève sur une colline escarpée. Chacun des quatre angles du carré qu'il constitue est défendu par une tour. Au-dessus de la porte étaient des armoiries sculptées sur une plaque de marbre qui a été enlevée.

Vati. — A 6 kilomètres de Sklipio, en marchant vers le S.-O., on rencontre le village de Vati, situé dans une jolie vallée et se bornant à 35 maisons habitées par un pareil nombre de familles grecques. Il est entouré d'une ceinture de magnifiques oliviers mêlés à d'énormes figuiers.

L'étymologie du mot Vati[1] est probablement βάτιον qui signifie mûre sauvage, βάτος, buisson, à moins qu'on ne doive la tirer de βάθυς, profond; alors il faudrait écrire Vathy et non Vati.

1. On sait que les Grecs prononcent le β comme notre *v*.

Gennadi. — A 6 kilomètres et demi de Vati vers l'E., le village de Gennadi compte 80 maisons; suivant une tradition locale, il aurait été fondé par un certain *Gennadios* qui lui aurait laissé son nom. Sur un monticule qui commande au S. ce village, on voit les restes d'une ancienne tour carrée bâtie autrefois par les chevaliers. Elle a été démolie par les habitants qui se sont servis des matériaux qu'elle leur a fournis pour construire une grande église sous le vocable de sainte Anastasie, et où j'ai remarqué quelques fragments de marbre antique. Près de là est une autre église dédiée à saint Jean.

De beaux jardins entourent ce village vers le S. Au N. et au bas du plateau qu'il occupe s'étend une grande plaine arrosée par deux torrents, l'un que j'ai déjà cité, le *Sklipianos potamos*, à l'embouchure duquel se trouvent, comme je l'ai dit, les ruines de l'ancien bourg d'Asklipion (Ἀσκληπιεῖον); l'autre, le *Gennadinos potamos*, qui va se jeter dans la mer vingt minutes au S. du premier, près des débris d'un autre bourg renversé, consistant en un amas confus de pierres éparses au milieu de hautes broussailles et en une multitude innombrable de fragments de poterie, ce qui porterait à croire qu'il y avait autrefois en ce lieu des fabriques de potiers; mais quel était le nom de cette localité, c'est ce que je n'ai pu apprendre de personne.

Une heure au S. de Gennadi, dans un endroit appelé *Bourdou-Carata*, les restes d'un village avoisinent l'embouchure d'un torrent connu par les habitants sous le nom de *Moros potamos* ou le fleuve fou, sans doute parce que, lors des grandes pluies d'hiver, il s'abandonne à un cours désordonné et furieux.

Dix minutes au-delà de ce torrent, en continuant à suivre le rivage, on découvre des débris plus considérables. Un fourré de lentisques, d'arbousiers, de genévriers et de myrtes y cache des amas de pierres qui jonchent le sol, et parmi lesquelles on distingue un assez grand nombre de fragments de marbre mutilés et plusieurs tronçons de colonnes qui paraissent avoir appartenu à un temple antique et qui ensuite ont servi à une église chrétienne. Cette église, complétement détruite et dont la forme seule est encore jusqu'à un certain point reconnaissable, n'a point perdu son nom, car elle est toujours communément désignée sous celui de Saint-Dimitri. Quant à la dénomination du bourg ruiné qui l'entourait, on n'a pu me l'indiquer.

De là, si nous dirigeons notre marche vers l'O., nous avons d'abord à parcourir de riches et belles campagnes, mais bientôt le terrain s'accidente, et la culture diminue; elle cesse même ensuite tout à fait, et il faut escalader d'âpres montagnes d'un aspect triste et désolé, au sein desquelles est comme perdu le village de Mesanagros.

Mesanagros. — Ce village n'a que 35 maisons. Les habitants, à défaut des plaines qui leur manquent, cultivent les pentes les moins abruptes des montagnes. Ils m'ont raconté qu'à cause de la position isolée de ce hameau au milieu des terres, position d'où lui est venu le nom de Mesanagros, il était resté pendant plusieurs années ignoré des Turcs, après qu'ils eurent conquis l'île de Rhodes sur les chevaliers et qu'il avait ainsi échappé quelque temps à l'impôt.

Je n'ai observé dans cette localité aucun vestige de constructions helléniques : on m'a montré seulement dans l'église quatre petites colonnes de marbre qui semblent byzantines et des fonts baptismaux également en marbre et qui certainement doivent avoir été enlevés à quelque église importante et assez ancienne.

Lachania.— De Mesanagros à Lachania la distance est de 7 kilomètres vers le S.-E. La route est d'abord nue et sans ombrages, puis elle traverse une jolie vallée couverte de pins, de cyprès et de sapins et sillonnée par un torrent.

Lachania est un village composé de 55 familles grecques. Il est assis sur une colline et précédé de jardins. Les légumes qu'on y cultive lui auront sans doute valu le nom qu'il porte[1] ; une église et deux petites chapelles n'offrent rien qui mérite d'être signalé.

Une demi-heure au N.-E. de Lachania, sur un plateau qui domine tout le pays environnant et non loin de la mer, s'élèvent les ruines d'une belle tour rectangulaire, datant de l'époque des chevaliers et construite avec beaucoup de solidité. On a commencé à la démolir, pour en transporter les matériaux ailleurs.

1. Λάχανον, légume, herbe potagère, d'où le nom Λαχανιά.

Près de cette tour est un petit monastère, et le long du rivage gisent des débris sans nom, restes d'un village antique détruit et oublié.

Trois quarts-d'heure au S. de Lachania, une chapelle dédiée à *Hagios-Loucas* occupe le point culminant d'une plaine dans laquelle sont dispersés les misérables vestiges d'un autre village, également renversé de fond en comble et inconnu.

Monastère de Zoodokos-Pigi, ruines d'Ixia? — En se rapprochant du rivage et près d'un petit promontoire marqué dans la carte anglaise sous le nom de cap *Istros*, mais auquel les habitants donnent celui de cap *Salamina*, on voit un monastère appelé *Zoodokos-Pigi-es-to-plimmyri* (Ζωοδόκος πηγὴ ἐς τὸ πλημμύρι), ou *Notre-Dame, source de vie, près la plage inondée*, à cause de sa situation à l'embouchure du torrent *Plimmyrios potamos* qui déborde souvent en cet endroit.

Ce monastère forme un grand rectangle : le centre de la cour est occupé par une chapelle qui a été construite tout récemment sur l'emplacement d'une ancienne église beaucoup plus vaste, laquelle semble elle-même avoir succédé à un temple antique dont les fondements, consistant en belles et larges pierres, se distinguent encore en plusieurs endroits à fleur de terre. En pénétrant sous le vestibule de cette chapelle, on remarque quatre jolies colonnes de marbre blanc dont les fûts, d'une seule pièce et assez profondément enfoncés dans le sol, sont très-probablement antiques : les chapiteaux, imitant le corinthien, paraissent ne dater que de l'époque byzantine. Les dalles de ce vestibule recouvrent une grande citerne dont l'eau, appelée *hagiasma*, est considérée dans le pays comme sacrée et comme miraculeusement efficace pour la guérison de toutes sortes de maladies. Dans l'intérieur de la chapelle, on a fait servir au soutien de la coupole deux autres colonnes de marbre du même style et de la même date.

Au N. ce monastère est dominé par une colline qui avance en pointe dans la mer et qui est à sa base bordée de gros blocs de rochers. Un petit port à moitié comblé et les restes d'une jetée avoisinent ce cap. Sur le plateau de la colline, on foule au milieu des broussailles et de hautes herbes des débris informes, confusément entassés ou épars. En redescendant dans la plaine et le long de la baie qui s'étend au S. jusqu'au cap Vigli, lequel doit ce nom à une tour d'observation à moitié détruite qu'il porte à son extrémité, on retrouve, au-delà du torrent Plimmyrios, les vestiges de la même localité. Il est donc incontestable que nous sommes sur l'emplacement d'une ville antique. Le moine qui me montrait ces ruines me disait que ce lieu était connu dans le pays sous le nom de *Salamina*. Il n'en savait pas davantage. La carte anglaise marque en ce point, mais toutefois avec incertitude, les ruines d'Ixia.

Cette ville est effectivement citée par Strabon[1] comme étant située au S. de Lindos :

« Μετὰ δὲ Λίνδον Ἰξία χωρίον. »

1. L. XIV, c. II.

Etienne de Byzance mentionne la même ville ou plutôt le même bourg, au pluriel :

« Ἰξίαι, πληθυντικῶς, χωρίον τῆς Ῥόδου, ἀπὸ Ἴξου λιμένος, καὶ Ἴξιος Ἀπόλλων. »

Ce passage nous apprend que c'était une place maritime, ayant une acropole, comme semble l'indiquer la terminaison plurielle du mot Ἰξιαὶ, avec un port et un temple d'Apollon Ixios.

Tout cela paraît convenir fort bien à cette localité. En effet, la colline qui s'élève au N. du couvent et sur laquelle j'ai signalé des débris nombreux a dû être une ancienne acropole; le monastère occupe peut-être l'emplacement du temple d'Apollon Ixios vis-à-vis le port, et dans la plaine qui s'arrondit autour de la baie s'étendait le bourg proprement dit. J'incline donc très-fortement à croire que Spratt avait deviné juste en plaçant là dans sa carte l'antique Ixia. Cependant, je dois faire observer que si le texte de Strabon et celui d'Etienne de Byzance semblent autoriser pleinement cette conjecture, elle est d'un autre côté en désaccord avec la tradition conservée dans le pays et qui veut qu'il y ait eu jadis en cet endroit un bourg appelé *Salamina*, dénomination qui est restée au cap dont j'ai parlé.

Du cap Vigli jusqu'à celui qui au S. termine l'île sous le nom de *Prasonisi*, et qui est le Πανὸς ἄκρον de Ptolémée, il n'y a rien qui mérite de fixer l'attention.

CHAPITRE XIX.

KATAVIA. — APOLAKKIA. — ARNITA. — PROPHYLIA. — ISTRIOS.

Katavia. — Le premier village que l'on rencontre, en remontant du S. au N. la côte occidentale de l'île, est celui de *Katavia*, composé de 80 maisons mal bâties et dont une vingtaine tombent en ruines et sont désertes, ce qui réduit le nombre des habitants à 60 familles grecques, on y trouve une église, trois chapelles et une petite école primaire qui n'existe probablement plus maintenant, car le maître qui la dirigeait avait, quand je le vis, l'intention de quitter l'île et de retourner sur son rocher natal de Khalki.

A l'entrée du village est une tour ronde, à môitié détruite, ouvrage des chevaliers.

Les produits du sol sont du blé, de l'orge, de l'avoine, de l'huile, des figues et un peu de coton. Le vent du N.-O. prédomine ici comme dans la plus grande partie de l'île; car presque tous les arbres penchent vers le S.-E.

Apolakkia. — Pour se rendre de Katavia à Apolakkia, après avoir franchi plusieurs collines calcaires, on côtoie le rivage pendant trois heures, en longeant à sa droite le pied d'une chaîne de montagnes dépouillées pour la plupart de toute végétation. Le sentier que l'on suit est très-sablonneux. Des dunes hautes de cinq à six mètres bordent le rivage. Il faut traverser successivement le lit de plusieurs torrents qui tarissent pendant l'été et qui débouchent à la mer entre des espèces d'oasis où croissent confusément de hautes touffes de myrtes, de genêts, de lentisques, d'arbousiers, de chênes-verts, de genévriers et de lauriers-roses. Des biches, des daims et des chèvres sauvages errent en liberté dans ces parages solitaires; les perdrix y abondent aussi, et pendant l'été les cigales y font retentir l'air de leurs chants monotones.

Apolakkia occupe le penchant d'une colline au pied de laquelle s'étend une riche vallée arrosée par deux torrents qui vont se jeter à la mer, confondus dans le même lit : l'un s'appelle *Megas Potamos*, l'autre *Siana*, comme le village près duquel il prend sa source. De magnifiques champs de blé environnent Apolakkia, qu'habitent une cinquantaine de familles grecques. L'église de ce village est nouvellement rebâtie. Sous le vestibule, on m'a montré deux chapiteaux en marbre blanc, gisants à terre, d'un travail très-délicat, mais d'une forme assez singulière. Ils représentent des corbeilles tressées et évidées à jour : ces deux chapiteaux et plusieurs autres pièces de marbre qui ont attiré mon attention dans la nef et dans le sanctuaire proviennent d'une belle et ancienne église, actuellement ruinée de fond en comble et dont quelques débris subsistent encore 2 kilomètres au N. d'Apolakkia.

Ce village est commandé à l'E. par un monticule où 'élevait un Kastro bâti par les chevaliers et mesurant environ 30 pas sur chaque face. Les murs, à moitié renversés, ont deux mètres d'épaisseur.

Arnita. — A 20 minutes à l'E. d'Apolakkia est un petit village nommé *Arnita*, sur une colline qu'entoure elle-même une ceinture de montagnes plus élevées. Il consiste en 25 maisons dont quelques-unes sont habitées par des Turcs et les autres par des Grecs.

A 15 minutes d'Arnita à l'O. et à 20 d'Apolakkia au N., d'épaisses broussailles ont envahi l'emplacement d'une vieille église détruite depuis plusieurs siècles et consacrée à sainte Irène, car c'est encore le nom sous lequel on la désigne aujourd'hui. Elle était soutenue intérieurement par de belles colonnes de marbre blanc surmontées de chapiteaux très-curieux. Ces chapiteaux, qui sont malheureusement mutilés, affectent, comme ceux que j'ai déjà remarqués sous le vestibule de l'église d'Apolakkia, la forme d'une jolie corbeille de marbre, découpée comme un réseau de joncs entrelacés, travail habile et finement exécuté, mais qu'un goût sévère condamne peut-être et qui, tout gracieux qu'il est, sent cependant la décadence de l'art. Ce ne sont plus là, en effet, ces belles formes si simples et si noblement austères dans leur parure, et qui sont comme le produit presque exclusif de ces heureuses époques où l'art, dans sa jeunesse et, pour ainsi dire, dans sa première fleur, atteint tout d'abord une perfection et une élégance qu'il cherche ensuite à surpasser, mais trop souvent aux dépens du naturel et du vrai, c'est-à-dire aux dépens de la beauté même.

Sur ce même emplacement, on distingue aussi les débris d'une chaire en marbre blanc où le diacre lisait l'Evangile. Des caveaux s'étendaient sous cette église qui n'offre plus maintenant qu'un monceau de ruines et dont les derniers marbres disparaissent de jour en jour, par suite de la reconstruction des églises des villages voisins. Ainsi, par exemple, celle d'Apolakkia s'est enrichie de ses dépouilles, et non loin de là, un petit monastère, du nom de saint *Michel-Archange*, en a fait de même.

Prophylia. — Le sentier qui d'Apolakkia conduit à Prophylia va presque toujours montant vers le N.-E. Au bout d'une heure de marche à travers les montagnes, on arrive à Prophylia, petit village d'une vingtaine de maisons. Les forêts dont il est environné sont peuplées de cerfs et de chèvres sauvages. Les habitants, tous Grecs, sont ou bergers ou laboureurs.

Istrios. — Le village d'Istrios n'est guère plus considérable que le précédent, au N.-O. duquel il est situé, à 3 kilomètres de distance. Il est habité par 25 familles tant grecques que turques. Une chapelle y est sous l'invocation de saint Mercure, Ἅγιος Μερκούριος. Il est assez curieux de remarquer qu'à 3 heures de là, il y a, au milieu des montagnes, un village que j'ai déjà mentionné et qui semble attester par sa dénomination de Laerma, λᾶς Ἑρμῆς, qu'il était jadis consacré au dieu Mercure. Cette rencontre de noms serait-elle purement fortuite? ou bien, ne faudrait-il pas voir, dans le choix de ce saint comme patron du village d'Istrios, le souvenir d'une ancienne tradition perpétuée d'âge en âge dans le pays, au sujet du culte du dieu Mercure ?

CHAPITRE XX.

MONOLITHOS. — CAP FOURNI. — MONT GRAMYTIS. — RUINES DITES DE KAMIROS. — DOUTES A CE SUJET. — QUELQUES MOTS SUR L'HISTOIRE DE CETTE VILLE.

Monolithos. — D'Istrios à Monolithos il y a 8 kilomètres, en se dirigeant toujours vers l'O. et un peu vers le N., à travers des montagnes clair-semées de bois de pins. Ces bois, qui étaient encore très-épais il y a quelques années et qui renfermaient des arbres magnifiques, ont été dévastés ou par le fer ou par le feu. De tous côtés sur ma route je voyais étendus par terre des pins superbes qui, faute de moyens de transport ou de chemins praticables, gisaient abandonnés ; d'autres, en plus grand nombre, au lieu d'avoir été attaqués par la hache du bûcheron, avaient été livrés aux flammes, et à-demi rongés par le feu, ils dressaient encore dans les airs leur tige noircie et carbonisée.

Monolithos est situé au S. d'une grande montagne nommée *Gramytis* ou *Agramytis* que j'ai entendu prononcer également *Akramytis*[1]. Cette montagne forme un massif oblong qui court du N.-E. au S.-O.

1. Cette montagne tire sa dénomination du mot γρεμυτιά, térébinthe.

Son sommet, nu et chauve, est presque inaccessible, tant il est escarpé, et il s'élève à une hauteur d'environ 900 mètres. Ses flancs inférieurs sont en partie boisés et en partie cultivés. Au-dessus la roche se montre seule en blocs immenses et éclatants de blancheur.

A 4 kilomètres de Monolithos, village peuplé de 35 familles grecques, s'avance vers le S. dans la mer un petit promontoire appelé Fourni, φοῦρνοι, les fours. Le sentier qui y conduit de Monolithos franchit une montagne couverte de jeunes pins et, en quelques endroits, il est très-glissant, car on marche sur des rochers plats et inclinés où le pied a de la peine à se fixer. Le cap Fourni se détache de cette montagne en une pointe qui a 160 mètres environ de développement et qui va s'abaissant et s'effilant progressivement. A son extrémité est une petite tour d'observation à moitié renversée. La surface de cette pointe a été aplanie par la main de l'homme. On y voit une chambre sépulcrale antique creusée dans le roc et divisée en deux compartiments.

Un chemin a été taillé dans les flancs méridionaux de ce cap et, en descendant quelques degrés très-usés pratiqués dans le roc, on parvient à trois grottes artificielles et demi-circulaires qui sont certainement antiques et qui ont pu être jadis consacrées à quelque divinité marine. Les nombreuses petites niches qu'elles renferment servaient sans doute à recevoir des offrandes. Plus tard, après la chute du paganisme, ces grottes paraissent avoir été transformées en sanctuaires chrétiens, car on y remarque une quantité considérable de petites croix grossièrement sculptées dans les parois latérales. Ces grottes ressemblant à des espèces de fours ont fait donner au promontoire le nom qu'il porte.

Si, de retour à Monolithos, on tourne ses pas vers l'O., on découvre, sur un rocher solitaire, à 20 minutes du village, les restes d'un Kastro remontant aux chevaliers. Ce rocher domine de trois côtés la vallée qui l'environne d'environ 100 mètres. A l'E. il est facilement accessible ; on y monte par des pentes couvertes de pins, de cyprès, de genévriers et de myrtes : puis un escalier en pierre conduit dans l'intérieur de la forteresse. Celle-ci est en grande partie renversée. Dans la chapelle qui est encore debout, les murs gardent les traces de peintures à fresque très-dégradées ; partout ailleurs, cette enceinte ne présente qu'un chaos de ruines amoncelées et au milieu desquelles ont pris racine de hautes broussailles.

De ce plateau on aperçoit, à quelque distance du rivage, un îlot nommé *Strongyli*, à cause de sa forme arrondie, qui renferme, m'a-t-on dit, des citernes et des tombeaux antiques. Je n'ai pu vérifier cette assertion, faute de barque pour m'y transporter.

4 kilomètres et demi plus loin vers le N. et au-delà du cap Monolithos s'étend, à l'O. du mont Gramytis, une vallée courant de l'E. à l'O. et qui était couverte de magnifiques moissons de blé et d'orge quand je la traversai. Elle appartient aux habitants de Monolithos. Elevée elle-même de 80 mètres au-dessus de la mer,

elle s'incline insensiblement vers le rivage et s'allonge entre deux montagnes, dont l'une, celle du S., constitue le promontoire Monolithos, et l'autre, celle du N. est plus haute et très-boisée. Cette vallée paraît très-fertile dans la partie dont la culture s'est emparée ; plus près de la mer, d'inextricables broussailles dérobent presque entièrement à la vue les vestiges d'une localité importante à laquelle les habitants ont conservé le nom de *Camiros*. En m'ouvrant un passage au milieu de ce fourré pour y examiner ces ruines, autant du moins que me le permettaient les arbustes et les épines qui hérissent ce lieu, je n'ai reconnu qu'un seul pan de mur considérable datant évidemment de l'époque hellénique. Les blocs de ce mur sont en grand appareil et équarris assez grossièrement. Les autres débris de maisons et d'édifices, qui jonchent le sol en cet endroit et qui sont ensevelis sous les broussailles ou qui surgissent un peu au-dessus, m'ont paru pour la plupart d'une époque plus récente.

A gauche de l'emplacement qu'occupent ces ruines s'ouvre un ravin large de 15 mètres et profond de 35 à 40, qui a été comme taillé à pic par la nature dans les flancs rocheux du mont Monolithos. Il s'appelle *Rheni* et reçoit les eaux de la vallée et de la montagne ; elles y descendent et s'y engouffrent l'hiver, lors des grandes pluies, comme une cascade écumante, et de là elles courent se précipiter à la mer. En longeant ce ravin, j'en ai vu fuir avec un bruit d'ailes assourdissant une nuée prodigieuse de perdrix que troublait ma présence inattendue et qui avaient élu domicile dans les nombreuses petites grottes naturelles que ce ravin renferme. Comme le port d'armes à feu est interdit aux Grecs dans l'île de Rhodes, le gibier s'y multiplie singulièrement.

Près de l'embouchure du torrent Rheni, une anse demi-circulaire offre aux navires un abri peu sûr ; elle est défendue par une tour, encore presque intacte, et bâtie par les chevaliers.

Cet endroit porte dans la carte anglaise de Spratt reproduite par M. Ross le nom de *Camiros*, et les habitants le désignent par la même dénomination, circonstance qu'il faut prendre en grande considération ; car, en fait de géographie, il est généralement très-sage d'avoir égard aux traditions locales et de s'y conformer. Toutefois, il faut avouer qu'ici elles sont contraires à une assertion formelle de Strabon qui place Camiros au-delà de l'Atabyris, c'est-à-dire au N. de cette montagne; or, les ruines que je viens de signaler sont au S. de ce mont, et par conséquent, si Strabon ne s'est point ici trompé, elles ne peuvent être celles de Camiros, et nous sommes contraints de reporter plus haut vers le N. la ville que nous cherchons. Dans ce cas, nous ne serions peut-être pas très-loin de la vérité, en reconnaissant là les restes de Mnasyrion, de même que nous avons cru retrouver avec Spratt ceux d'Ixia autour du monastère de Plimmyri.

Voici, en effet, le texte de Strabon[1]:

« Μετὰ δὲ Λίνδον Ἰξία χώριον καὶ Μνασύριον, εἶθ' ὁ Ἀτάϐυρις.... εἶτα Κάμειρος.... »

1. L. XIV, c. II.

D'après ce passage, en partant de Lindos et en continuant à côtoyer l'île vers la droite, on rencontre d'abord Ixia, puis Mnasyrion, puis l'Atabyris, puis Camiros.

L'histoire se tait complétement snr Mnasyrion, et le nom de cette petite ville ne nous est connu que par cet unique passage de Strabon.

Quant à Camiros, elle fut fondée, comme le veulent les traditions les plus anciennes, par Camirus, l'un des fils de l'Héliade Cercaphus[1], vers la même époque que Lindos.

Strabon, après avoir reproduit cette opinion, ajoute : « D'autres cependant attribuent la fondation de ces villes, Lindos, Ialysos et Camiros, à Tlépolème, qui leur donna, disent-ils, le nom de quelques-unes des filles de Danaüs. »

Pour accorder ensemble ces deux assertions contradictoires, on peut croire que Tlépolème embellit et agrandit ces trois villes, et en devint ainsi comme le second fondateur. Homère donne à Camiros dans le vers que j'ai déjà cité de ce poëte l'épithète de ἀργινόεις, « ἀργινόεντα Κάμειρον » à cause de la blancheur de ses rochers ou de celle de son terrain argileux. Cette dernière étymologie est probablement la plus vraisemblable, car dans la langue Phénicienne, comme le remarque Sickler, le mot Chamirah signifiait argile, étymologie qui semble prouver que Camiros est une fondation Phénicienne.

1. Diod. Sicil., l. V, c. LVII.
2. Sickler, *Handbuch der alten Geographie*, p. 463.

Cette épithète de ἀργινόεις convient assez bien à l'aspect de la vallée dont nous venons de parler ; mais elle est également justifiée par celui d'une autre localité située au N.-O. de l'Atabyris et où l'on pourrait, comme je le montrerai bientôt, conformément au texte de Strabon, mais contrairement à la tradition des habitants, placer Camiros.

Nous apprenons par Thucydide[1] que c'était une ville ouverte et non fortifiée; car il nous dit que les Lacédémoniens s'en emparèrent, sans coup férir, au temps de la guerre du Péloponnèse, vu qu'elle n'était pas environnée de murailles; mais pour Lindos et Ialysos, ils recoururent à la persuasion, afin de les engager à quitter le parti des Athéniens ; preuve que ces deux dernières villes étaient plus difficiles à prendre, ainsi que le fait observer Meursius[2], et qu'elles étaient munies de fortifications pouvant opposer une sérieuse résistance, tandis que Camiros était une proie livrée d'avance au premier envahisseur. Meursius en conclut pour cela qu'il y a peut-être une faute dans le texte de Strabon et qu'à la place de : Εἶτα Κάμειρος, εἶτ' Ἰάλυσος κώμη..... il faut lire : εἶτα Κάμειρος κώμη, εἶτ' Ἰάλυσος.

Mais cette correction ne semble pas suffisammemt fondée en raison ; car Ialysos pouvait bien n'être qu'un simple bourg, comparé à Camiros qui, par le nombre plus considérable de ses habitants, méritait davantage le nom de ville. Seulement Ialysos avait une acropole fortifiée, et Camiros n'en avait pas.

1. L. VIII, c. XLIV.
2. *Rhod.*, c. IX.

Ce fut à Camiros que débarqua Althémène, fils de Catrée, roi des Crétois, et petit-fils de Minos.

Diodore[1] rapporte que, dans la crainte de tuer son père, comme un oracle l'en avait menacé, ce prince, s'étant banni volontairement de sa patrie, vint aborder à Camiros et bâtit sur un des sommets du mont Atabyron, d'où il pouvait apercevoir l'île de Crète, un temple en l'honneur de Jupiter Atabyrios. Cependant Catrée, poussé par le destin et par le désir de revoir son fils, dont le départ l'avait vivement affligé, débarqua de nuit à Camiros. Regardé par les habitants comme un pirate et traité comme tel, il périt frappé par son fils qui, accourant pour repousser cette prétendue agression, lança un javelot contre son père et le tua, sans le reconnaître. Ainsi s'accomplit la terrible et inévitable prédiction de l'oracle. Désespéré du crime affreux dont les dieux l'avaient rendu l'instrument involontaire, Althémène les supplia, suivant Apollodore[2], de permettre à la terre de l'engloutir, ce qui eut lieu, comme il l'avait souhaité. Diodore, couronnant par un dénoûment moins mystérieux cette légende tragique, ajoute seulement qu'Althémène se retira du commerce des hommes, qu'il termina sa vie dans le chagrin et la retraite et qu'après sa mort il fut honoré comme un héros par les habitants de Camiros.

Étienne de Byzance nous parle d'nn endroit appelé *Cretenia*, au pied du mont Atabyron, et où, dit-il,

1. L. V, c. LIX.
2. Apollodore, l. III, c. II.

habita Althémène avec ceux qui l'avaient suivi dans son exil.

Κρητηνία· τόπος Ῥόδου, ἐν ᾧ ᾤκουν οἱ περὶ Ἀλθαιμένην.... εἰσὶ δὲ ὑπὲρ αὐτοῦ τὰ Ἀταβύρια ὄρη.

Avant Étienne de Byzance, Apollodore, dans le chapitre que j'ai indiqué tout à l'heure, avait fait mention de la même localité. Mais comme Diodore ne la nomme pas et que, dans le passage où il est chez lui question d'Athémène, il parle de Camiros, il est à croire que Cretenia n'était autre chose qu'un quartier de cette ville ou du moins que c'était un faubourg y attenant et auquel Althémène, en souvenir de sa patrie, avait donné ce nom qui lui rappelait la Crète.

Des deux passages d'Apollodore et d'Étienne de Byzance il résulte que Cretenia était sur le bord de la mer, car le premier de ces auteurs nous apprend qu'Althémène y débarqua, et en outre que ce lieu était dominé par le mont Atabyron. Si, comme je le pense, c'était une localité voisine de Camiros ou même en faisant partie, il est évident qu'alors nous devons chercher plus au N. les ruines de cette dernière ville; la vallée, en effet, qui renferme celles que nous avons décrites n'est point commandée par l'Atab yron, mais par le Gramytis. Une des raisons qui m'inclinent à dire que Cretenia, résidence d'Althémène, n'était peut-être qu'un quartier de Camiros, c'est qu'après la mort de ce prince les habitants de cette ville, au rapport de Diodore, honorèrent le fils de Catrée comme un héros; or il est probable qu'un héroon lui fut élevé dans l'endroit même où il avait fixé sa demeure.

Une des plus anciennes divinités adorées à Camiros et vraisemblablement la principale était Junon Telchinienne[1], ainsi appelée parce que les Telchines lui avaient consacré un sanctuaire et érigé une statue.

On y révérait aussi particulièrement Apollon surnommé Épimélios[2], Ἐπιμήλιος, ou protecteur des brebis et en général des troupeaux. Ce dieu, comme le raconte la fable, avait conduit lui-même les troupeaux du roi Admète, et il n'est dès lors point étonnant qu'on ait placé à Camiros sous son invocation tout ce qui concerne la vie pastorale. Pindare[3] donne à l'île de Rhodes l'épithète de *terre abondante en troupeaux*, εὔφρων μάλοις.

Pausanias mentionne de même[4] chez les habitants de Coronée un Hermès ἐπιμήλιος; ailleurs[5], il parle des nymphes ἐπιμηλίδες.

Apollon était également honoré par des sacrifices à Camiros sous le titre de Ἀειγεννήτης[6], ou du *dieu qui produit sans cesse*, *quod semper generat*, dit Macrobe.

Camiros fut la patrie du poëte Pisandre[7], auteur d'une Héracléïde en deux livres dont il ne nous est rien parvenu et qui, suivant les uns, était antérieur à Hésiode et contemporain d'Eumolpus, et, suivant les autres, florissait vers la trente-troisième olympiade.

1. Diod., V, 55.
2. Macrob., *Saturn*, I, 17.
3. *Olymp.* VII, 63.
4. Pausanias, IX, 34.
5. *Id.*, VIII, 4.
6. Macrob., *Saturn*, I, 17.
7. Suidas, au mot Πείσανδρος.

Ce fut lui qui le premier dans son poëme arma Hercule d'une massue. En parlant de Pisinus, poëte de Lindos, j'ai déjà dit que, d'après saint Clément d'Alexandrie, ce serait à ce dernier qu'il faudrait attribuer cette Héracléïde et non point à Pisandre qui n'aurait fait que copier le poëme de Pisinus.

Cette ville s'arrogeait aussi la gloire, que Lindos lui disputait, d'avoir donné le jour au grand poëte comique Aristophane.

Camiros, comme les deux autres villes de l'île, concourut à la fondation de la capitale. A dater de ce moment, sa prospérité dut diminuer considérablement, et l'histoire n'en dit plus rien. Nous savons seulement qu'elle était encore debout à l'époque de Pline et de Strabon.

Du temps du bas Empire, au moyen âge et sous les chevaliers, il n'en est nullement question, et la tradition au sujet de son emplacement véritable est tellement altérée dans le pays que les habitants montrent actuellement deux localités antiques auxquelles ils donnent le nom de Camiros, l'une sur la côte orientale de l'île, près du village Massari et l'autre sur la côte occidentale au point qui nous occupe en ce moment, et ni l'un ni l'autre de ces deux emplacements ne répond au texte de Strabon; en sorte que, si l'indication fournie par ce géographe n'est point erronée, nous n'avons pas encore trouvé la position réelle de cette ville, position que nous essaierons de déterminer dans un autre chapitre.

CHAPITRE XXI.

RUINES DE VASILIKA. — HAGIOS-PHOKAS. — MARMARO-VOURNIA. SIANA. — HAGIOS-ISIDOROS. — ARTAMITIS. — EMBONAS.

Vasilika. — A une heure de marche au N. de la vallée dite de Camiros, un plateau, qui domine la mer d'environ 300 mètres et que l'on atteint en gravissant des flancs raides et boisés, est semé de tas nombreux de pierres grises ayant servi à d'anciennes constructions et qui conduisent à une colline couverte de ruines plus importantes. C'est un amas confus de blocs renversés, du milieu desquels s'élèvent des pins et des cyprès qui ont pris racine de toutes parts ainsi qu'un fourré épais de broussailles et de ronces. Toutefois du sein même de ce désordre on distingue aisément les traces d'une assez vaste enceinte rectangulaire construite avec des matériaux d'un grand appareil, qui reposent sans ciment les unes sur les autres et dont plusieurs rangées d'assises sont encore debout. Parmi ces pierres il en est plusieurs qui mesurent deux mètres de long sur un de large ; les unes ont été taillées grossièrement et sont presque brutes, les autres au contraire ont été équarries avec soin et sont la plupart relevées en bossage.

Autour et un peu au-dessus de cette enceinte, qui était sans doute celle d'un édifice public soit sacré, soit profane, on en remarque d'autres plus petites, mais bâties elles-mêmes avec des matériaux d'un puissant appareil et non cimentés. Les portes de quelques-unes de ces enceintes existent encore : elles consistent en deux grands blocs verticaux se dressant comme des pieds-droits et surmontés d'un troisième bloc horizontal qui forme linteau.

A quelle époque remontent ces ruines et quelle est la localité antique qu'elles représentent? je l'ignore. Tout ce que puis dire, c'est qu'aujourd'hui, comme du temps de Bondelmonte, elles portent le nom de Vasilika (Βασιλικὰ). Cet écrivain, en effet, qui parcourut l'île de Rhodes en 1422 et qui malheureusement ne nous en a laissé qu'une bien courte description, cite quelque part[1] cette localité comme ayant été jadis une ville importante et alors complétement ruinée.

« Quarum una olim erat civitas Vasilica dicta, quæ latinis imperatrix manifestatur et ad nihilum redacta. »

En examinant ces débris, je n'y ai découvert aucune inscription, et si le nom de Vasilika donné à cet endroit a la même date que les ruines qui le portent, ruines qui offrent tous les caractères des constructions les plus antiques, nous sommes peut-être autorisés à penser par ce titre de Βασιλικὰ, ou *demeures royales*, que c'était là une ville forte qui avait pu servir quelquefois de résidence aux anciens rois de Camiros. Si cette conjecture est fondée, la grande enceinte dont j'ai parlé était probablement celle de leur palais. Si, au contraire, la dénomination de Vasilika est plus mo-

1. Bondelmontii *Liber Insularum*, p. 73.

derne, et si elle n'a été imposée à cette localité qu'à l'époque chrétienne, il est permis de conjecturer que la vue de cette même enceinte et peut-être aussi quelque vieille tradition auront fait croire alors qu'il y avait eu jadis en ce lieu un temple, d'où sera dérivé le nom de *Vasilika* (basilique).

Effectivement rien ne s'oppose à ce que l'on regarde la grande enceinte rectangulaire qui domine toutes ces ruines comme celle d'un sanctuaire antique; et s'il en était ainsi, je serais tenté d'y voir un de ces temples primitifs bâtis par les Telchines et, par exemple, celui des Mylantiens dont il est question dans Hésychius comme ayant été fondé par Mylas, l'un des Telchines, dans le district de Camiros.

« Μύλας, εἷς τῶν Τελχίνων, ὃς τὰ ἐν Καμείρῳ ἱερὰ Μυλαντείων ἱδρύσατο. «

A 20 minutes de Vasilika vers l'E. un monticule escarpé, appelé *Hagios-Phokas*, est couvert de quelques débris qui paraissent les restes d'un ancien retranchement. Il commande une riche vallée nommée *Chimisala*.

Un peu plus loin vers le N., à l'endroit dit *Marmaro-Vournia*, un amas considérable de blocs antiques taillés avec soin et une colonne de marbre ébauchée semblent n'avoir jamais servi et provenir de quelque ancienne carrière des environs; car les flancs du Gramytis, de ce côté, ont été jadis exploités par la main de l'homme, qui en a tiré de la pierre et du marbre.

A l'extrémité septentrionale de cette montagne et avant de la tourner pour longer au S. le versant oriental de ce même massif, dans la direction de *Siana*, on passe devant une petite chapelle près de laquelle coule une fontaine qu'ombragent de magnifiques mûriers. L'eau, extrêmement fraîche et limpide, descend de la montagne par un conduit maçonné et elle est recueillie dans un bassin rectangulaire construit avec de belles pierres antiques. Autour de cette fontaine sont épars sur le sôl d'autres blocs helléniques et des débris qui témoignent que ce lieu était autrefois habité. On y voit encore aujourd'hui quelques cabanes et des jardins plantés de vignes.

Siana. — Sur le revers oriental du Gramytis, à 3 kilomètres au S. de cette source est le village de Siana, composé de 75 maisons. Il est commandé par une forteresse datant des chevaliers et assise sur un monticule rocheux et escarpé. Il ne reste plus de ce Kastro que les murs d'enceinte qui sont même en partie renversés. Intérieurement, tout est détruit et une végétation luxuriante de hautes broussailles s'est fait jour à travers les décombres accumulés ; plusieurs grands arbres y ont également poussé et décorent de leur feuillage ces ruines pittoresques.

Aucun débris hellénique n'a attiré mon attention à Siana ; j'ignore donc si ce village occupe l'emplacement d'une localité antique. M. Ross[1] déclare cependant qu'on lui avait parlé d'anciens vases découverts en ce lieu et portant des inscriptions grecques. Il remarque en outre[2] que la dénomination de Σίανα a quelque

1. Ross, *Reisen auf den griechischen Inseln*, p. 109.
2. *Id.*, p. 112.

rapport avec celles de Σιδήνη, Σίδυμα, Σίμηνα, anciennes villes de Lycie, comme nous l'apprend Étienne de Byzance.

Hagios-Isidoros. — De Siana à Hagios-Isidoros on compte une grande heure de marche dans la direction du N.-E.-E. La route est très-accidentée. On franchit des montagnes déboisées et que recouvraient, il y a peu d'années encore, de magnifiques forêts.

Les vestiges d'un ancien hameau et une carrière de marbre jadis exploitée sont les seules choses qu'on rencontre avant d'arriver à Hagios-Isidoros. Ce village, que les habitants prononcent, par contraction et en réunissant les deux mots, *Haïsioros* (Ἁϊσίωρος), a une population de 60 familles grecques. L'église y est sous l'invocation du saint patron dont cette localité porte le nom.

Au N. de Hagios-Isidoros, la vue est arrêtée par la masse du versant méridional du mont Atabyron. En côtoyant les flancs orientaux de ce mont, à 6 kilomètres au N. de Hagios-Isidoros, on observe sur une colline un pan de mur antique consistant en quelques assises de gros blocs polygonaux et qui est probablement le reste d'une petite enceinte fortifiée. Le sentier que l'on suit jusqu'à *Artamiti* traverse l'une des plus vieilles et des plus belles forêts de l'île, mais en même temps l'une des plus dévastées. Depuis ces quinze dernières années, la hache du bûcheron et surtout le feu y ont exercé de cruels ravages, et de tous côtés des pins superbes, abattus par le fer ou calcinés par l'incendie, embarrassent le sol de leurs débris et de leurs troncs renversés. D'autres, dépouillés seulement de leurs feuilles et de leur écorce que la flamme a rongés, sont encore debout, semblables à d'immenses squelettes décharnés et noircis.

Artamiti. — Ce faible hameau ne se compose que de quatre à cinq petites maisons qui environnent une chapelle, ou, pour parler le langage des habitants, un monastère nouvellement réparé sous le vocable de Saint-Jean. Je cherchai en vain, dans cette localité, les débris et le souvenir d'un ancien temple érigé en l'honneur d'Artémis ou de Diane, comme le fait supposer la dénomination dorique *Artamiti.* S'il y avait jadis en ce lieu un village, il devait être peu considérable et les ruines en ont complétement disparu. Il en est de même du sanctuaire d'Artémis, qui n'était peut-être qu'un simple autel, et dont il n'est pas étonnant qu'après tant de siècles, les vestiges n'existent plus, surtout depuis la construction du petit monastère de Saint-Jean qui a pu le remplacer. Un sanctuaire consacré à la déesse de la chasse et des forêts ne doit pas surprendre dans cette région boisée et sauvage et l'une des plus giboyeuses de l'île.

Embonas. — D'Artamiti à Embonas il y a 7 kilomètres vers le N.-O. Ce dernier village est situé au pied du versant septentrional du mont Atabyron. Il renferme cent-vingt familles grecques et est entouré de jardins où l'on remarque des plantations très-prospères de tabac et de coton; la vigne y réussit également fort bien et produit deux espèces de vin, l'un noir et l'autre blanc, tous deux renommés dans le pays.

M. Ross[1] fait observer avec raison que le nom d'Embonas est, selon toute probabilité, celui d'une localité antique, et que ce mot est proprement rhodien et signifie le premier plan d'une montagne. Les Rhodiens, en effet, disaient ἄμβων pour ἀνάβασις la montée; de ἄμβων sera venu ἔμβων, par le changement d'α en ε, d'où la dénomination actuelle d'Embonas, à cause de la position du village ainsi appelé au bas de la montée qui conduit à la plus haute cime de l'Atabyron.

CHAPITRE XXII.

DESCRIPTION DU MONT ATABYRON. — RUINES DE L'ANCIEN TEMPLE DE JUPITER ATABYRIOS.

Le mont que nous allons décrire s'appelait autrefois Atabyron ou Atabyris. Cette seconde forme de la même dénomination se trouve dans Strabon[2] chez lequel nous lisons : « ὁ Ἀτάβυρις ὄρος τῶν ἐνταῦθα ὑψηλότατον, ἐν ᾧ ἱερὸν Διὸς Ἀταβυρίου. »

La première paraît avoir été plus souvent usitée. Diodore de Sicile[3], par exemple, cite ce massif sous le nom de Ἀτάβυρον. « Ἐπὶ δ' ὄρους Ἀταβύρου Διὸς ἱερὸν ἱδρύσατο. »

Il en est de même d'Etienne de Byzance qui s'exprime ainsi au mot Ἀτάβυρον :

1. *Reisen auf den griechischen Inseln*, p. 104.
2. L. XIV, c. II.
3. L. V, c. LIX.

« Ἀτάβυρον ὄρος Ῥόδου..... Τὸ ἐθνικὸν Ἀταβύριος· ἐξ οὗ καὶ Ἀταβύριος Ζεύς · Ἔστι καὶ Σικελίας Ἀταβύριον, ὡς Τίμαιος · κέκληται δὲ τὰ ὄρη ἀπό τινος Τελχῖνος Ἀταβυρίου · ἔστι καὶ Περσικὴ πόλις · ἔστι καὶ Φοινίκης.

Cette ville de Phénicie est celle dont parle Polybe[1] comme étant située sur la montagne célèbre si connue sous la dénomination hébraïque ou phénicienne de *Tabor*, que les Septante et l'historien Josèphe traduisent par le mot grec Ἰταβύριον, identique lui-même, sauf une légère différence avec ceux d'Ἀταβύριον, Ἀτάβυρον et Ἀτάβυρις.

Ceci peut être regardé comme une preuve de plus que les Telchines, appelés par Diodore de Sicile les fils de la mer, et désignés par cet historien comme les premiers habitants de l'île de Rhodes, étaient probablement des Phéniciens. Dans tous les cas, l'étymologie du nom de la plus haute et de la plus importante montagne de cette île est certainement la même que celle du mot Phénicien *Tabor* qui signifie, d'après le savant orientaliste Gésenius, un lieu élevé et qui domine; étymologie indiquée avant lui par Reland[2], dans le passage suivant : « Tabor, quod editum locum, verticem montis et umbilicum notat » et qui me semble plus simple et plus naturelle que celle qu'avait donnée Hésychius. « Ἀταβύριον ὄρος, ἔνθα θηρία συνάγεται. »

Dans les éditions les plus anciennes d'Appien, la montagne du même nom que cet auteur signale[3] comme

1. Polybe, *Hist.*, l. I, p. 413.
2. Relandi, *Palæstina*, p. 333.
3. *De bello Mithridat.*, c. XXVI.

touchant aux murs de Rhodes et portant, elle aussi, à son sommet, de même que la grande montagne centrale de l'île, un temple dédié à Jupiter, est ainsi écrite « Ταϐύριον », mot que, dans des éditions plus récentes, on a cru à tort devoir corriger en préposant un α, pour en faire Ἀταϐύριον. En effet la première leçon me semble préférable. Se rapprochant davantage du mot Phénicien *Tabor*, elle reproduit sans contredit la prononciation primitive, et l'α dans Ἀταϐύριον me semble une syllabe purement oisive et additionnelle : car aujourd'hui les habitants de l'île ne la prononcent pas; ils suppriment en même temps le ϐ dans le corps du mot, le remplacent par un tréma sur l'υ qui suit et donnant à ce substantif une terminaison masculine; ils disent : ὁ Ταϋρος. »

Quoiqu'il en soit, il est temps maintenant d'examiner en lui-même ce grand massif montagneux. Il a environ 20 kilomètres de circonférence, sa direction est N.-E.-S.-O.; ses flancs sont escarpés vers le N.-O., et presque nus; sur d'autres points, principalement vers l'E., ils sont en partie boisés et moins rocheux. Il consiste en une masse gigantesque de calcaire blanchâtre mêlé de petits silex et quelquefois uni à de la marne. Sa plus grande élévation est au N., et son sommet le plus considérable atteint une hauteur de 1500 mètres; c'est celui-là que nous allons gravir.

Les pentes du mont du côté d'Embonas sont très-rapides. Toutefois, pendant une demi-heure, on suit un sentier praticable encore pour les mulets du pays, dont le pied si ferme et si sûr semble se jouer des obstacles les plus insurmontables, mais ensuite il faut grimper de roche en roche avec beaucoup de fatigue. Cette pénible ascension, qui demande au moins une heure et demie, n'offre du reste aucun danger ni aucune difficulté sérieuse ; car les flancs du mont en cet endroit, tout abrupts et décharnés qu'ils sont, ont été disposés par la nature en une suite presque non interrompue de gradins qui s'échelonnent les uns les autres et qui sont comme les marches d'un escalier immense conduisant jusqu'au plateau supérieur. De distance en distance s'élèvent quelques vieux chênes-verts qui ont pris racine au milieu des rochers et qui par leur verdure interrompent un peu la monotone nudité de ces pentes âpres et [illegible]riles; çà et là aussi croissent des touffes d'herbes odoriférantes, connues des abeilles qui butinent autour de la montagne.

C'est le 20 juin 1854 que je fis cette ascension ; j'avais devancé le lever du soleil pour la commencer, afin d'éviter la chaleur; mais il enflammait déjà de ses rayons naissants le faîte du mont, au moment où j'y parvins. Une petite pyramide de pierres entassées confusément y a été construite par la main des bergers. Quel admirable panorama se déroula alors devant mes yeux! Les nuages légers qui, comme un brouillard transparent, s'étaient répandus dans les vallées à la première apparition de l'astre du jour se dissipaient peu à peu, et les dernières vapeurs du matin qui rampaient à la surface du sol s'évanouissaient insensiblement. Bientôt tout s'illumina d'une éblouissante clarté, et le disque du soleil montant de plus en plus au-dessus de l'horizon surgissait lentement dans un ciel serein et dont rien ne ternissait plus l'azur. Sans doute, la plupart des montagnes qui composent la chaîne des Alpes et celle des Pyrénées sont beaucoup plus hautes que le mont Taÿros; mais le coup d'œil dont on jouit de leurs cimes est souvent borné, soit par d'autres montagnes qui s'interposent comme un rideau immobile devant la vue, soit par des nuages errants ou des vapeurs condensées qui ne se dissipent presque jamais complétement et qui interceptent une grande partie de l'horizon. A Rhodes, au contraire, excepté pendant les plus mauvais mois de l'année, l'atmosphère est si pure et si diaphane, et le soleil a tant d'éclat, dans ce climat tout oriental, qu'on peut se figurer sans peine le magnifique spectacle qui doit frapper le regard lorsque, placé au centre de l'île, sur le sommet d'une montagne qui en domine les autres massifs les plus élevés d'environ 700 mètres et la mer de 1500, on plane librement et sans obstacles du haut de ce sublime observatoire tantôt sur les côtes variées et pittoresques de l'ancienne Doride, de la Lycie et de la Carie, tantôt sur tant d'îles jadis célèbres que baignent les flots de l'antique mer d'Icare et qui composent l'archipel des Sporades asiatiques. Ainsi Khalkia, Nisyros, Syme, Tilos, Cos, Calymnos, Leros, Patmos, Icaria et Samos au N. et au N.-O.; plus à l'O., Astypalæa; au S. O., Carpathos, Casos et la grande île de Crète, sans compter une foule d'ilots qu'il serait trop long d'énumérer ici, se dessinent devant le spectateur charmé qui aime à promener de l'une à l'autre de ces îles ses regards et sa pensée, et à évoquer tour à tour les souvenirs que chacune d'elles rappelle. L'histoire nous raconte qu'Althémène, fils du roi Catrée, fuyant la Crète et ayant abordé à Rhodes, avait voulu établir un temple à Jupiter sur une montagne d'où il pût apercevoir sa patrie. Effectivement, il avait cette consolation, toutes les fois que le vent, balayant les nuages du S.-O., découvrait à ses yeux, au sommet du Taÿros, les rivages lointains de son pays natal et les cimes altières et neigeuses de l'Ida. Si, d'un autre côté, nous nous tournons vers l'Anatolie, d'autres régions et d'autres souvenirs se présentent à nous. Les deux presqu'îles de Cnide et d'Halicarnasse, le promontoire Triopium, le beau golfe de Telmissus, la fabuleuse montagne de la Chimère et les pics du verdoyant Cragus, qui semblent se perdre et se confondre avec l'azur du ciel, attirent surtout notre attention.

Mais si, limitant le champ de notre observation, nous nous arrêtons seulement à considérer l'île dont nous occupons le point central et culminant, nous pouvons de là en étudier à loisir la configuration, les différentes chaînes montagneuses, les baies et les promontoires, reconnaître en un instant et d'un seul coup d'œil toute la route que nous venons d'explorer et achever par la pensée celle qu'il nous reste à parcourir. L'île en effet se déploie tout entière autour de nous et à nos pieds comme un vaste plan en relief dû à la main du créateur lui-même et où tout s'anime et vit sous nos yeux. Du sommet où nous sommes placés, tous les grands traits de cet admirable tableau sont facilement perceptibles ; les principaux détails eux-mêmes n'échappent point à la vue.

Ainsi la plupart des villages qui ne sont pas cachés par des plis de terrain trop considérables apparaissent comme des taches blanches parsemées, soit au milieu des vallées, soit le plus souvent sur des collines ou bien sur le flanc des montagnes. De là on se rend compte de la faible partie de l'île qui est cultivée et habitée et de l'étendue malheureusement si grande que l'homme et la culture ont abandonnée ; les forêts elles-mêmes, par le lointain de la perspective, ne se montrent guère que comme des plaques verdoyantes qui revêtent çà et là les pentes des monts ; les torrents ne sont plus que de simples cordons blanchâtres et sablonneux bordés d'une lisière de verdure, et l'écume blanchissante des vagues qui viennent mourir sur la grève ou qui rebondissent contre les rochers des promontoires ressemble à une frange argentée qui environne l'île et qui en suit et en décore tous les contours.

Tel est le merveilleux spectacle qui captiva longtemps mes regards, avant que je songeasse à étudier les ruines du temple de Jupiter que j'étais venu visiter. J'examinai surtout la grande charpente montagneuse de l'île. Traversée dans le sens de sa longueur elliptique par une arête dorsale qui court du N.-E. au S.-O. en projetant à l'E. et à l'O. plusieurs rameaux secondaires, cette île, comme je l'ai déjà dit, s'enfle dans sa partie moyenne ; et là se dressent trois massifs principaux, le mont Saint-Elie au N. dont la chaîne s'étend de l'E. à l'O., le mont Gramytis au S. qui se prolonge du N.-E. au S.-O. et entre les deux le mon Taÿros, celui sur la cime duquel nous sommes en ce moment et qui s'élève, ainsi que je l'ai remarqué plus haut, de 700 mètres au-dessus des deux autres massifs. C'est, comme on le voit, le soulèvement de beaucoup le plus considérable de l'île; il était donc naturel que ce mont, d'aprés la coutume religieuse des anciens, fût consacré par un temple et dédié au souverain maître des Dieux, de même qu'il est lui-même en quelque sorte le roi des montagnes de Rhodes ; mais dirigeons-nous actuellement vers les ruines qu'il présente.

A 150 pas au S.-E. de la plus haute cime du Taÿros on arrive à un plateau à peu près circulaire où des débris de l'antiquité la plus reculée jonchent le sol. Ces ruines ont déjà été décrites par plusieurs voyageurs et entre autres par Hamilton[1] et par M. Ross . Qu'on me permette cependant d'en dire encore quelques mots.

Elles consistent en un grand péribole ou enceinte sacrée d'environ 40 mètres de long sur 35 de large. Ce péribole enfermait une cella (le naos proprement dit), longue de 14 mètres et large de 11. Ces deux enceintes ont été construites avec de gros blocs, les uns équarris et rectangulaires, les autres polygonaux et à moitié bruts. Ces blocs sont calcaires et grisâtres, et ils ont été tirés, comme on le pense bien, de la montagne même. Ceux du péribole sont plus considé-

1. Hamilton, *Asia minor*, t. II, p. 61.
2. Ross, *Reisen auf den griechischen Inseln*, p. 107.

rables que ceux de la cella : le mur qu'ils formaient avait une épaisseur de deux mètres ; les assises inférieures en sont encore debout sur certains points, mais dans d'autres il est entièrement renversé, et on ne voit plus qu'un assemblage confus de blocs brisés et déplacés.

Devant la cella, dont les murs également détruits avaient été bâtis avec des matériaux d'un appareil un peu moins puissant, on remarque une grande pierre carrée, creusée intérieurement en forme de bassin et qui servait peut-être aux sacrifices.

Si l'on pénètre dans l'intérieur de la cella, on aperçoit une troisième enceinte, mais beaucoup plus moderne et connue sous le nom de chapelle de saint Jean. La longueur en est de 8 mètres et la largeur de 3 ; elle est à ciel ouvert, comme l'était probablement jadis la cella tout entière et délimitée par un petit mur qui a été construit grossièrement avec les matériaux trouvés sur place : l'entrée en est tournée vers l'O. ; la porte droite et rectangulaire consiste en un grand bloc horizontal reposant comme un linteau sur d'autres blocs parallèles. L'hagion ou sanctuaire est demi-circulaire : la table sainte est tout simplement une large pierre carrée établie sur un amas de matériaux qui lui servent de base et de support. Aucun ciment ne relie entre elles les assises de cette troisième enceinte, et au premier abord elle paraît, pour la construction, contemporaine des deux autres plus étendues dans lesquelles elle est comprise; mais, en l'examinant, on reconnaît aussitôt la disposition d'un sanctuaire chrétien, et en vertu d'une tradition perpétuée d'âge en âge, cet endroit, comme je l'ai déjà dit, est appelé par les habitants chapelle de Saint-Jean. Il est donc à croire que, dans les premiérs siècles du christianisme, à une époque qu'il m'est impossible de déterminer, faute de documents, le temple antique de Jupiter Atabyrios aura été censacré au saint Évangéliste dont l'aigle, par un rapprochement curieux, est également l'oiseau symbolique. Aujourd'hui encore ce sanctuaire est en grande vénération dans le pays, et le berger que j'avais pris pour guide dans mon ascension, n'avait point oublié d'apporter avec lui de l'encens pour le brûler en l'honneur du saint apôtre.

Je n'ai trouvé aucun débris de colonnes au milieu de ces ruines; ce qui me fait supposer avec M. Ross que le temple antique n'en avait point; il me paraît en outre avoir été complétement hypèthre, c'est-à-dire sans toit. D'après une antique tradition il fut fondé avant la guerre de Troie par Althémène, petit-fils de Minos. Ce prince Crétois avait transporté dans l'île de Rhodes le culte de la grande divinité de sa patrie. Jupiter en effet passait pour être né en Crète où il était adoré, particulièrement sur les hauteurs du mont Ida. Dans le reste de la Grèce, les montagnes les plus célèbres lui étaient consacrées sur plusieurs points. Ainsi, il y avait un Ζεὺς Ὀλύμπιος, Ὑμήττιος, Παρνήθιος, Ἀγχέσμιος, etc.

Diodore de Sicile, dans le passage[1] où il rapporte la fondation du temple de Jupiter Atabyrios par Althé-

1. L. V, c. LIX.

mène ajoute que de son temps ce temple était encore l'objet d'un respect tout particulier.

« Ἐπὶ δ' ὄρους Ἀταβύρου Διὸς ἱερὸν ἱδρύσατο τοῦ προσαγορευομένου Ἀταβυρίου, ὅπερ ἔτι καὶ νῦν τιμᾶται διαφερόντως, κείμενον ἐπί τινος ὑψηλῆς ἄκρας, ἀφ' ἧς ἔστιν ἀφορᾶν τὴν Κρήτην. »

Apollodore, en racontant le même fait, avait parlé d'un simple autel et non d'un temple.

« Ἀναβὰς δὲ ὁ Ἀλθαιμένης τὸ Ἀταβύριον καλούμενον ὄρος, ἐθεάσατο τὰς πέριξ νήσους· κατιδὼν δὲ καὶ Κρήτην, καὶ τῶν πατρῴων ὑπομνησθεὶς θεῶν, ἱδρύετο βωμὸν Ἀταβυρίου Διός. »

Si nous remontons à Pindare, ce poëte fait allusion à ce sanctuaire dans sa septième olympique (v. 160).

.... Ἀλλ' ὦ Ζεῦ πάτερ νώ-
τοισιν Ἀταβυρίου
μεδέων.......

A en croire une ancienne légende que nous a transmise le scholiaste qui commente ces vers, il y avait autrefois dans ce temple des génisses de bronze qui mugissaient lorsque l'île était menacée de quelque grande catastrophe.

Εἰσὶ δὲ χαλκαῖ βόες ἐν αὐτῷ· αἵτινες, ὅταν μέλλῃ ἄτοπόν τι γένεσθαι, μυκῶνται. »

La même chose est mentionnée par le grammairien Jean Tzetzès[1] :

« .... Ῥόδιόν ἐστιν ὄρος
Τὴν κλῆσιν Ἀταβύριον, χαλκᾶς πρὶν ἔχων βόας
Αἵ μυκηθμὸν ἐξέπεμπον, χωρούσης Ῥόδῳ βλάβης. »

1. Tzetzès, *Chil.*, IV, 130, 8.

Ceci, d'après la remarque de Bochart[1] répétée ensuite par Dapper[2], ressemble fort à une fable phénicienne. Il y avait en effet dans le temple de Jupiter Atabyrios un prêtre qui prédisait l'avenir et principalement les malheurs qui allaient arriver. Or, en langue phénicienne, le terme *Aluf-Menaches* signifie non-seulement docteur et devin, mais encore vache de bronze.

En l'honneur de Jupiter Atabyrios, il s'était formé à Rhodes un collége particulier d'Atabyriastes, comme nous le révèle un fragment d'inscription grecque publié par M. Ross et dont j'ai déjà parlé; en outre, comme je l'ai dit également, il existait sur une colline, près des murs de la capitale, une sorte de succursale de l'ancien temple, ce qui est prouvé par le passage d'Appien que j'ai cité.

Pour en revenir aux ruines du mont Taÿros, j'ajouterai qu'autour de la grande enceinte sacrée que j'ai décrite on distingue les vestiges de plusieurs autres petites enceintes, construites elles aussi avec des matériaux d'un puissant appareil et qui paraissent contemporaines du temple. Elles servaient probablement de demeures aux prêtres qui étaient attachés au culte de Jupiter.

Si nous descendons une centaine de pas au N.-E., et au-dessous de ce plateau, nous rencontrons, sur une pente légérement inclinée, les traces d'une autre construction assez importante en blocs d'une grande dimension, et à côté les restes de quelques petites

1. *Geogr. sacr.*, p. 397.
2. *Descript. des îles de l'Archipel*, p. 92.

habitations et de nombreux fragments de poterie brisée couvrent le sol. Peut-être dans cette seconde enceinte détruite faut-il voir avec M. Ross les débris d'un temple consacré à Minerve. Ce savant invoque à l'appui de cette conjecture un passage de Polybe [1] où il est question d'un temple en l'honneur de Jupiter Atabyrios et d'un second dédié à Minerve, comme cela se voit à Rhodes, dit cet historien, et bâtis tous deux sur le haut d'une montagne dominant Agrigente par les émigrés Rhodiens qui vers 700 avant J.-C. vinrent s'établir dans cette ville.

« Ἐπὶ δὲ τῆς κορυφῆς Ἀθηνᾶς ἱερὸν ἔκτισται καὶ Διὸς Ἀταβυρίου, καθάπερ καὶ παρὰ Ῥοδίοις. »

Si la supposition de M. Ross est fondée, comme je le pense, il faut reconnaître que Minerve avait sur l'Atabyron une enceinte sacrée de moitié au moins plus petite que celle de Jupiter ; ce qui ne doit point nous étonner, Jupiter étant la divinité principale adorée sur ce mont et Minerve n'y occupant qu'une place secondaire, tandis qu'à Lindos, au contraire, où elle se trouvait également associée avec Jupiter pour recevoir le culte des hommes, c'est elle qui tenait le premier rang et Jupiter le second, comme le prouvent les inscriptions que j'ai trouvées.

Avant de redescendre du mont Taÿros pour continuer nos explorations, je ferai remarquer que ce mont est très-probablement celui que Bondelmonte [2] désigne sous le nom d'*Artamita.*

1. IX, 27.
2. Bondelm. *Liber Insul.*, p. 73.

« In medio insulæ Artamita mons cum flumine Gadora patescunt. »

Il le nomme ainsi à cause du petit hameau d'Artimiti situé à l'E. de ce mont et que j'ai signalé plus haut. Aujourd'hui ce massif a repris sa dénomination primitive, et de même que le mot Phénicien *Tabor* devient chez les Arabes, en se simplifiant, *Tour* ou *Tor*, qui signifie également montagne, de même le nom de Τάϋρος, que les Rhodiens donnent actuellement à leur Tabor, est la simplification évidente de celui d'Ἀτάβυρις, Ἀτάβυρον ou Ἀταβύριον que nous trouvons employé par les anciens pour désigner cette grande montagne de l'île de Rhodes.

CHAPITRE XXIII.

KASTELLOS. — ANCONI : TOMBEAUX ANTIQUES ET QUELQUES AUTRES RUINES, PEUT-ÊTRE CELLES DE CAMIROS. — MANDRIKON.

Kastellos. — 4 kilomètres et demi au N.-O. d'Embonas, le village de Kastellos, composé de 60 maisons, est entouré d'une ceinture de jardins où les figuiers et les oliviers abondent. 3 kilomètres plus loin vers le N.-O., un château-fort flanqué de tours est assis sur un monticule rocheux près de la mer. Les murs en sont très-élevés là où le rocher est accessible. On y distingue encore en trois endroits des armoiries, ce sont celles de Pierre d'Aubusson et de Fabricius Carretti. Un escalier presque entièrement détruit y conduisait. A l'intérieur, plusieurs bâtiments aujourd'hui renversés servaient jadis à loger les défenseurs de la place. Quelques belles salles voûtées ont seules échappé à la destruction générale. Des broussailles épaisses et même de grands arbres ont envahi le sol et croissent confusément à travers les pierres, recouvrant en certains points des citernes et des magasins souterrains à moitié comblés.

Les rochers sur lesquels ce fort s'élève s'avancent en promontoire dans la mer; derrière cette pointe est une petite anse où peuvent mouiller de faibles embarcations.

En continuant à côtoyer le rivage vers le N., on trouve bientôt une nouvelle anse très-étroite, resserrée qu'elle est entre deux bandes de roches calcaires qui la délimitent. On l'appelle *Kopria.* C'est là que les barques venant de Khalki ont coutume d'aborder.

1 kilomètre plus au N., un promontoire rocheux et d'un aspect blanchâtre forme une espèce de coude dans la mer, d'où lui est venue la dénomination d'*Anconi* (Ἀγκώνι). Le plateau supérieur de ce promontoire est hérissé de broussailles du milieu desquelles se détachent quelques débris de constructions qui ne paraissent pas devoir remonter au-delà du moyen âge; mais vers le S.-E. j'ai remarqué deux chambres sépulcrales antiques; elles communiquent l'une avec l'autre, sont basses et légèrement voûtées.

Dans les parois des rochers qui regardent la plaine

au N., un autre monument antique, plus digne d'intérêt, mérite de fixer l'attention. Sur la surface du roc aplani, on a pratiqué à gauche une grande niche rectangulaire qui devait renfermer probablement une statue, et à côté un escalier dont les degrés usés par le temps sont presque entièrement dégradés; à droite, et à quelque distance, deux autres niches, creusées horizontalement et superposées, paraissent avoir été des fours à cercueil. Le tout est encadré de moulures élégamment sculptées et surmonté d'un fronton. La largeur de ce petit monument est de 4 mètres et la hauteur de 5. Des constructions complétement démolies semblent y avoir été adossées.

M. Ross, inclinant à voir dans le promontoire Anconi le *Thoantion* dont il est question dans Strabon, l. XIV, ch. II, suppose que ce monument est le heroon de Thoas auquel des honneurs divins auraient été rendus à Rhodes comme à Carpathos. Pour moi, j'ose être d'un avis différent; car Anconi et les ruines qui avoisinent ce promontoire, et qui s'étendent dans la plaine autour de la baie du même nom, ne sont autre chose à mes yeux que les restes de l'ancienne Camiros placée par Strabon d'une manière positive au N. de l'Atabyris. Or cette ville aurait été située au S. de cette montagne, s'il fallait la reconnaître dans les ruines qui portent néanmoins son nom près du cap Monolithos. La position d'Anconi au contraire s'accorde très-bien avec les indications de Strabon. La ville occupait une plaine où la charrue depuis a passé, il est vrai, mais où l'on heurte encore à chaque pas des fragments de poterie et des tas de matériaux qui jonchent le sol. Le long du rivage, on distingue quelques fondations de remises pour les barques ou de magasins pour les matelots, mais dont les vestiges, je l'avouerai, n'offrent aucun caractère de construction hellénique; ce qui ne contredit pas ma supposition. Qui empêche, en effet, de penser que certaines bâtisses plus modernes aient été faites sur l'emplacement de l'antique cité? Quant à celle-ci, si elle a été détruite d'une manière si complète, et si l'on ne retrouve en ce lieu d'autres restes helléniques que les monuments tumulaires dont j'ai parlé, on ne doit point en être surpris, quand on songe que des villes beaucoup plus considérables que Camiros n'ont laissé d'elles-mêmes aucune trace reconnaissable. L'aspect de cette localité, dont le terrain est généralement argileux, et la couleur blanchâtre des rochers d'Anconi, justifient d'ailleurs très-bien l'épithète d'ἀργινόεις donnée par Homère à Camiros. Aussi, au lieu de voir avec M. Ross, dans le monument taillé dans le roc que j'ai décrit, le Thoantion de Strabon, serais-je plutôt disposé à y reconnaître le Heroon d'Althémène qui fut après sa mort adoré comme un dieu par les habitants de Camiros.

Du reste, l'opinion que j'émets ici sur la place de cette ville n'est pas neuve, car elle est déjà venue à la pensée de quelques voyageurs, comme le prouve le passage suivant de M. Ross qui en parle et les réfute, sans citer leurs noms :

« Ces mesquins débris d'Anconi, dit-il[1], ont été re-

1. *Reisen auf den griechischen Inseln*, p. 103.

gardés, par quelques voyageurs, comme étant ceux de Camiros; mais cette ville est encore plus loin au S.-O. de l'Atabyros, près du cap Monolithos. »

Là, en effet, il y a les ruines que j'ai mentionnées et que les habitants désignent par le nom de Camiros, considération très-grave sans doute à mes yeux et qui semble, au premier abord, trancher la question ; mais comment expliquer alors le passage de Strabon et comment croire que ce géographe, d'ordinaire si précis et si exact, surtout en ce qui concerne le monde grec qu'il connaissait parfaitement et qu'il avait en grande partie parcouru lui-même, se soit trompé sur l'emplacement d'une des villes les plus importantes de l'île de Rhodes? C'est là, je le répète, ce qui m'a inspiré des doutes sur la véracité de la tradition conservée dans le pays et ce qui me porte à placer à Anconi, avec les voyageurs auxquels fait allusion M. Ross, la ville de Camiros.

Mandrikon. — La plaine d'Anconi est sillonnée dans son milieu par un torrent assez large : puis, jusqu'à Mandrikon, des roches ferrugineuses apparaissent çà et là à la surface du sol. Mandrikon n'est qu'un faible village composé d'une vingtaine de petites maisons. Il est situé dans une délicieuse vallée, arrosée par un torrent dont les eaux sont dérivées en plusieurs ruisseaux. De magnifiques vergers y réunissent confusément des oliviers, des figuiers, des grenadiers, des mûriers, des citronniers et des orangers qui mêlent en quelque sorte leurs fruits et leur feuillage : de toutes parts, aussi, des vignes grimpantes s'enroulent au tronc des arbres qu'elles tapissent au printemps de leur pampre et à l'automne de leurs grappes[1].

Les maisons de Mandrikon appartiennent presque toutes aux habitants les plus aisés d'Embonas qui y viennent passer la belle saison.

CHAPITRE XXIV.

VILLAGES QUI SONT SITUÉS AUTOUR DU MONT SAINT-ÉLIE. — APOLLONA. — PLATANIA. — DIMELIA. — SALAKKOS. — PROMONTOIRE D'HAGIOS-MINAS.

Apollona. — De Mandrikon je me dirigeai directement vers l'E. et un peu vers le S., en côtoyant les flancs méridionaux du mont Saint-Élie pour atteindre le village d'Apollona dont le nom antique m'attirait. 12 kilomètres séparent ces deux localités. Le sentier est accidenté et très-pittoresque. A 5 kilomètres environ de Mandrikon, dans une vallée qu'ombragent des sapins et des cyprès gigantesques, coule une source près de laquelle j'ai observé quelques pierres helléniques. Peut-être y avait-il là jadis un sanctuaire ou du moins un autel consacré aux nymphes de ce lieu charmant.

Les pentes du mont Saint-Élie sont, de ce côté, re-

1. L'étymologie du mot *Mandrikon* est μανδρά, qui signifie étable et pressoir.

vêtues de belles forêts de pins et sillonnées par plusieurs torrents qu'alimentent les nombreuses sources de ce massif.

Apollona est un village de 70 maisons qu'environnent de frais vergers plantés de divers arbres à fruits. Une église, appelée *Stavros* (Σταυρός) ou Sainte-Croix, renferme quelques plaques de marbre antique. Ces débris proviendraient-ils d'un ancien sanctuaire consacré à Apollon, qui semble avoir été jadis le patron de cette localité?

Près du village est un plateau qu'occupent les ruines d'un Kastro bâti par les chevaliers et formant un carré de 100 pas sur chaque face. Il était défendu par une tour élevée, aujourd'hui à moitié détruite. Dans l'intérieur, autour de cette grande enceinte de murs, régnaient des salles voûtées, dont une partie seulement est encore debout et le reste est renversé.

Platania. — A une heure un quart plus à l'E. et en longeant toujours au S. le pied du Saint-Élie, on arrive à Platania. Ce petit village ne contient que 20 maisons. Il a dû son nom aux platanes qui croissaient autrefois en ce lieu. Actuellement, il y en a encore plusieurs, mêlés à de hauts peupliers blancs, qui répandent leur ombre sur ce hameau. Devant Platania s'ouvre à l'E. une riante vallée.

Dimelia. — De Platania à Dimelia, le chemin court au N.-E., en tournant le versant oriental du mont Saint-Élie; ensuite, il fait brusquement un coude vers le N.-O., le long des flancs septentrionaux de cette même chaîne. On traverse une jolie vallée qu'arrose un torrent et où s'épanouit une végétation luxuriante de lauriers-roses, de myrtes, de lentisques, d'arbousiers et d'autres arbustes embaumés qui parfument le sentier que l'on parcourt. Puis, en s'approchant de Dimelia, situé à 5 kilomètres et demi de Platania, on aperçoit des champs semés de coton et des jardins remplis d'arbres fruitiers. J'oubliais de signaler aussi une source extrêmement limpide que l'on rencontre chemin faisant et dont l'eau est recueillie dans un réservoir. Elle passe pour l'une des meilleures de l'île; on l'appelle *Fondoukli*, et les bosquets qui l'entourent ont pu dans l'antiquité être un bois sacré.

Dimelia compte 35 maisons. L'entrée du village était défendue, à l'époque des chevaliers, par une tour carrée, depuis longtemps détruite.

Salakkos. — Six kilomètres et demi à l'O. de Dimelia, Salakkos est situé sur le penchant d'une colline au N. et en face de la cime la plus élevée du Saint-Élie. Une soixantaine de maisons sont éparses au milieu d'agréables vergers que fertilisent plusieurs cours d'eau qui descendent de la montagne; elles sont habitées par 10 familles turques et 50 familles grecques.

Le village est dominé par un plateau, où les chevaliers avaient construit un Kastro mesurant 40 mètres de long sur 30 de large. Il était encore presque intact, il y a une cinquantaine d'années, comme me l'a raconté un vieillard de l'endroit. De vastes terrasses y recouvraient de grandes salles voûtées, et, aux quatre angles, il était flanqué de tours très-élevées; mais alors les Turcs de Salakkos, voulant se bâtir une mosquée, démolirent une partie de ce château pour en tirer des matériaux de construction. Devant ce Kastro s'étend une place qu'ombrage à son centre un vieux platane et où l'on remarque une table de pierre, sur laquelle les Musulmans de ce village ont coutume de déposer leurs morts avant de les enterrer.

Une longue et fertile vallée règne depuis Salakkos jusqu'à la mer, dans la direction du N.-E.-E. On y descend après avoir traversé des jardins, où l'on aperçoit beaucoup de maisons ruinées, preuve que ce lieu était jadis bien plus peuplé qu'aujourd'hui. Il est évident, en effet, qu'une situation aussi heureuse et un sol aussi fécond n'ont pas dû être négligés aux différentes époques où l'île était florissante.

A 2 kilomètres de Salakkos, dans un endroit appelé *Myrtonas*, à cause des myrtes qui y croissent, un beau moulin à eau, à moitié détruit, porte encore les armes des chevaliers; plusieurs fontaines l'avoisinent.

Promontoire d'Hagios-Minas. — En continuant à suivre la même vallée, on arrive au promontoire d'Hagios-Minas. Il est bas et sablonneux. A l'extrémité de cette pointe, on découvre les restes d'une petite tour d'observation, de forme circulaire. Non loin de là, quelques ruines paraissent dater du moyen âge de même que cette tour. Des dunes de sable hérissées de broussailles courent le long de la plâge vers le N. et bordent une baie peu prononcée. Après avoir franchi le lit d'un torrent, je remarque une grande quantité de tessons et de poterie brisée dans des champs couverts de blé et qui descendent à la mer comme par étages successifs. S'il y avait une ville antique en ce lieu, on peut dire qu'elle a complétement disparu, à part ces misérables vestiges qui seuls peuvent en signaler encore l'existence.

CHAPITRE XXV.

KALAVARDA. — PHANÆS. — SORONI. — APANO-KALAMONA. — KATO-KALAMONA. — THÉOLOGOS. — DAMATRIA. — MARITZA. BASTIDA. — VILLA-NOVA. — KREMASTOS.

Kalavarda. — Cinq kilomètres au N.-E. du promontoire Hagios-Minas, le village de Kalavarda occupe un plateau et est composé de 80 maisons; des jardins et des champs cultivés l'environnent.

Phanæs. — Une heure plus loin, vers le N.-E., au-delà d'un torrent, Phanæs s'élève sur la pente d'une colline, à 20 minutes de la mer.

On y compte une centaine de maisons et 2 églises, Un plateau, actuellement couvert d'habitations, garde encore les traces d'une grande tour carrée, datant de l'époque des chevaliers et dont les fondements seuls sont visibles sur certains points.

Phanæs, comme le remarque M. Ross[1], est, selon toute probabilité, le nom d'une localité antique. Ainsi s'appelaient un port et un promontoire de Chios[2]. Je

1. *Reisen auf den griechischen Inseln*, p. 102.
2. Steph. Byzant., au mot Φάναι. — Livius, 36, 43.

dois dire toutefois qu'aucune ruine hellénique n'existe en cet endroit.

Soroni. — Avant d'arriver à ce village, situé 4 kilomètres plus loin vers le N.-E. et qu'habitent 90 familles grecques, on franchit successivement le lit de deux torrents très-larges qui vont déboucher à la mer et sont bordés l'un et l'autre de gracieux et verdoyants arbustes et surtout de lauriers-roses gigantesques.

Soroni avait, comme presque tous les autres villages de l'île, un Kastro destiné à la fois à le défendre contre l'ennemi du dehors et à tenir les habitants eux-mêmes dans la soumission, s'ils avaient voulu se révolter. Ce Kastro, à l'exception de deux ou trois gros pans de mur, est démoli.

Les jardins de ce village abondent en oliviers et en figuiers, la vigne aussi y prospère, et l'on y recueille un vin rouge estimé.

Apano-Kalamona. Le sentier qui de Soroni conduit au petit hameau d'Apano-Kalamona, dans la direction du S.-E., monte et descend, l'espace de deux heures de marche, à travers une série de collines qui s'élèvent de plus en plus et dont les flancs sont couverts de hautes broussailles qui forment en certains endroits des fourrés impénétrables que dominent par intervalle de jolis bouquets de pins. Ces collines sont sillonnées par plusieurs torrents qui serpentent entre des rives étroites mais qu'une nature vierge et sauvage semble avoir pris plaisir à décorer des plus gracieux ombrages. Apano-Kalamona disparaît derrière les grands arbres qui l'environnent. Ce hameau se borne à 6 maisons habitées par des Turcs. La contrée au milieu de laquelle il est situé produit beaucoup de gibier.

Kato-Kalamona. — D'Apano-Kalamona on descend à Kato-Kalamona, autre petit hameau consistant en 7 maisons habitées par des Turcs. Il est à 4 kilomètres et demi au N. du précédent, dans une vallée cultivée.

Théologos. — De là à Théologos il y a 5 kilomètres dans la direction du N.-O. Ce village, qui tire son nom du grand Théologien sous l'invocation duquel son église est placée, c'est-à-dire de saint Jean l'Evangéliste, est prononcé par les habitants comme s'il était écrit de la manière suivante, Soloos (Θεολόγος, Θωλόος, Σωλόος); d'où les Turcs par corruption ont fait Solouk. C'est ainsi que, sur l'emplacement de la ville d'Ephèse en Asie Mineure, le village actuel, dédié au même saint et dont la dénomination complète et véritable est Hagios-Théologos, est connu vulgairement sous celle d'Aia-Solouk.

Théologos est composé d'une trentaine de maisons groupées sur un plateau. L'église et le cimetière qui l'environne renferment quelques plaques de marbre antique. M. Ross y a trouvé deux inscriptions qu'on peut lire dans son recueil d'inscriptions grecques inédites[1], l'une contenant une liste de noms de magistrats ou plus vraisemblablement de divers intendants préposés aux choses saintes, l'autre étant un catalogue de prêtres attachés au temple d'Apollon Erethimios (Ἀπόλλωνος Ἐρεθιμίου).

1. *Inscript. gr. ined.*, III, N°s 276-277.

M. Ross pense, et je me range volontiers à l'opinion de ce savant, que cet Apollon Erethimios est le même que l'Apollon Erethymios qui, d'après le lexicographe Hésychius, était adoré en Lycie.

« Ἐρεθύμιος ὁ Ἀπόλλων παρὰ Λυκίοις καὶ ἑορτὴ Ἐρεθυμία. »

M. Ross ajoute que ce même Apollon Erethimios lui paraît devoir être identifié avec l'Apollon Erythibios dont il est question dans Strabon comme ayant un temple dans l'île de Rhodes.

« Ῥόδιοι δὲ Ἐρυθιβίου Ἀπόλλωνος ἔχουσιν ἐν τῇ χώρᾳ ἱερὸν, τὴν ἐρυσίβην καλοῦντες ἐρυθίβην.[1] »

Si cette dernière conjecture du célèbre archéologue Allemand est fondée, et si les trois épithètes de Ἐρεθίμιος, Ἐρεθύμιος et Ἐρυθίβιος se confondent en réalité et ne sont qu'une triple manière d'écrire le même mot par la permutation de quelques lettres, Apollon aurait été adoré jadis en cette endroit comme *divinité protectrice des blés contre la nielle*, conformément à l'étymologie donnée par Strabon.

Quoiqu'il en soit, les deux plaques de marbre sur lesquelles M. Ross a déchiffré ces inscriptions et les autres qu'on voit dans le cimetière et dans l'église de Théologos ont été découvertes au bas du plateau qu'occupe le village actuel au milieu d'un champ de blé où l'on distingue encore plusieurs blocs de marbre à moitié enfouis dans le sol. Ce champ, parsemé de quelques oliviers et qui était, au moment où je le parcourus, couvert de belles moissons que l'on était en train

1. L. XIII, c. I, § 64.

de récolter, m'a paru tout jonché de petits débris de poterie, ce qui indique que la localité antique s'étendait dans la plaine, au lieu d'être, comme le village actuel, placée sur la hauteur; il était ainsi plus rapproché de la mer.

La même inscription qui nous révèle en ce lieu l'existence d'un ancien temple consacré à Apollon Erethimios est en outre très-précieuse à un autre titre, en ce qu'elle nous fait connaître les noms de plusieurs localités qui toutes vraisemblablement appartenaient à l'île de Rhodes, car au nom de chaque prêtre du temple d'Apollon Erethimios est adjoint celui de sa patrie. Or, il est probable, comme le fait observer très-bien M. Ross, que les prêtres d'un temple situé dans l'île de Rhodes étaient eux-mêmes Rhodiens; par conséquent les surnoms suivants qui indiquent le lieu de leur naissance nous signalent autant de localités Rhodiennes; voici ces surnoms par ordre alphabétique :

Ἀστυπαλαιεὺς, Βρυγινδάριος, Ἰστάνιος, Νεοπολίτας, Πολίτας, Ποντωρεὺς, Σιβύθιος.

Qu'on me permette ici de reproduire in extenso la note de M. Ross à ce sujet [1].

« Astypalæa nomen est satis frequens in geographia antiqua; neque opus est ut de insula sic appellata vel de oppido Coi insulæ cogitemus; potuit etiam esse in Rhodo.

De secundo nomine, quod Brygindara sonuisse antumo, certa res est. Rem conficit fragmentum Lyncei Samii in epistola ad Diagoram apud Ath., XIV, p. 652.

1. Ross., *Inscr. gr. ined.*, N° 277.

Ἡ δὲ γῆ ταῖς Χελιδονείαις ἰσχάσιν ἀντιπαρατιθεῖσα τὰς Βριγινδαρίδας (scrib. Βρυγινδαρίδας, καλουμένας, τῷ μὲν ὀνόματι βαρβαριζούσας, ταῖς δὲ ἡδοναῖς οὐδέν ἧττον ἐκείνων Ἀττικιζούσας· καὶ (ἰσχάδες) Βαγινδάριοι (corrige Βρυγινδάριοι), δὲ αἱ Ῥόδιαι.

Quæ sequuntur tria nomina, Ἱστάνιος, Νεοπολίτας, Πολίτας, aliundè quidem incognita sunt : sed quid obstat quin Rhodum pagum aliquem Histanium suamque etiam Neapolim habuisse statuamus? Politam autem suspicor esse civem ipsius urbis Rhodi.

Sequitur Ποντωρεύς, nomen jam obvium in duobus lapidibus Rhodiis.

Σιβύθιος, quod ab aliquo loco Sibytha derivandum est : cum nomine Ἱστάνιος confer nomen unius ex hodiernis Rhodi vicis Ἴστριον. »

A cette note de M. Ross j'ajouterai qu'à l'exception de deux de ces localités, dont l'une, d'après la conjecture de ce savant, peut être identifiée avec la capitale elle-même, et l'autre, mais avec plus d'incertitude, avec l'emplacement du village actuel d'Istrios, la position des cinq autres, c'est-à-dire d'Astypalæa, de Brygindara, de Néapolis, de Pontoros et de Sibytha, n'a pu jusqu'à présent être retrouvée.

Damatria. — 6 kilomètres au N.-E. de Théologos, le village de Damatria, habité par 60 familles grecques, est précédé de vergers agréables. A quelques minutes de ce village, vers l'O., la campagne est couverte de nombreux tas de pierre et de vestiges informes d'anciennes constructions. Ce sont sans aucun doute les restes de la localité antique de Damatria, le village actuel étant remonté un peu plus haut sur une colline. Je n'ai aperçu aucun fragment de marbre pouvant être un débris du temple de Cérès, qui probablement existait jadis en ce lieu et qui aura donné son nom à Damatria (Δημήτηρ, Cérès, en Dorien Δαμάτηρ, d'où Δαματρία).

Maritza. — 4 kilomètres à l'E. de Damatria, Maritza est situé au pied d'une haute montagne qui appartient à la grande chaîne longitudinale de l'île et qui s'appelle *Kolôupi.* Ce village contient 70 maisons environnées de jardins. Le terroir y est très-propre à la vigne.

Bastida. — 25 minutes au N., le petit village de Bastida consiste en une vingtaine de maisons. Il est au milieu d'une grande plaine nommée *Kamari.*

Villanova. — En se dirigeant vers l'O. pour se rapprocher de la mer, on rencontre, à 5 kilomètres de distance, Villanova. A l'entrée de ce village est une fontaine abondante dont les eaux descendent par un conduit du mont *Platza* auquel le village est adossé. Cette fontaine est l'une des plus renommées de l'île. Devant le bassin de marbre où elle coule s'arrondit une place en forme de demi-lune qu'enferme une ceinture de rochers pitoresques et qu'ombragent à son centre de beaux platanes. De larges estrades bordées de pierres et pavées de petits cailloux de différentes couleurs ont été ménagées à droite et à gauche de cette place, et c'est là que les jours fériés les habitants de Villanova aiment à venir s'asseoir à l'ombre autour des platanes.

Un peu plus loin on aperçoit sur un plateau les ruines d'un château bâti par les chevaliers. Défendu par un ravin au S., à l'O. et au N, il est à l'E. seulement de plein-pied avec le sol environnant. Il forme un carré d'environ 50 mètres sur chaque face; mais un peu plus bas un autre mur, en partie démoli, comprenait dans une enceinte plus étendue quelques autres bâtiments voûtés dépendant de cette forteresse. Les débris de ce Kastro sont très-imposants. En y pénétrant on admire encore de longues salles aujourd'hui à moitié renversées, une habitation distincte qui servait de résidence au gouverneur de la place et décorée extérieurement d'armoiries sculptées qu'on a enlevées, mais dont les gracieux encadrements n'ont pas disparu ; enfin les restes d'une jolie chapelle gothique à laquelle les habitants continuent à donner le nom de chapelle Sainte-Catherine.

On croit que ce château est dû à Hélion de Villeneuve, et on rapporte à ce même grand-maître la fondation du village Villanova. Composé de 75 maisons, il occupe les dernières pentes du mont Platza qui le domine à l'E. A l'O. jusqu'à la mer se déploie une grande plaine où croissent pêle-mêle dans de vastes et nombreux enclos tous les arbres fruitiers que l'île produit; la vigne y est aussi cultivée avec succès.

Kremastos. — Trois-quarts d'heure de marche séparent Villanova de Kremastos. Avant d'arriver à ce dernier village, on franchit près d'une petite chapelle bâtie sur un monticule rocheux, le large lit d'un torrent qui, de même que presque tous les autres de l'île, tarit pendant l'été et ronge ses rives à l'époque des grandes pluies. Inutile d'ajouter qu'il a aussi sa double bordure d'arbustes verdoyants et principalement de lauriers-roses.

Au-delà commencent les jardins de Kremastos, cultivés et arrosés avec soin. On y remarque de beaux arbres fruitiers et surtout de vastes plantations d'ognons.

Kremastos forme une longue rue à laquelle aboutissent quelques autres plus petites et qui comprennent un ensemble d'une centaine de maisons basses, mais assez régulièrement bâties. A l'extrémité septentrionale du village, une église qui ne manque pas de goût a été nouvellement construite sur une plate-forme ainsi qu'une élégante fontaine.

Le village est commandé par une colline que couronne un Kastro datant de l'époque des chevaliers et dont les murs extérieurs sont encore presque intacts. On distingue en deux endroits les armoiries du grand-maître Fabricius Carretti : les salles voûtées d'en bas servent aujourd'hui d'étable pour les troupeaux.

Au N.-O. de Kremastos, à une faible distance du bord de la mer, on m'a montré quelques fragments de cippes et d'autels tumulaires en marbre grisâtre, des vestiges d'anciennes constructions et une grande quantité de poterie antique brisée. En outre le rivage décrit en cet endroit une petite anse, mais qui est presque entièrement ensablée. Ne serait-ce pas là, comme l'a pensé M. Ross[1], l'ancien port des Ialysiens qui paraît avoir été appelé *Schedia*, comme semble l'indiquer le le passage suivant d'Athénée[2]?

« Ναυαγήσας δ'ὁ Φόρβας καὶ Παρθενία..... διενήξαντο εἰς Ἰηλυσὸν περὶ τὸν καλούμενον τόπον Σχεδιάν. »

Cet établissement maritime était éloigné d'environ une heure d'intervalle de la citadelle des Ialysiens appelée ὀχύρωμα et dont nous allons parler tout à l'heure, mais beaucoup moins de la ville proprement dite qui était bâtie sur les dernières pentes du mont Philérémos, dont cette citadelle occupait le sommet.

CHAPITRE XXVI.

RUINES D'IALYSOS. — OCHYRÔMA, L'ANCIENNE ACHAÏA, SUR LE PLATEAU DU PHILÉRÉMOS. — UN MOT SUR L'ANTIQUE VILLE DE CYRBÉ. — QUELQUES DÉTAILS SUR L'HISTOIRE PARTICULIÈRE D'IALYSOS.

S'il peut rester encore quelques doutes sur l'emplacement véritable de la ville de Camiros, il n'y en a aucun sur celui d'Ialysos; car l'endroit où cette dernière cité était situé, est connu encore aujourd'hui par les habitants sous le nom de παλαιὰ Ῥόδος, l'ancienne Rhodes.

1. *Reisen auf den griechischen Inseln*, p. 97.
2. *Athénée*, l. VI, p. 262.

Cette ville s'étendait au pied et sur les pentes inférieures du mont qu'on appelle Philérémos, au N.-E. du village actuel de Kremastos. Ce n'était qu'un bourg, au dire de Strabon, dominé par une acropole fortifiée et très-puissante, nommée à cause de cela même Ochyrôma (Ὀχύρωμα).

« Εἶτ' Ἰάλυσος κώμη καὶ ὑπὲρ αὐτὴν ἀκρόπολίς ἐστιν, Ὀχύρωμα καλουμένη. »

Ce bourg a complétement disparu, à l'exception de quelques miserables vestiges qui jonchent ça et là le sol sur le terrain qu'il occupait et surtout d'une quantité innombrable de tessons et de débris de poterie antique disséminés de toute part que le soc de la charrue broie et bouleverse chaque année. Cependant, en défônçant leurs champs, les habitants de Kremastos trouvent encore quelquefois de belles plaques de marbre antique, de grands blocs de pierre équarris et des tombeaux évidemment helléniques. On a même découvert, il y a quelques années, dans une pièce de terre nouvellement défrichée, les restes d'un temple ou d'un portique dont il existe encore à la même place deux fûts de colonnes en marbre blanc, à moitié ensevelis dans le sol et à côté un chapiteau Corinthien très-finement exécüté. Le fût de ces colonnes est d'ailleurs d'un diamètre peu considérable et le style du chapiteau nous autorise à penser que ce monument est postérieur à la fondation de la capitale et que, par conséquent, la ville ou plutôt le bourg d'Ialysos continua à être habité, même après cette fondation qui dut lui

1. XIV, 2.

porter néanmoins un coup mortel. Car ce bourg n'ayant qu'un port incommode, très-exposé au vent du N.-O. et d'ailleurs trop éloigné de ses murs, il est à croire que beaucoup de ses habitants émigrèrent dans la capitale et délaissèrent leur ancienne patrie dont la décadence commença dès lors et dut marcher probablement avec plus de rapidité que celle de Camiros et de Lindos.

Une partie sans doute de ses dépouilles servit à enrichir la grande ville de Rhodes dont le voisinage et l'heureuse position lui furent très-nuisibles et qui finit par l'absorber elle-même en quelque sorte presque complétement; ce qui explique l'entière disparition de ses ruines.

Sa nécropole touchait au village actuel de Kremastos; car ce sont principalement des tombeaux qui ont été découverts près de ce village, lequel a été bâti certainement avec les derniers débris d'Ialysos.

Quant à son acropole ou Ochyrôma (Ὀχύρωμα, château-fort), elle embrassait dans son enceinte tout le plateau supérieur de la montagne au bas de laquelle le bourg était situé et qui porte depuis le moyen âge le nom de Philérémos.

Isolée au milieu d'une grande plaine et très-escarpée au S., à l'E. et à l'O., cette montagne est plus facile à gravir vers le N., parce qu'elle s'élève de ce côté par plusieurs étages successifs de collines qui semblent se superposer les unes au-dessus des autres. Les pentes en sont couvertes de broussailles et, en certains endroits, de bouquets de pins, de cyprès et de sapins. Au bout de 25 minutes d'une ascension assez pénible, on arrive à une plate-forme peu étendue, qu'ombrage un vieux noyer et où une source, jaillissant des flancs de la montagne, déverse ses eaux dans un petit bassin creusé dans le roc et de là, par un conduit, dans un réservoir plus considérable et maçonné.

Sous ce noyer, on remarque deux tambours de colonnes antiques et cannelées ayant 56 centimètres de diamètre. M. Ross émet l'idée[1] que ces débris sont peut-être les restes d'un ancien temple dédié aux nymphes Telchiniennes d'Ialysos. Il se fonde sur le passage suivant de Diodore de Sicile[2] : « Παρὰ δὲ Ἰαλυσίοις Ἥραν καὶ νύμφας Τελχινίας. » Cette conjecture, en effet, ne manque pas de vraisemblance, attendu qu'il n'y a pas d'autre source sur le mont Philérémos; et il est à présumer que celle-ci, qui était si précieuse pour les Ialysiens, a été consacrée jadis par eux, dès le temps même des Telchines, aux nymphes du lieu.

Près de là est l'habitation d'un Turc qui est aujourd'hui le propriétaire de toute la montagne et le possesseur unique de l'acropole d'Ialysos. En achevant de gravir le mont pendant 5 à 6 minutes, on parvient enfin au plateau supérieur, après avoir franchi une porte construite avec des blocs helléniques et défendue autrefois par une tour, maintenant à moitié renversée et dont les assises inférieures sont antiques, tandis que les autres sont plus modernes. Cette porte donne entrée sur une immense plate-forme qu'environnait du temps des chevaliers une enceinte de murs crénelés,

1. *Reisen auf den griechischen Inseln.*, p. 96.
2. Diod., V, 55.

bâtis très-probablement sur les fondements d'une muraille beaucoup plus ancienne. L'enceinte du moyen âge, de même que l'enceinte primitive, est actuellement détruite; mais il est très-facile d'en suivre les traces tout autour du plateau. Celui-ci s'allonge du N.-E. au S.-O. Il domine la plaine d'environ 250 mètres et sa circonférence peut être estimée à 1400. Bien qu'il soit en certains endroits à peu près inaccessible, cependant on l'avait fortifié de toutes parts. La surface, quoique aplanie sur plusieurs points, n'en est pas égale, et elle s'abaisse un peu et comme par des terrasses qui vont se dégradant du N. au S. En la parcourant, on heurte à chaque pas des amas de pierres entassées et appartenant à de nombreuses constructions entièrement ruinées. On voit qu'il y a eu là une petite ville. Effectivement, nous lisons dans Bondelmonte[1] : « Ad quintum milliare prope civitatem in monte Filermus est oppidum, et Domina omnium gratiarum sæpe visitata adoratur a multis. »

Cette ville ou plutôt ce château-fort, comme l'indique le mot latin *oppidum*, avait été bâti en grande partie avec des matériaux antiques qu'on peut encore reconnaître, malgré les transformations successives qu'ils ont subies. Du milieu de ce chaos confus et désordonné de débris qui portent l'empreinte de différents âges s'élèvent des broussailles et des touffes d'herbes odoriférantes, et çà et là de vieux térébinthes et des caroubiers.

En suivant les vestiges du mur d'enceinte, on

1. *Liber Insul.*, p. 74.

rencontre à l'O., sur les bords mêmes du plateau, deux grandes tours du moyen âge, éloignées d'environ 50 pas l'une de l'autre; le sommet en est démoli; elles regardent le village de Kremastos.

Vers le centre, le sol se relève légèrement et les ruines abondent davantage; on distingue encore l'emplacement et les restes de plusieurs bâtiments assez vastes, qui n'offrent plus qu'un monceau informe de pierres brisées et noircies par le temps; mais c'est la partie septentrionale surtout qui mérite d'être visitée. Là, sur le point culminant du plateau, des ruines plus belles et mieux conservées attirent l'attention. Ce sont celles d'un ancien monastère fondé par les chevaliers, ou du moins réparé et agrandi par eux. Trois salles voûtées et une partie de la chapelle dont les ogives sont très-élégantes subsistent encore. J'y ai remarqué plusieurs dalles et d'autres pièces et fragments de marbre blanc qui paraissent antiques et ont été probablement enlevés à quelque temple de cette acropole, peut-être à celui de *Hera Telchina*, déesse que vénéraient les Ialysiens, comme nous l'avons vu dans le passage que j'ai cité de Diodore de Sicile.

La nef de cette chapelle est actuellement à découvert, et la sacristie sert d'étable aux bœufs du Turc qui est propriétaire de la montagne. Ce sanctuaire est celui de *Notre-Dame-de-toutes-les-grâces*, *Domina omnium gratiarum*, dont il est question dans Bondelmonte et qui était de son temps l'objet de nombreux pélerinages. Lors du premier siége de 1480, l'image miraculeuse et vénérée de cette madone avait été processionnellement transportée à Rhodes; elle le fut également avant le second siége de 1522, pendant lequel Soliman, comme nous l'apprend l'historien Fontanus[1], fit sa place d'armes du mont Philérémos et profana la chapelle du monastère en la transformant en salle de bains et en un asile d'impurs plaisirs. « Ad portam usque Ambosianam qua iter ad montem Phileremum est super cujus verticem tyrannus, sacello Deiparæ Virginis in balneas sedemque arcanarum libidinum et monstruosi concubitus mutato, arcem erexit. »

A une centaine de pas au S. de ce monastère, est une autre petite chapelle souterraine et voûtée, longue de 6 mètres et large de 2 et demi; les murs en sont entièrement couverts de peintures à fresque qui malheureusement sont très-effacées. Le colonel Rottiers les a reproduites dans quelques-unes des planches de son ouvrage sur les monuments de Rhodes, et il en donne la description pages 370 et suivantes : « On pense, dit-il, que ces peintures sont l'ouvrage d'un frère-servant de l'ordre nommé Sébastiano de Florence, élève de Cimabuë. Lors du siége de 1480, les Turcs ont dégradé ces peintures; mais ensuite elles furent restaurées et repeintes à l'huile sur le dessin primitif des fresques. »

Si nous nous dirigeons vers l'angle N.-E. du plateau, d'autres ruines importantes se présentent également à nos yeux. On y reconnaît aussitôt celles du château qui servait de résidence au commandant militaire de la place. Entouré vers le S.-O. d'un fossé ar-

1. *De bello Rhodio*, l. II.

tificiel à moitié comblé, il était protégé sur les autres points par d'immenses fossés naturels, étant assis sur les bords et au-dessus d'un précipice de plusieurs centaines de pieds de profondeur. On a employé pour le construire un grand nombre de pierres et de blocs antiques : des citernes et des magasins voûtés sont encore à peu près intacts; mais l'édifice principal est renversé.

Tel est cet admirable plateau que la nature semblait avoir fait exprès pour devenir une citadelle et qui l'a effectivement été dès la plus haute autiquité. C'est peut-être même l'une des premières places fortes qui aient été construites dans l'île de Rhodes : car j'incline très-volontiers à adopter l'opinion de Meursius[1] qui identifie avec l'*Ochyrôma* des Ialysiens la ville d'*Achaïa* dont parlent Diodore de Sicile et Athénée. Le premier de ces écrivains nous raconte[2] « que Ténagès, l'aîné des Héliades, ayant péri victime de la jalousie de ses frères, ceux qui avaient pris part au meurtre s'enfuirent. Macar se retira à Lesbos, Candalus à Cos, Actis en Égypte, Triopas en Carie. Quant aux autres Héliades qui étaient restés innocents de ce crime, ils demeurèrent dans l'île et construisirent la ville d'Achaïa dans l'Ialysie. Ochimus l'aîné en fut le premier roi, Cercaphus lui succéda, et celui-ci fut père d'Ialysus, de Camiros et de Lindus, qui partagèrent l'île en trois districts et y fondèrent chacun une ville. »

« .... κατῴκησαν ἐν τῇ Ἰαλυσίᾳ κτίσαντες πόλιν Ἀχαΐαν. »

1. *Rhodus*, c. IX.
2. Diod., V, 57.

Or cette ville d'Achaïa, dans un passage d'Ergéas, rapporté par Athénée[1], est appelée *très-forte*, ὀχυρωτάτη.

« Οἱ περὶ Φάλανθον ἐν τῇ Ἰαλυσῷ πόλιν ἔχοντες ὀχυρωτάτην τὴν Ἀχαΐαν καλουμένην. »

Il est impossible, à mon avis, de méconnaître ici la citadelle ou l'Ochyrôma des Ialysiens. Tel est le sentiment de Meursius, sentiment qu'avait du reste émis avant lui le savant Bochart : « Ialysus olim Achæa dicebatur, écrit cet auteur[2].... Nempe qui Heliadis successerunt Phœnices priscum Achææ nomen mutaverunt in Ialysum, ad vitandum δυσφημίαν. Achæa enim tristitiam atque animi mœrorem sonat. Hesychius : Ἀχαίας, λύπας. Idem : Ἀχαία · ἐπίθετον Δήμητρος, ἀπὸ τοῦ περὶ τὴν κόρην ἄχους.... Contra Phœnicium Ialysus, id est Jaalits vel Jaalis, a lætitia factum. Itaque eodem animo Achæa vocabulum mutatum a Phœnicibus in Ialysum, quo a Græcis Ἄξενος in Εὔξενον, a Romanis Maleventum in Beneventum. »

Il est permis de discuter sur l'étymologie assignée par Bochart au nom d'Ἀχαία et à celui d'Ἰαλυσός; mais je ne crois pas qu'on puisse rien opposer à l'assertion par laquelle il ne fait d'Achaïa et d'Ialysos qu'une seule et même ville; seulement, avec Meursius, nous ajouterons que la ville d'Achaïa, cette ville très-forte comme dit Ergéas, ne comprenait probablement dans son enceinte que le plateau de la montagne qui devint plus tard l'acropole d'Ialysos.

1. *Athénée*, VIII, p. 361.
2. *Geogr. sacra*, p. 396.

Quant à identifier Achaïa avec Cyrbé, comme le propose, mais avec un point d'interrogation toutefois, M. Ross[1], cela me semble inadmissible. Le seul écrivain ancien qui fasse mention de cette dernière ville, je veux dire Diodore[2], nous apprend que « du temps des fils de Cercaphus, un grand débordement de la mer étant survenu, Cyrbé fut inondée par les eaux et abandonnée : alors ceux-ci se partagèrent la contrée et fondèrent chacun une ville qui porta son nom : »

« Ἐπὶ δὲ τούτων γενομένης μεγάλης πλημμυρίδος, ἐπικλυσθεῖσα ἡ Κύρβη ἔρημος ἐγένετο, αὐτοὶ δὲ διείλοντο τὴν χώραν, καὶ ἕκαστος ἑαυτοῦ πόλιν ὁμώνυμον ἔκτισε. »

Si la ville de Cyrbé fut désertée par ses habitants à la suite d'une inondation des eaux de la mer, elle devait être par conséquent sur la côte et au niveau même du rivage, tandis que nous savons par Ergéas dans Athénée qu'Achaïa était une ville très-forte, ce qui nous porte naturellement à induire qu'elle était située sur une hauteur de difficile accès, hauteur qui, nous le répétons, est certainement le mont Philérémos d'aujourd'hui. Cyrbé devait être également dans l'Ialysie, ou, pour mieux dire, dans le district qui reçut plus tard ce nom, après la fondation d'Ialysos ; mais comme cette ville, à cause du débordement rapporté par Diodore, fut abandonnée dès les temps les plus reculés, il n'est pas étonnant qu'elle n'ait laissé aucune trace d'elle-même et qu'il soit à peu près impossible de

1. *Reisen auf den griechischen Inseln*, p. 99, note II.
2. V, 57.

déterminer d'une manière positive l'emplacement qu'elle occupait.

Pour en revenir à Ialysos, nous savons peu de chose sur l'histoire particulière de cette ville, qui se confond avec l'histoire générale de l'île de Rhodes.

Fondée par l'Héliade Ialysus à la même époque où les deux autres villes principales le furent par Camirus et Lindus, elle fut comme celles-ci colonisée dans le principe par des Phéniciens.

Quelque temps après, Cadmus[1] aborda dans l'île de Rhodes. Il avait essuyé pendant sa traversée une violente tempête et il avait fait vœu, s'il y échappait, d'élever un temple en l'honneur de Neptune. Préservé du naufrage qu'il redoutait, il construisit ce temple à Ialysos et il y laissa des Phéniciens pour le desservir. Ces Phéniciens obtinrent le droit de cité dans cette ville et se confondirent avec les habitants du pays qui du reste leur étaient unis par la communauté d'origine.

Si l'Ochyrôma d'Ialysos paraît avoir été, sous le nom d'Achaïa, l'une des premières places fortes occupées par les Phéniciens dans l'île de Rhodes, elle fut également la dernière qui resta en leur pouvoir et où ils se défendirent longtemps avant d'être chassés de cette île par les Grecs. Deux Rhodiens, Polyzélus et Ergéas, qui avaient écrit sur l'histoire de leur patrie et dont les ouvrages malheureusement sont perdus, avaient recueilli les traditions relatives à l'expulsion des Phéniciens. D'après un extrait de leurs récits qui

1. Diod., l. V, 58.

nous a été conservé par Athénée[1], Phalanthus, chef des Phéniciens, s'était enfermé dans la citadelle d'Achaïa où il fut assiégé par un certain Iphiclus. Il se croyait d'autant plus imprenable dans cette place qu'ayant consulté l'oracle il lui avait été répondu que l'ennemi ne s'en rendrait maître que lorsque l'on verrait des corbeaux blancs voler dans l'air et des poissons nager dans les coupes. Cependant Iphiclus, informé de cet oracle parvint à l'accomplir ou plutôt à l'éluder par la ruse, en envoyant à Phalanthus des corbeaux qu'il avait enduits de chaux et en ne relâchant un des serviteurs de son rival, nommé Larca, qui était tombé entre ses mains au moment où il était sorti de la place pour aller puiser de l'eau à une source voisine, qu'à la condition qu'il s'engagerait à verser dans la coupe de son maître l'eau qu'il lui rapportait et où il avait pris soin de jeter lui-même une quantité de petits poissons.

Polyzélus ajoute qu'Iphiclus avait été secondé dans l'exécution de ce double stratagème par la propre fille de Phalanthus, à laquelle il avait inspiré une violente passion. Phalanthus, voyant l'oracle ainsi accompli, perdit courage et abandonna l'île avec les siens.

Cet événement, comme le remarque très-judicieusement M. Lacroix[1], est loin d'offrir dans ses détails le caractère de la vérité historique; on ne sait, d'ailleurs, à quelle époque le placer. « Mais, poursuit le même auteur, cette tradition n'en est pas moins cu-

1. *Athénée*, l. VIII, c. 61.
1. L. Lacroix, *l'Univers. Iles de la Grèce*, p. 104.

rieuse, comme étant le seul souvenir conservé par l'histoire de la lutte qui dut nécessairement s'engager entre les deux nations qui se disputèrent dans ces temps reculés la possession de l'île de Rhodes. »

Ialysos, dont la citadelle avait été le dernier boulevard de la domination des Phéniciens dans cette île, fut, après leur expulsion, tour à tour possédée et rebâtie par les diverses colonies grecques qui leur succédèrent. A l'époque de la guerre de Troie, l'île entière paraît avoir été soumise au sceptre d'un même roi; car Homère, dans le passage que j'ai déjà cité de ce poëte, nous dit que l'Héraclide Tlépolème amena au secours des Grecs neuf vaisseaux, montés par les courageux Rhodiens qui habitaient les villes de Lindos, d'Ialysos et de Camiros. Où résidait alors ce roi unique? C'est ce qu'Homère ne nous dit pas. Peut-être était-ce à Lindos qui semble avoir été la plus importante de ces trois cités. Ialysos devint ensuite l'une des six villes dont la confédération composait l'hexapole Dorique. Elle dut concourir, avec Lindos et Camiros, à la fondation des différentes colonies que les Rhodiens fondèrent sur divers points de la Méditerranée. Elle eut des monnaies qui lui étaient propres, comme nous le voyons par Hésychius :

« Ἰαλύσια, τὰ ἐν Ἰαλυσῷ νομίσματα. »

Ce qui indique qu'elle avait également un gouvernement particulier. Le nom d'un de ses rois nous est connu par un passage de Pausanias[1], qui nous raconte qu'après la prise d'Ira et la seconde guerre de Messénie

1. Pausanias, IV, c. XXIII.

Aristomène se réfugia à la cour de Damagète, roi d'Ialysos. A cette époque donc, c'est-à-dire 668 ans avant l'ère chrétienne, le régime monarchique était encore en vigueur dans l'île de Rhodes, ou du moins dans le district d'Ialysos; plus tard, il fut remplacé par le régime républicain, qui était déjà établi depuis longtemps, lorsqu'en l'an 408 avant J.-C., les habitants d'Ialysos se réunirent à ceux de Camiros et de Lindos pour fonder la ville de Rhodes. Cette fondation, comme je l'ai dit précédemment, en enlevant à ces trois anciennes villes leur importance et une grande partie de leur population, fut le signal de leur décadence, surtout en ce qui concerne Ialysos. Aussi Strabon se contente-t-il de lui donner le nom de bourg, tandis qu'il désigne encore les deux premières par celui de villes. A l'époque byzantine et, à plus forte raison au moyen âge, il n'est plus question d'Ialysos dans l'histoire, et sa ruine devait être déjà à peu près consommée. Son acropole seule était encore fortifiée. Sous les chevaliers, un monastère célèbre y florissait : c'est celui dont nous avons décrit les ruines.

Aujourd'hui ce plateau justifie plus que jamais la dénomination de *Philérémos* (ou ami de la solitude) qu'il porte depuis longtemps en échange de celle d'*Ochyrôma*, qui elle-même avait remplacé celle d'*Achaïa*, car sa vaste enceinte est déserte ; citadelle et monastère, tout n'est plus que débris, et le silence de ces ruines n'est interrompu que par le bruit des pas du Musulman possesseur de la montagne, qui de temps en temps parcourt son domaine, ou par le mugissement de ses bœufs qui broutent les herbes sauvages éparses sur le sol et qui ont pour étable la chapelle, jadis si sainte et si vénérée, de Notre-Dame-de-toutes-les-Grâces.

Avant de terminer ce chapitre et de nous éloigner d'Ialysos, je citerai le seul poëte que cette ville ait produit ou du moins dont le nom et quelques vers soient arrivés jusqu'à nous; je veux parler de Timocréon que nous connaissons principalement par un passage de la *Vie de Thémistocle*, de Plutarque, ch. 26. Ce poëte, qui poursuivit de ses traits mordants et satiriques Thémistocle, s'était exercé surtout à l'invective. Les deux ou trois petits fragments que nous avons de lui ne manquent ni de verve ni d'énergie. Il fut également l'ennemi acharné de Simonide et il passa sa vie à déchirer la réputation de ses rivaux en poésie. Il était en même temps athlète vigoureux, mangeur insatiable et buveur intrépide, comme le prouve l'inscription suivante qui fut placée sur sa tombe et qu'on attribue à Simonide.

Πολλὰ πιὼν, καὶ πολλὰ φαγὼν, καὶ πολλὰ κακ' εἰπὼν
Ἀνθρώπους, κεῖμαι Τιμοκρέων Ῥόδιος.

Après avoir beaucoup bu, beaucoup mangé et dit beaucoup de mal des hommes, je repose ici, moi Timocréon le Rhodien. »

Par une inadvertance singulière qui a déjà été relevée par le colonel Rottiers et par M. Ross, M. de Hammer[1] place le mont Philérémos à Symbülli et il voit le mont Saint-Etienne dans celui de Philérémos.

1. De Hammer, *Topographische Ansichten*, etc., p. 80 et suiv.

L'erreur est si palpable qu'il me semble inutile de la réfuter à mon tour ; en effet le mont Philermus indiqué par Bondelmonte comme étant à 5 milles de la ville de Rhodes est toujours désigné par les Grecs sous ce même nom, et ensuite nous avons retrouvé sur son sommet les ruines de la place-forte et de la chapelle vénérée dont parle cet auteur. Il est donc impossible de se méprendre sur ce point, et je ne puis comprendre comment M. de Hammer a pu commettre une pareille erreur. Cette erreur malheureusement est devenue capitale dans l'article qu'il a écrit sur la topographie de Rhodes ; car en déplaçant le mont Philérémos pour le reporter arbitrairement à Symbülli, et en prenant comme point de départ et comme base de tout son système, dans le plan qu'il donne de la ville de Rhodes, la position erronée de ce mont, il a interverti complétement, ainsi que je l'ai montré plus haut[1] l'ordre véritable des divers bastions, ce qui jette une étrange confusion dans la manière dont il raconte les deux grands siéges de Rhodes.

CHAPITRE XXVII.

TRIANDA. — RIVAGE THOANTION. — RETOUR A LA VILLE DE RHODES.

Une distance d'environ 12 kilomètres sépare le mont

1. Voir le chapitre X de cet ouvrage.

Philérémos, c'est-à-dire l'ancienne acropole d'Ialysos, de la ville de Rhodes. Cette distance, comme on le voit, est en réalité un peu plus faible que celle qu'indique Strabon; ce géographe, en effet, nous dit qu'elle était d'à peu près 80 stades.

« Εἶθ' ἡ τῶν Ῥοδίων πόλις ἐν ὀγδοήκοντά που σταδίοις. »

Or 80 stades = 14 kilomètres 800 mètres. D'un autre côté, elle dépasse le chiffre de 5 milles donné par Bondelmonte dans le passage que j'ai déjà cité de cet auteur: mais il peut se faire que le mille qui sert de mesure à Bondelmonte fût plus considérable que le mille romain, lequel ne comprenait que 8 stades ou 1 kilomètre 480 mètres.

Trianda. — Une fois redescendus du plateau de Philérémos, nous arrivons à Trianda. Il faut distinguer le village proprement dit, ainsi appelé, consistant en 70 maisons groupées auteur d'une église, d'avec les villas nombreuses qui parsèment la magnifique vallée du même nom pendant plus de 4 kilomètres de longueur sur 3 de largeur.

Ces villas remontent en partie à l'époque des chevaliers, et les plus modernes ont été bâties à l'instar des anciennes. Elles sont à deux étages au plus et surmontées d'une terrasse. Leur forme est celle d'une tour carrée. Presque toutes sont ornées de jolies petites tourelles à cul de lampe que décorent des moulures délicates. C'est là que, pendant la belle saison, les habitants les plus aisés des faubourgs et de la ville,

1. L. XIV, c. II.

Turcs, Grecs et Francs, viennent s'établir pour passer trois ou quatre mois. Elles sont séparées les unes des autres par de vastes jardins entourés de murs.

Quelques-unes n'étant plus entretenues, et semblant n'appartenir à aucun propriétaire, commençent à tomber en ruines et les vergers qui les environnent dépérissent, faute de culture. Mais ceux qui sont cultivés produisent d'excellents fruits, tels que des oranges, des citrons, des grenades, des abricots, des figues et du raisin. Les oliviers s'y montrent aussi en grand nombre et y forment, en certains endroits, d'admirables bouquets et même de véritables bois. De vieux térébinthes, des chênes-vélanèdes, des caroubiers et des mûriers ombragent les routes que l'on parcourt. C'est sans contredit l'une des vallées les plus belles et les plus riches de l'île. Elle serait d'un prix inestimable dans le voisinage d'une de nos grandes cités d'Europe; mais, à Rhodes, ces charmantes villas n'ont qu'une valeur insignifiante. Si j'avais pu les examiner à loisir et pénétrer dans l'intérieur de chacune d'elles, j'y aurais sans doute reconnu de nombreux matériaux antiques tirés soit des ruines d'Ialysos, soit de celles de l'ancienne Rhodes; il est à croire que M. Hedenborg, qui a eu le temps et la facilité de les visiter, y aura découvert quelques précieux restes de l'antiquité et peut-être des inscriptions d'un haut intérêt.

La pointe dite de Trianda, promontoire sablonneux et peu dessiné, est, à mon sens, la partie saillante du rivage *Thoantion* dont il est question dans Strabon comme étant situé entre Ialysos et Rhodes; car c'est ainsi que j'entends le passage suivant[1] de ce géographe.

Après avoir dit : « Ensuite vient Camiros, puis Ialysos... enfin la ville de Rhodes à 80 stades de distance, » il ajoute :

« Μεταξὺ δὲ ἐστὶ τὸ Θοάντιον, ἀκτή τις, ἧς μάλιστα πρόκεινται αἱ Σποράδες αἱ περὶ τὴν Χαλκίαν, ὧν ἐμνήσθημεν πρότερον. »

« Et dans l'intervalle est un rivage appelé Thoantion, en face duquel se trouve précisément Khalkia avec le groupe des îles Sporades, qui l'avoisinent et dont nous avons fait mention plus haut. »

Ce *μεταξὺ* ne peut signifier, selon moi, que l'intervalle compris entre les deux dernières villes que l'auteur vient de nommer, c'est-à-dire, Ialysos et Rhodes. C'est là le sens qui me parait résulter le plus naturellement du texte. Cependant quelques critiques, et entre autres Forbiger[2] et M. Ross[3], ont cru devoir adopter celui-ci : « Entre Camiros et Ialysos est le rivage Thoantion, etc... » se fondant sur ce que la partie de la côte qui s'étend entre Ialysos et Rhodes n'est pas celle qui se rapproche le plus de Khalkia et qui se trouve le plus en face de cette île, tandis que la pointe d'Anconi, par exemple, regarde plus directement cette même île. Cela est sans doute très-vrai ; mais est-ce une raison pour forcer la grammaire et le sens à la fois le plus simple et

1. L. XIV, c. II.
2. Forbiger, *Handbuch der alten Geographie*, p. 247.
3. Ross, *Reisen auf den griechischen Inseln*, p. 104.

le plus logique de cette phrase de Strabon? J'aime mieux, quant à moi, convenir qu'ici ce géographe a commis une légère inexactitude, et, sans chercher à violenter son texte pour en tirer ce qu'il ne contient pas, je persiste à placer le rivage Thoantion à l'endroit que j'ai indiqué conformément à ce passage.

Quel était ce Thoas qui avait donné également son nom à l'un des promontoires de l'île de Karpathos, comme nous l'apprend Ptolémée[1]? C'est ce qu'il est difficile de dire avec certitude. Toutefois je crois qu'il est permis conjecturer sans trop d'invraisemblance que cette dénomination se rattache à l'arrivée d'une colonie Crétoise dans l'île de Rhodes. Nous connaissons en effet un Thoas, fils d'Ariane et de Bacchus et né en Crète. Devenu plus tard roi de Lemnos, il échappa seul, grâce a sa fille Hypsipyle, au massacre général qui fit périr tous les hommes de l'île sous les coups des femmes. Or ce Thoas, en se rendant de Crète à Lemnos, avait pu laisser, chemin faisant, quelques-uns de ses compagnons dans l'île de Karpathos et d'autres dans celle de Rhodes, lesquels, en souvenir de ce prince, auront donné son nom aux deux caps ainsi appelés.

A partir de la pointe Trianda commence une large baie autour de laquelle se déploie la belle vallée que j'ai décrite. En côtoyant cette baie vers le N., on aperçoit près du bord de la mer un petit marais formé par un torrent qui traverse la vallée et dont les eaux, à son embouchure, sont refoulées par les sables qui obstruent l'endroit où il court se jeter dans la baie.

1. Ptolem., *Géogr.*, V, 2.

C'est là que la tradition place généralement l'aventure du chevalier Gozon immolant le dragon monstrueux qui épouvantait l'île sous le magistère d'Hélion de Villeneuve.

Au bassin de Trianda succède celui de Sondourli. Sans revenir ici sur les agréments de ce site, pour ne pas tomber dans des redites inutiles, contentons-nous de saluer de nouveau en passant les ombrages et les sources qui nous y ont déjà charmés.

Au-delà de Sondourli, la côte se resserre et la plage sablonneuse où l'on marche n'a guère plus de 60 pas de large. A gauche, la mer vient battre incessamment la grève dont elle polit les galets ; à droite, s'élève le plateau du Nerdjan-Tepe, le petit Atabyron d'autrefois, celui qui est mentionné, comme je l'ai dit, dans Appien, et qui portait à son sommet, de même que la grande montagne de l'île, un sanctuaire consacré à Jupiter Atabyrios. Plus loin, le plateau du mont Saint-Etienne, un peu moins haut que le précédent, et couronné jadis par l'acropole de Rhodes, étale à nos yeux ses flancs abrupts que de violentes secousses semblent avoir plus d'une fois ébranlés; car d'énormes quartiers de roc ont été précipités des pentes du mont jusque dans la mer. Le sentier que l'on suit se relève alors légérement et offre l'aspect d'un petit défilé extrêmement étroit et bordé de roches gigantesques qui se sont détachées de la montagne pour s'arrêter là dans leur chute et qui n'attendent qu'un nouveau tremblement de terre pour rouler plus bas encore. Ce passage une fois franchi nous redescendons sur une nouvelle plage qui nous ramène bientôt à Néo-Maras.

Nous avons ainsi terminé l'exploration que nous avions entreprise. En effet, nous voici de retour à notre point de départ, après avoir parcouru toutes les côtes, aussi bien que l'intérieur de l'île.

Je n'ai néanmoins la prétention ni d'avoir tout vu ni d'avoir tout dit, et c'est une simple esquisse que je présente plutôt qu'un tableau achevé et complet. Toutefois, je crois avoir reproduit, le plus fidèlement qu'il m'a été possible, tous les traits généraux et les détails les plus importants du pays que je voulais décrire.

L'histoire m'aurait, sans doute, permis de répandre plus d'intérêt sur cette étude, dont quelques parties pourront paraître un peu arides et monotones; mais j'aurais alors de beaucoup dépassé les limites que je m'étais imposées. Aussi me suis-je borné à résumer les principaux faits qui se rapportent à l'histoire particulière de Lindos, de Camiros et d'Ialysos, les trois plus anciennes cités de l'île et les plus considérables avant la fondation de la capitale. Quant aux nombreux et grands événements qui, soit dans l'antiquité, soit au moyen âge, ont rendu si fameuse cette dernière ville, je me suis abstenu d'en parler, parce qu'à eux seuls ils demanderaient plusieurs volumes pour être exposés convenablement et avec tous les développements que comporte un pareil sujet. J'aurais pu, il est vrai, en tracer un aperçu rapide et succinct; mais, comme je l'ai dit dans ma préface, il m'a paru inutile de l'esquisser ici, après l'excellent article que M. L. Lacroix a consacré à l'histoire de Rhodes dans son ouvrage sur *les Iles de la Grèce*. Je me suis donc contenté de donner une description exacte du théâtre où ces faits se sont accomplis : j'ai essayé du moins de le représenter tel que je l'ai vu, sans chercher jamais à travestir par des couleurs mensongères la physionomie véritable des lieux. Puissé-je avoir contribué pour ma faible part à faire mieux connaître cette île célèbre, si déchue, hélas! maintenant de sa gloire, mais si pleine encore d'intérêt et de souvenirs! Aucune autre de l'Archipel n'a été à la fois plus favorisée de la nature et plus remplie d'événements. Aucune autre n'a joué à différentes époques sur la scène de l'histoire un rôle plus éclatant.

TABLE DES MATIÈRES.

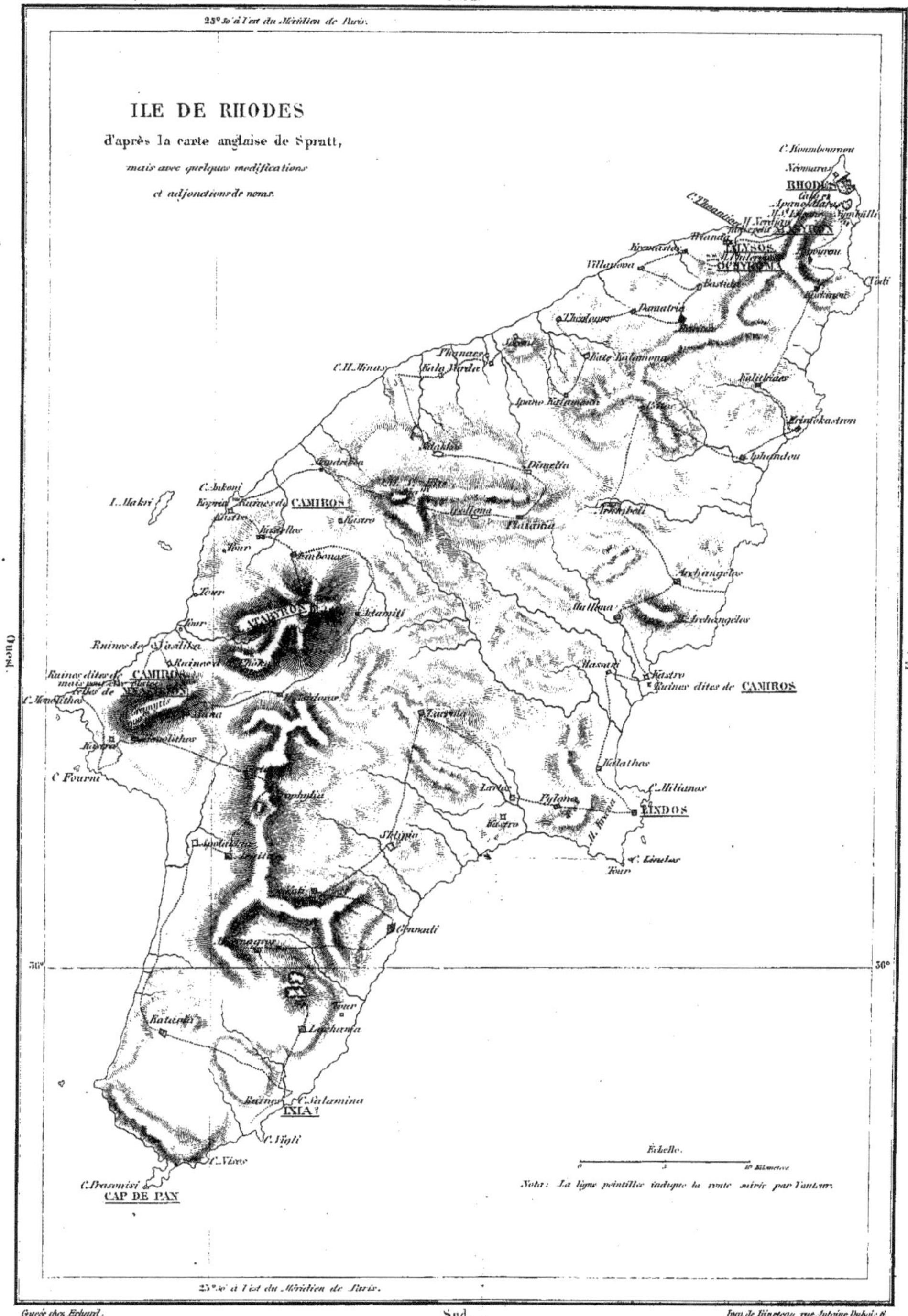
Nord.
ILE DE RHODES
d'après la carte anglaise de Spratt,
mais avec quelques modifications
et adjonctions de noms.
RHODES
C. Koumbournou
Villanova
Bastida
Damatria
Kalithies
Kremasti
C. H. Minas
Kala Varda
Dimella
Platania
Kastro
Ruines de CAMIROS
I. Makri
C. Akoni
Embonas
ATABYRON
Archangelos
Ruines dites de CAMIROS
Malona
Kalathos
Lartos
Pylona
C. Milianos
LINDOS
C. Lindos
Tour
Ruines de Vasilika
C. Fourni
Skhinia
Gennadi
Katavia
Lachania
C. Salamina
Ruines
IXIA?
C. Vigli
C. Prasonisi
CAP DE PAN
Ouest
Est
30°
Échelle.
Nota: La ligne pointillée indique la route suivie par l'auteur.
Sud.
Gravé chez Erhard.
Imp. de Bineteau rue Antoine Dubois 6.

DU MÊME AUTEUR :

Description de l'île de Patmos et de l'île de Samos. 1856. 1 vol. in-8 accompagné de deux cartes. 4 fr.

De ora Palæstinæ a promontorio Carmelo usque ad urbem Joppen pertinente, 1856. 1 vol. in-8 accompagné d'une carte géographique. 2 fr.

Egger (membre de l'Institut, professeur à la Faculté des lettres, maître de conférences à l'École Normale supérieure). — Introduction à l'étude de la littérature grecque. Essai sur l'histoire de la critique chez les Grecs, suivi de la Poétique d'Aristote et d'extraits de ses problèmes, avec traduction française et commentaires. 1849. 1 gros vol. in-8. 8 fr.

Ouvrage adopté par le Conseil de l'instruction publique.

— Apollonius Dyscole. Essai sur l'histoire des théories grammaticales dans l'antiquité. 1854. In-8. 7 fr.

— Notions élémentaires de Grammaire comparée, pour servir à l'étude des trois langues classiques, grecque, latine et française, ouvrage rédigé sur l'invitation du ministre de l'instruction publique, conformément au nouveau programme officiel. 4e édition, 1855. 1 vol. in-12. 2 fr.

De Rozière (E. Chatel). Table générale et méthodique des Mémoires contenus dans les recueils de l'Académie des Inscriptions et Belles Lettres et de l'Académie des Sciences morales et politiques. 1856. 1 vol. in-4. Imprimé sur papier collé. 25 fr.

Desjardins (Ern.) Essai sur la topographie du Latium, accompagné de 6 planches de la voie Appienne et d'une grande carte du Latium pour l'intelligence des auteurs latins, poëtes, historiens, orateurs, etc. 1854. 1 vol. in-4. 10 fr.

— De Tabulis alimentariis. 1 vol. in-4, accompagné de 3 grand. planch. 10 fr.

On vend séparément :

— Les 6 planches de la voie Appienne, in-4. 5 fr.

Ditandy. Parallèle d'un épisode de l'ancienne poésie indienne avec les poëmes de l'antiquité classique. 1856. In-8. 2 fr. 50

Hanriot. Recherches sur la topographie des Dèmes de l'Attique. In-8. 3 fr. 50

— Diss. Geographia Græcorum antiquissima qualis ab Homero, Hesiodo, etc., 1853, in-8. 1 fr. 50

Renan. Averroès et l'averroïsme, essai historique. 1852. In-8. 6 fr.

— Histoire générale et système comparé des langues sémitiques. — Première partie : Histoire générale des langues sémitiques. 1855. Gr. in-8. 12 fr.

Filon (doyen de la Faculté des lettres de Douai). Histoire de la démocratie athénienne. 1854. 1 vol. in-8. 6 fr.

Gandar (professeur à la Faculté des lettres de Caen). Ronsard considéré comme imitateur d'Homère et de Pindare. 1854. In-8. 3 fr.

— De Ulyssis Ithaca. 1854. In-8. 1 fr. 50

Girard. Des caractères de l'atticisme dans l'éloquence de Lysias. In-8. 3 fr.

Cambouliu. Les Femmes d'Homère. 1855. In-12. 2 fr.

— Essai sur la fatalité dans le théâtre grec in-8. 1 fr. 50

Widal. Des divers caractères de misanthrope chez les écrivains anciens et modernes. In-8. 2 fr. 50

Chassang. Des Essais dramatiques imités de l'antiquité aux XIVe et XVe siècle. In-8. 3 fr. 50

Chauvet. Des théories de l'entendement humain dans l'antiquité. In-8. 5 fr.

Hébert-Duperron. Essai sur la polémique et de la philosophie de Clément d'Alexandrie. In-8. 3 fr.

Rangabé (secrétaire de la Société archéologique d'Athènes), ministre des affaires étrangères. Antiquités helléniques, ou Répertoire d'Inscriptions et d'autres antiquités découvertes depuis l'affranchissement de la Grèce. 1842, 1855. 2 vol. format in-4. 85 fr.

Nota. Le tome II, qui contient 1007 pages et 2490 inscriptions, se vend séparément.

Vretos. Philologie néohellénique, ou Catalogue des livres imprimés par les Grecs, soit en grec ancien, soit en Grec moderne, depuis la chute de l'empire de Constantinople jusqu'au rétablissement de la monarchie grecque. 1854. In-8. 8 fr.

Paris — Typ. de Gaittet et Cie, rue Git-le-Cœur, 7.

www.ingramcontent.com/pod-product-compliance
Lightning Source LLC
LaVergne TN
LVHW020542230826
846091LV00002B/356